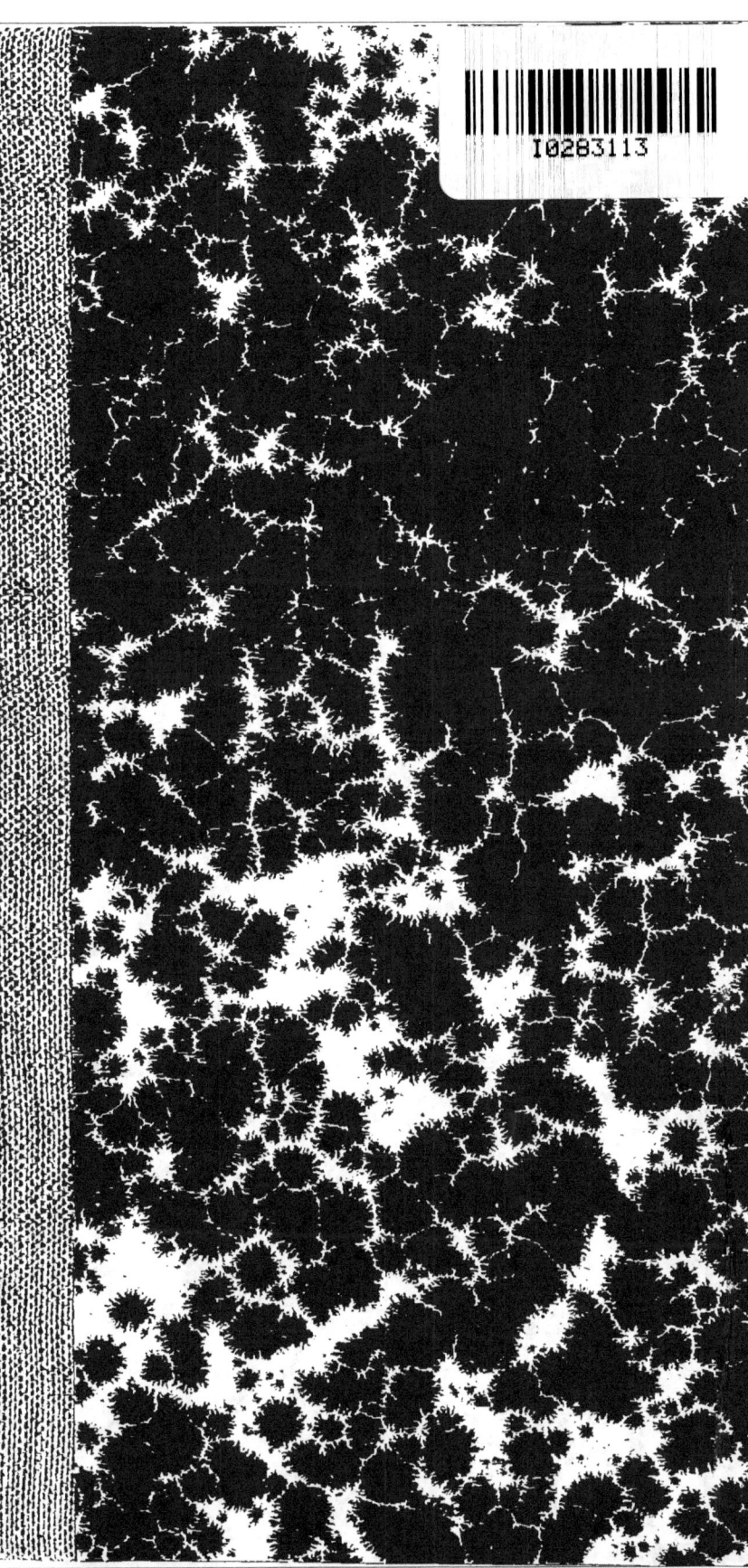

MAURICE
RELIURE-ARTISAN

PRIX 3.50

LAMARTINE

HARMONIES

OEUVRES POÉTIQUES

DE

LAMARTINE

Cette édition
est publiée par la Société propriétaire
des OEuvres de Lamartine

27246. — Paris. Imprimerie Lahure, rue de Fleurus, 9.

A. DE LAMARTINE

HARMONIES

POÉTIQUES

ET RELIGIEUSES

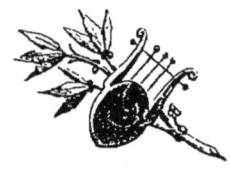

PARIS

HACHETTE ET Cie — JOUVET ET Cie

ÉDITEURS

1873

AVERTISSEMENT

Voici quatre livres de poésies écrites comme elles ont été senties, sans liaison, sans suite, sans transition apparente : la nature en a, mais n'en montre pas ; poésies réelles et non feintes, qui sentent moins le poète que l'homme même, révélation intime et involontaire de ses impressions de chaque jour, pages de sa vie intérieure inspirées tantôt par la tristesse, tantôt par la joie, par la solitude et par le monde, par le désespoir ou l'espérance, dans ses heures de sécheresse ou d'enthousiasme, de prière ou d'aridité.

Ces Harmonies, prises séparément, semblent n'avoir aucun rapport l'une avec l'autre ; considérées en masse, on pourrait y retrouver un principe d'unité dans leur diversité même, car elles étaient destinées, dans la pensée de l'auteur, à reproduire un grand nombre des impressions de la nature et de la vie sur l'âme humaine ; impressions variées dans leur essence, uniformes dans leur objet, puisqu'elles auraient été toutes se perdre et se reposer dans la contemplation de Dieu : sujet infini comme la nature, grand et saint comme la Divinité, les forces humaines n'y atteignent pas. Je n'en publie aujourd'hui que quatre livres : cela me semble bien peu, peut-être trouvera-t-on que c'est trop encore. S'il en est autrement, j'en publierai, par la suite, plusieurs autres livres, à mesure que les années, les lieux, les sentiments, les vicissitudes de la vie et de la pensée me les inspireront à moi-même. Je demande grâce pour les imperfections de style dont les esprits délicats seront souvent blessés. Ce que l'on sent fortement s'écrit vite. Il n'appartient qu'au génie d'unir deux qualités qui s'excluent : la correction et l'inspiration.

Ces vers ne s'adressent qu'à un petit nombre.

Il y a des âmes méditatives que la solitude et la contemplation élèvent invinciblement vers les idées infinies, c'est-à-dire vers la religion ; toutes leurs pensées se convertissent en enthousiasme et en prière, toute leur existence est un hymne muet à la Divinité et à l'espérance. Elles cherchent en elles-mêmes, et dans la création qui les environne, des degrés pour monter à Dieu, des expressions et des images pour se le révéler à elles-mêmes, pour se révéler à lui : puissé-je leur en prêter quelques-unes !

Il y a des cœurs brisés par la douleur, refoulés par le monde, qui se réfugient dans le monde de leurs pensées, dans la solitude de leur âme, pour pleurer, pour attendre ou pour adorer ; puissent-ils se laisser visiter par une muse solitaire comme eux, trouver une sympathie dans ses accords, et dire quelquefois en l'écoutant : « Nous prions avec tes paroles, nous pleurons avec tes larmes, nous invoquons avec tes chants ! »

C'est à eux seuls que ces vers s'adressent. Le monde n'en a pas besoin : il a ses soins et ses pensées. Mais si quelques-uns de ces esprits qui ne sont plus au monde répondent en secret à mes trop faibles accents ; si quelques-uns de ces cœurs arides s'ouvrent et retrouvent une larme ; si quelques âmes sensibles et pieuses me comprennent, me devinent, et achèvent en elles-mêmes les hymnes que je n'ai fait qu'ébaucher ; c'est assez, c'est tout ce que j'aurais voulu obtenir, c'est plus que je n'ose espérer !

Paris, mai 1830.

LETTRE

A M. D'ESGRIGNY

Saint-Point, 4 novembre 1849.

Mon cher d'Esgrigny

Ce matin, mon éditeur m'a écrit de Paris pour me demander un prologue aux *Harmonies poétiques et religieuses*. Ce prologue, je l'ai promis dans le prospectus de mes œuvres, revues, épurées, commentées et publiées par moi-même. Le laboureur retourne ainsi son champ aux premières brumes d'automne, et enterre, sur le revers du sillon, les herbes parasites qui ont poussé inutilement entre la dernière moisson et la prochaine semaille. Il faut tenir ma promesse; il faut que le prochain courrier emporte aux protes d'élite de M. Didot un certain nombre de pages dans lesquelles je dise à mes lecteurs comment, pourquoi, dans quelle disposition de l'âme, dans quel site de France, d'Italie, de Savoie ou d'Orient, j'ai chanté ces harmonies, et ce que c'est qu'une harmonie.

Hélas! mon ami, quel temps pour me demander une préface! Quel temps pour reporter ma pensée sur ces années de ma jeunesse qui sont aussi mortes et aussi balayées, dans les vallées et dans les torrents de mon passé, que les feuilles de l'été de 1829 dans les ravines de ces montagnes, et dans l'*humus* végétal des nouvelles floraisons que je foule sous mes pieds! Une préface? à moi? aujourd'hui? Lisez plutôt le récit de ma journée, et jugez vous-même si je suis en veine d'écrire, soit en vers, soit en prose, à propos de prose ou de vers; et si je pourrais distraire, par une diversion littéraire quelconque, mon âme, mon cœur, mon esprit, mes yeux, des impressions et des souvenirs qui me possèdent en ce moment pour des heures, mais qui me possèdent tout entier!

Vous savez que je suis venu dans le pays de ma naissance il y a quelques semaines pour rétablir ma santé atteinte jusqu'à la sève, et pour respirer le vieil air toujours jeune des coteaux où nous avons respiré notre première haleine, comme on renvoie à sa nourrice, bien qu'elle n'ait plus le même lait, l'enfant maladif que le régime des villes a énervé; vous savez que j'y suis venu aussi, et surtout, pour de pénibles déracinements domestiques de propriétés, de maisons paternelles, de séjours, d'affections, d'habitudes, comme on va une dernière fois dans la demeure vénérée de ses pères pour la démeubler avant de secouer la poussière de ses pieds sur le seuil chéri, et de lui dire un pieux adieu. Je suis sous ma tente, en un mot, pour enlever ma tente, pour la replier, et pour aller la replanter, déchirée et rétrécie, je ne sais où. C'est à cela que je suis occupé pendant le court loisir que m'ont donné par force la nature et les affaires politiques, d'accord pour me congédier de Paris. Je passe ce congé au centre de mes occupations de vendeur de terre, et à proximité des hommes de loi, des hommes de banque et des hommes de trafic rural, auprès de la ville de Mâcon. Je commence à prendre des forces dans les membres, pas encore assez dans le cœur : cependant vous connaissez ce cœur ; il est élastique, il fléchit, il ne rompt pas. « Le cœur est un muscle », disent les physiologistes. Quel muscle ! leur dirai-je à mon tour ; c'est lui qui porte la destinée !

Ce matin, je me sentais mieux ; j'avais à faire un voyage obligé à quelques lieues de ma demeure temporaire, une course dans cette vallée reculée de Saint-Point, dont vous connaissez la route. Quelques-uns de mes vers ont emporté ce nom sur leurs ailes, comme les colombes qui portent sur leur collier, au delà des bois, le nom ou le chiffre des amants qui les ont apprivoisées.

Je dis au vieux jardinier de rappeler ma jument noire qui paissait en liberté dans un verger voisin, et de la seller pour moi. La jument privée, depuis longtemps oisive, voyant la selle que le jardinier portait sur sa tête, secoua sa crinière, enfla ses naseaux, tendit le nerf de sa queue en panache, galopa un moment autour du verger, en faisant partir les alouettes et jaillir la rosée de l'herbe sous ses sabots ; puis, s'approchant joyeusement de la barrière, elle tendit d'elle-même ses beaux flancs luisants à la selle, et ouvrit sa petite bouche au mors, comme si elle eût été aussi impatiente de me porter que j'étais impatient de la remonter moi-même. Nul ne sait, à moins d'avoir été bouvier, pasteur, soldat, chasseur ou solitaire comme moi, combien il y a d'amitié entre les animaux et leur maître. Ce monde est un océan de sympathies dont nous ne buvons qu'une goutte, quand nous pourrions en absorber des torrents. Depuis le cheval et le chien jusqu'à l'oiseau, depuis l'oiseau jusqu'à l'insecte, nous négligeons des milliers d'amis. Vous savez que moi je ne néglige pas ces amitiés, et que de la loge du dogue de basse-cour à l'étable du chevrier, et de l'étable au mur du jardin où je m'assieds au soleil, connu des souris d'espalier, des belettes au museau flaireur, des rainettes à la voix d'argent, ces clochettes du troupeau souterrain, et des lézards, ces curieux aux fenêtres qui sortent la tête de toutes les fentes, j'ai des relations et des sentiments partout. Honni soit qui mal y pense ! je suis comme le vicaire de Goldsmith, j'aime à aimer !

Je partis seul, suivi de mes trois chiens. Je franchis rapidement la plaine déjà ondulée qui sépare les bords de la Saône de la chaîne des hautes montagnes noires derrière lesquelles se creuse la vallée de Saint-Point.

Quand j'arrivai au pied de ces montagnes, je mis la jument au petit pas. La journée était une journée d'automne, indécise, comme la saison, entre la mélancolie et la splendeur, entre la brume et le soleil. Quelques brouillards sortaient, comme des fumées d'un feu de bûcherons, des gorges entre les troncs des sapins; ils flottaient un moment sur les prés en pente au bord des bois; puis aussitôt roulés par le vent en ballots légers de vapeurs, ils s'enlevaient, m'enveloppaient un moment d'une draperie transparente, et s'évaporaient en montant toujours, et en laissant quelques gouttes d'eau sur les crins de mon cheval. Mais au-dessus des premières rampes, toute lutte entre la brume du matin et l'éclat du midi cessa. Le soleil avait bu toute l'humidité de la terre; les cimes nageaient dans l'été. Un vent du midi tiède, sonore, méditerranéen, prélude voluptueux d'équinoxe, soufflait de la vallée du Rhône, avec les murmures et les soubresauts alternatifs des lames bleues de la mer de Syrie, qui viennent de minute en minute heurter et laver d'écume les pieds du Liban. Je savais que ce vent venait en effet de là; il n'y avait que quelques heures qu'il avait soufflé dans les cèdres et gémi dans les palmiers; il me semblait entendre encore, et presque sans illusion d'oreille, dans ses rafales chaudes, les palpitations de la voile des grands mâts, le tangage des navires sur les hautes vagues, le bouillonnement de l'écume retombant de la proue, comme de l'eau qui frémit sur un fer chaud, quand la proue se relève du flot, les sifflements aigus quand on double un cap, les clapotements du bord, et les coups sourds et creux de la quille des chaloupes, quand le pêcheur les amarre contre les écueils de Sidon.

Un petit hameau, tout semblable à un village aride et pyramidal d'Espagne ou de Calabre, s'échelonnait au-dessus de moi avec ses toits étagés en gradins de tuiles rouges et avec son clocher de pierre grise, bronzée du soleil. Sa cloche dont on voyait le branle et la gueule à travers les ogives de la tour, et dont on entendait rugir et grincer le mécanisme de poutres et de solives, sonnait l'*Angelus* du milieu du jour, et l'heure du repas aux paysans dans le champ et aux bergers dans la montagne. Des fumées de sarments sortaient de deux ou trois cheminées, et fuyaient chassées sous le vent comme des volées de pigeons bleus. Ce village était le mien, le foyer de mon père après les orages de la première Révolution, le berceau de nous tous, les enfants de ce nid maintenant désert. Je passai devant la porte de ma cour sans y entrer; je suivis, sans lever la tête, le pied du mur noir et bossué de pierres sèches qui borde le chemin et qui enclôt le jardin; je n'osai pas m'arrêter même à l'ombre de sept à huit platanes et de la tonnelle de charmille qui penchent leurs feuilles jaunes sur le chemin. J'entendais des voix dans l'enclos : je savais que c'étaient des voix d'étrangers venus de loin pour acheter le domaine, qui arpentaient les allées encore empreintes de nos pas, qui sondaient les murs encore chauds de nos tendresses de famille, et qui appréciaient les arbres nos contemporains et nos amis, dont l'ombre et les fruits allaient désormais verdir et mûrir pour d'autres que pour nous!...

Je baissai le front pour ne pas être aperçu par-dessus le mur, et je gravis sans me retourner la montagne de bruyères et de buis qui domine ce village. Je tournai un cap de roche grise où se plaisent les aigles, où se brise toujours le vent même en temps calme; il me cacha Milly, et je m'enfonçai dans d'autres gorges où le son même de la cloche ne venait plus me frapper au cœur.

Après avoir marché ou plutôt gravi environ une heure dans des ravins de sable rouge, à travers des bruyères et sous les racines d'immenses châtaigniers qui s'entrelacent comme des serpents endormis au soleil, j'arrivai au faîte de la chaîne de ces montagnes. Il y a là, au point étroit et culminant de ce col ou de ce pertuis, comme on dit dans le Valais et dans les Pyrénées, une arête de quelques pas d'étendue. On ne monte plus et l'on ne descend pas encore; on plonge à son gré ses regards, selon qu'on se retourne au levant ou au couchant, sur l'immense plaine du Mâconnais, de la Bresse ou de la Saône, ou sur les noires et profondes vallées de Saint-Point, sur les cimes entre-croisées, les pentes ardues et les défilés rocheux, arides ou boisés, qui s'amoncellent ou glissent vers le creux du pays.

Toutes les fois qu'il est arrivé à ce sommet, le passant essoufflé fait une courte halte, et ne peut retenir un cri d'admiration. L'âne, le mulet et le cheval eux-mêmes connaissent ce panorama de Dieu. Ils y ralentissent le pas sans qu'on retire la bride, et baissent la tête pour flairer la vallée, et pour brouter quelques touffes d'herbe brûlée par le vent sur le bord du ravin.

Ma jument se souvint de la place et de la halte; elle me laissa un moment regarder en arrière. Il y aurait de quoi regarder tout le jour. Les cônes aigus des montagnes pelées du Mâconnais et du Beaujolais, groupés à droite et à gauche comme des vagues de pierre sous un coup de vent du chaos ; sur leurs flancs, de nombreux villages ; à leurs pieds, une immense plaine de prairies semées d'innombrables troupeaux de vaches blanches, et traversées par une large ligne aussi bleue que le ciel, lit serpentant de la Saône sur lequel flotte, de distance en distance, la fumée des navires à vapeur ; au delà, une terre fertile, la Bresse, semblable à une large forêt ; plus loin, un premier cadre régulier de montagnes grises, muraille du Jura qui cache le lac Léman ; enfin, derrière ce contrefort des montagnes du Jura, qui ressemblent d'ici au premier degré d'un escalier dressé contre le ciel, toute la chaîne des Alpes depuis Nice jusqu'à Bâle, et au milieu le dôme blanc et rose du mont Blanc, cathédrale sublime au toit de neige qui semble rougir et se fondre dans l'éther, et devenir transparente comme du sable vitrifié sous le foyer du soleil, pour laisser entrevoir à travers ses flancs diaphanes les plaines, les villes, les fleuves, les mers et les îles d'Italie.

Après avoir effleuré et touché cela d'un long coup d'œil, envoyé du cœur une pensée, un souvenir, une adoration à chaque lieu et à chaque pan de ce firmament, je descendis par un sentier rapide et sombre, bordé d'un côté de forêts, de l'autre de prés ruisselants de sources, le revers de la chaîne que je venais de franchir. On n'a pendant longtemps devant les yeux d'autre horizon que des croupes de montagnes confuses, noires de sapins, ici ébréchées, là amoindries et comme usées par le frôlement des vents et des pluies. Ce sont les montagnes du Charolais, qui séparent l'Auvergne des Alpes. Ces collines, par leur agencement, leur étagement, la mobilité des ombres qu'elles se renvoient les unes les autres sur leurs flancs, du jour qu'elles se reflètent, par leur transparence au sommet, et les couches d'or que les rayons glissants du soleil y mêlent à la fleur dorée des genêts, m'ont toujours rappelé les montagnes de la Sabine près de Rome, qu'aimait tant Horace; depuis que j'ai vu la Grèce, elles me représentent davantage les cimes rondes et à grandes échancrures des montagnes de la Laconie et de l'Arcadie. Quelquefois je m'arrête pour écouter si les vagues de la mer d'Argos ne bruissent pas à leurs pieds.

A mesure que je descendais, la petite vallée dont je suivais le lit se creusait plus profondément devant moi, se cachait sous plus de hêtres et de châtaigniers, murmurait de plus de ruisseaux dans ses ravines, et, s'ouvrant davantage sur deux flancs, me laissait déjà apercevoir une plus large étendue et une plus creuse profondeur de la vallée de Saint-Point, dans laquelle elle vient aboutir. A l'endroit où ce ravin s'ouvre enfin tout à fait, et où on le quitte pour descendre en serpentant les flancs de la vallée principale, il y a un tournant du chemin qui serre le cœur, et qui fait toujours jeter un cri de joie ou d'admiration. A la droite, on compte neuf ou dix châtaigniers aussi vieux et aussi vénérés que ceux de Sicile; ils rampent plutôt qu'ils ne se dressent sur une pente de mousse et de gazon tellement rapide, que leurs feuilles et leurs fruits, en tombant, roulent loin de leurs racines au moindre vent jusqu'au fond d'un torrent. On ne voit pas ce torrent ; on l'entend seulement à cinq ou six cents pas sous leur nuit de verdure. A la gauche, on descend du regard, de chalets en chalets et de bocage en chaume, jusqu'au fond d'une vallée un peu sinueuse, au milieu de laquelle on aperçoit sur un mamelon entouré de prés, voilées d'ombres, adossées à des bois, isolées des villages, baignées d'un ruisseau, deux tours jaunâtres, dorées du soleil : c'est mon toit.

Il y a entre l'homme et les murs qu'il a longtemps habités mille secrètes intimités à se dire, qui ne permettent jamais de se revoir, après de longues absences, sans qu'une conversation qui semble véritablement animée et réciproque ne s'établisse aussitôt entre eux. Les murs semblent reconnaître et appeler l'homme, comme l'homme reconnaît et embrasse les murs. Les anciens avaient senti et exprimé ce mystère. Ils disaient : *genius loci, l'âme du lieu;* ils avaient les *dieux lares,* la divinité du foyer. Cette divinité s'est réfugiée aujourd'hui dans le cœur ; mais elle y est, elle y parle, elle y pleure, elle y chante, elle s'y réjouit, elle s'y plaint, elle s'y console. Je ne l'ai jamais mieux entendue et sentie que ce matin.

Cette divinité du foyer, les animaux eux-mêmes l'entendent et la sentent ; car au moment où ma vieille jument aperçut, quoique de si haut et de si loin, les tours du château et les grands prés à droite où elle avait galopé et pâturé tant de fois dans sa jeunesse, un frisson courut en petits plis de soie sur son encolure ; elle tourna ses naseaux à droite et à gauche en flairant le vent, elle rongea du pied le rocher de granit sur lequel je l'avais arrêtée, elle hennit à ses souvenirs d'enfance, et, lançant deux ou trois ruades de gaieté à mes chiens sans les atteindre, elle bondit sous moi, en essayant de me forcer la main pour s'élancer vers ses chères images.

Je descendis; je l'attachai par la bride lâche à une branche pliante de houx couverte de ses graines de pourpre, pour qu'elle pût brouter à l'aise au pied du buisson, et je m'assis un moment sur la racine du châtaignier, le visage tourné vers ma demeure vide.

Le vent du midi avait redoublé d'haleine à mesure que le soleil était monté sous le ciel; il avait pris les bouffées et les rafales d'une tempête sèche; depuis que le soleil avait commencé à redescendre vers le couchant, il avait balayé comme un cristal le firmament; il faisait rendre aux bois, aux rochers, et même aux herbes, des harmonies qui semblaient mêlées de notes joyeuses et de notes tristes, d'embrassements et d'adieux, de terreur et de volupté; il amoncelait en tourbillons les feuilles mortes et puis il les laissait retomber et dormir en monceaux miroitants au soleil : ce vent avait dans les haleines des caresses, des tiédeurs, des amours, des mélancolies et des parfums qui dilataient la poitrine, qui enivraient les oreilles, qui faisaient boire par tous les pores la force, la vie, la jeunesse d'un incorruptible élément. On eût dit qu'il sortait du ciel, de la terre, des bois, des plantes, des fenêtres de la maison visible là-bas, du foyer d'enfance, des lèvres

de mes sœurs, de la mâle poitrine de mon père, du
cœur encore chaud de ma mère, pour m'accueillir
à ce retour, et pour me toucher des lèvres sur la
joue et au front. Il faisait battre les mèches humides
de mes cheveux sur mes tempes, sous le rebord de
mon chapeau, avec des frissons aussi délicieux qu'il
avait jamais fouetté mes boucles blondes dans ces
mêmes prés sur mes joues de seize ans! Je l'aspirais
comme des lèvres qui se collent à l'embouchure
d'une fontaine d'eau pure ; je lui tendais mes deux
mains ouvertes, mes doigts élargis comme un mendiant qu'on a fait entrer au foyer d'hiver, et qui
prend, comme on dit ici, un *air de feu*. J'ouvrais
ma veste et ma chemise sur ma poitrine, pour qu'il
pénétrât jusqu'à mon sang.

Mais cette première impression toute sensuelle
épuisée, je glissai bien vite dans les impressions
plus intimes et plus pénétrantes de la mémoire et du
cœur ; elles me poignirent, et je ne pus les supporter
à visage découvert, bien qu'il n'y eût là, et bien loin
tout alentour, que mes chiens, ma jument, les arbres,
les herbes, le ciel, le soleil et le vent : c'était trop
encore pour que je leur dévoilasse sans ombre l'a-
bîme de pensées, de mémoires, d'images, de délices
et de mélancolie, de vie et de mort, dans lequel la
vue de cette vallée et de cette demeure submergeait
mon front. Je cachais mon visage dans mes deux
mains ; je regardais furtivement entre mes doigts
les tours, le balcon, le jardin, le verger, la fumée
sur le toit, les bois derrière bordés de chaumières
connues, la prairie, la rivière, les saules sur le bord

de l'étang ; et recevant de chacun de ces objets un souvenir, une image, un son de voix, une personne, une voix à l'oreille, une vision dans les yeux, un coup au cœur, je fondis en eau, et je m'abîmai dans l'impossible passion de ce qui n'est plus!... Vouloir ressusciter le passé, ce n'est pas d'un homme, c'est d'un Dieu; l'homme ne peut que le revoir et le pleurer. Les imaginations puissantes sont les plus malheureuses, parce qu'elles ont la faculté de revoir, sans avoir le don de ranimer. Le génie n'est qu'une grande douleur!

Je jetai enfin, comme l'âme fait toujours quand elle est trop chargée, mon fardeau dans le sein de Dieu; il reçoit tout, il porte tout, il rend tout. Je me mis à genoux dans l'herbe, le visage tourné vers cette vallée principale de ma vie, non ma vallée de larmes, mais ma vallée de paix. Je priai longtemps, je crois, si j'en juge par l'innombrable revue de choses, de jours, d'heures douces ou amères, de visions apparues, embrassées et perdues qui passèrent devant mon esprit. Le soleil avait baissé sans que je m'en aperçusse pendant cette halte dans mes souvenirs : il touchait presque aux petites têtes du bois de sapin que vous connaissez, et qui dentellent le ciel au sommet de la montagne, en face de moi, en se découpant sur le bleu du ciel comme les mâts d'une flotte à l'ancre dans un golfe d'eau limpide de la mer d'Ionie.

Je fus réveillé comme en sursaut de ma contemplation par le galop d'un cheval, par le braîment d'un âne, et par les cris d'un homme effrayé. Tout ce bruit et tout ce mouvement s'entendaient à quelques pas de moi, derrière le buisson qui séparait le sentier battu de la montagne, du petit tertre de mousse enclos de pierres sèches où j'étais venu chercher le dossier du vieux châtaignier. Je m'élançai, je franchis le mur, et je me retrouvai dans le sentier; mais je n'y retrouvai plus ma jument; elle avait été effrayée par les pierres qu'un âne paissant au-dessus du sentier, sur une pente de bruyère granitique, avait fait rouler sous ses pieds. Elle avait rompu d'une saccade de tête les tiges de houx auxquelles j'avais enroulé la bride; elle galopait, allant et revenant sur elle-même dans le chemin creux; arrêté par les cris et par les gestes épouvantés d'un vieillard qui levait et agitait comme à tâtons, d'une main tremblante, un grand bâton dont il semblait se couvrir contre le danger.

J'appelai *Saphir*, c'est le nom de la jument; elle se calma à ma voix, et revint me lécher les mains et me remettre les rênes. Je criai au vieillard de se rassurer, et je me rapprochai de lui, la bride sous le bras.

Dans ce pauvre homme je venais de reconnaître un des plus vieux *coquetiers* de ces montagnes, qui louait à notre mère des ânesses au printemps pour donner leur lait à ses pauvres femmes malades, qui lui servait de guide, d'écuyer, pour promener ses enfants avec elle sur ces solitudes élevées, où elle voyait la nature de plus haut et où elle adorait Dieu de plus près.

On appelle ici *coquetier* un homme qui va de chaumière en chaumière et de verger en verger acheter des œufs, des prunes, des pommes, des petites poires sauvages, des châtaignes ; qui en remplit les paniers de ses ânes, et qui va les revendre avec un petit bénéfice aux portes des églises, après vêpres, dans les villages voisins.

Ce coquetier des montagnes était déjà vieux et cassé dans mon enfance. Je le croyais couché depuis longues années sous une de ces pierres de granit couvertes de mousse, qui parsemaient comme des tombes son petit champ d'orge et de folle avoine autour de son haut chalet. Il avait dès ce temps-là les yeux chassieux ; ma mère lui donnait, pour fortifier sa vue, de petites fioles où elle recueillait les pleurs de la vigne, sève du cep qui sue au printemps une sueur balsamique ayant, dit-on, la vertu sans avoir les vices du vin. Maintenant plus qu'octogénaire, il paraissait tout à fait aveugle, car il tenait une de ses mains en entonnoir sur ses yeux fixés vers le soleil, comme pour y concentrer quelque sentiment de ses rayons ; de l'autre main il palpait une à une les pierres amoncelées du petit mur à hauteur d'appui qui bordait le sentier, comme pour reconnaître la place où il se trouvait sur le chemin.

« Rassurez-vous, père Dutemps ! lui criai-je en me rapprochant de lui ; j'ai repris le cheval, il ne fera ni peur à votre âne, ni mal à vous. » Et je m'arrêtai à l'ombre d'un poirier sauvage, devant le pauvre homme.

« Vous me connaissez donc, puisque vous avez dit mon nom ? murmura l'aveugle. Mais moi, je ne vous connais pas. C'est qu'il y a bien longtemps, continua-t-il comme pour s'excuser, que je ne puis plus connaître les hommes qu'à leur voix. Les arbres et les murs, oui, cela ne change pas de place; mais les hommes, non, cela va, cela vient, aujourd'hui ici, demain là; cela court comme de l'eau, cela change comme le vent; à moins de les voir, on ne sait pas à qui l'on parle, et je ne les vois plus. Par exemple, quand ils m'ont une fois parlé, je les reconnais toujours au son de leur voix : la voix, c'est comme une personne dans mon oreille. Mais je ne me souviens pas d'avoir jamais entendu la vôtre. Qui êtes-vous donc, si cela ne vous offense pas?

— Hélas! père Dutemps, lui dis-je, cela prouve que ma voix a bien changé, comme mon visage; car vous l'avez entendue bien souvent sous le vieux sorbier de votre cour, quand nous ramassions au pied des arbres les sorbes que la Madeleine votre femme faisait mûrir sur la paille, ou quand je rappelais les chiens courants de mon père au bord du grand bois, au-dessus de votre champ de blé noir. »

Il renversa sa tête en arrière, ôta son bonnet, d'où roulèrent sur ses joues des écheveaux de cheveux blancs et fins comme une toison, et il recula machinalement en arrière, à deux pas.

« Vous êtes donc monsieur Alphonse? s'écria-t-il (les paysans de ces contrées ne connaissent de mes noms que celui-là). Il n'y a que lui qui ait connu Madeleine, qui ait secoué le sorbier de la cour, qui ait rappelé les chiens des chasseurs pour leur rompre le pain de seigle devant la maison. Hélas! que Madeleine aurait donc de plaisir à le revoir, si elle vivait! ajouta-t-il avec un accent de regret attendri. — Oui, c'est moi, père Dutemps, lui dis-je ; donnez-moi votre main, que je la serre encore en reconnaissance des bons services que vous nous avez rendus, des bons fagots que vous nous avez brûlés, des bonnes galettes de sarrasin que vous nous avez cuites à votre feu, et de l'amitié que Madeleine, ses filles et vous, vous aviez pour notre mère et pour ses enfants! Il y a bien longtemps de cela; mais, voyez-vous, la mémoire dans les cœurs d'enfants, c'est comme la braise du foyer éteint pendant le jour dans la maison : cela tient la cendre chaude, et quand la nuit vient, cela se rallume dès qu'on le remue!

— Est-ce possible? Quoi! c'est bien vous! reprit-il avec un étonnement qui commençait à s'apaiser. Ah! oui, il y a bien longtemps que vous n'étiez venu au pays, qu'on ne regardait plus fumer le château, qu'on n'entendait plus aboyer les chiens là-bas dans le grand jardin sous les tours, qu'on ne voyait plus passer les chevaux blancs qui portaient des dames et des messieurs dans les chemins à travers les prés! Ma fille me disait : « Le pays est mort ; il semble que « la cloche pleure au lieu de carillonner ». On disait aussi que vous ne reviendriez jamais; qu'il y avait eu du bruit là-bas; qu'on vous avait nommé un des rois de la république; et puis qu'on avait voulu vous mettre en prison ou en exil, comme sous la Terreur. Il est venu au printemps un colporteur qui vendait des images de vous dans le pays, comme celles d'un grand de la république, et puis il en est venu en automne qui vendaient des chansons contre vous, comme celles de Mandrin. J'ai bien pleuré quand ma fille m'a raconté cela un dimanche, en revenant de la messe. « Est-ce bien possible, ai-je dit, que ce monsieur ait « fait tous ces crimes ? et que lui, qui n'aurait pas fait « de mal à une bête quand il était petit, ait fait couler « le sang des hommes dans Paris, par malice ? » Et puis, quelques mois plus tard, on dit que ce n'était pas vrai ; et puis, on n'a plus rien dit du tout.

— Hélas ! père Dutemps, lui ai-je répondu, il y a du vrai et du faux dans tous ces bruits de nos agitations lointaines qui sont montés jusqu'à ces déserts, comme le bruit du canon de Lyon monte quand c'est le vent du midi, sans que l'on puisse savoir d'ici si c'est le canon d'alarme ou le canon de fête. On ne sait de même que longtemps après les révolutions si les hommes qui y ont été jetés sont dignes d'excuse ou de blâme. N'en parlons pas à présent. Je viens ici pour les oublier pendant quelques jours à ce beau soleil, que le sang et les larmes des peuples ne ternissent pas. Je ne serai que trop tôt obligé, pour mon devoir, de retourner où s'agite le sort des empires, et de me faire encore des misères et des inimitiés ici-bas, pour me faire un juge indulgent et compatissant là-haut ; car, voyez-vous, chacun a son travail dans ce monde, et il faut l'accomplir à tout prix. Je suis bien las, mais je n'ai pas encore le droit de m'asseoir, comme vous, tout le jour au soleil contre un mur. Et qui sait s'il y aura un mur ?... Mais vous, père Dutemps, parlons de vous. Demeurez-vous toujours seul là-haut dans cette petite chaumière, à une lieue de tout voisin, dans la bruyère, au bord du bois des hêtres? Quel âge avez-vous? Qui est-ce qui pioche pour vous la colline de sable? Qui est-ce qui bat les châtaignes? Qui est-ce qui soigne vos ânesses et vos chèvres? Depuis quand avez-vous perdu tout à fait la vue? Et comment passez-vous le temps que Dieu vous a mesuré plus large qu'aux autres hommes? car je crois que vous êtes le plus vieux de la vallée.

— J'ai quatre-vingts ans, me répondit le vieillard; ma femme, la Madeleine, est morte il y a sept ans; elle était bien plus jeune que moi. Tous mes enfants sont morts, excepté la *Marguerite*, qui était la dernière de mes filles, et que vous appeliez la *Pervenche des bois*, parce qu'elle avait des yeux bleus comme ces fleurs qui croissent à l'ombre, vers la source; elle a été veuve à vingt-huit ans, et elle a refusé de se remarier pour venir me soigner et me nourrir dans la petite cabane là-haut, où elle est née et où elle restera jusqu'à ma mort; elle a une petite fille et un petit garçon qui mènent les bêtes au champ, et qui continuent à servir mes pratiques d'œufs et de pommes. Ce petit commerce, dont nous leur laissons les *sous* pour eux, servira pour leur acheter des habits, du linge et une armoire, quand ils seront en âge et en idée de se marier. Marguerite pioche le champ de pommes de terre et de sarrasin, ramasse le bois mort pour l'hiver; elle fait le pain de seigle; et moi je ne fais rien que ce que vous voyez, ajouta-t-il en laissant tomber ses deux mains sur ses genoux comme un homme oisif. Je garde l'âne ou plutôt l'âne me garde quand les enfants n'y sont pas ; car il est vieux pour un animal presque autant que je suis vieux pour un homme ; il sait que je n'y vois pas, il ne s'écarte jamais trop des chemins ; et quand il veut s'en aller, il se met à braire, ou bien il vient frotter sa tête contre moi tout comme un chien, jusqu'à ce que nous revenions ensemble à la cabane.

— Mais le jour ne vous paraît-il pas bien long ainsi, tout seul dans les sentiers de la montagne ? lui demandai-je.

— Oh ! non, jamais, dit-il ; jamais le temps ne me dure. Quand il fait beau, hors de la maison, je m'assois à une bonne place au soleil, contre un mur, contre une roche, contre un châtaignier ; et je vois en idée la vallée, le château, le clocher, les maisons qui fument, les bœufs qui pâturent, les voyageurs qui passent et qui devisent en passant sur la route, comme je les voyais autrefois des yeux. Je connais les saisons tout comme dans le temps où je voyais verdir les avoines, faucher les prés, mûrir les froments, jaunir les feuilles des châtaigniers, et rougir les prunes des oiseaux sur les buissons. J'ai des yeux dans les oreilles, continua-t-il en souriant ; j'en ai sur les mains, j'en ai sous les pieds. Je passe des heures entières à écouter près des ruches les mouches à miel qui commencent à bourdonner sous la paille, et qui sortent une à une, en s'éveillant, par leur porte, pour savoir si le vent est doux et si le trèfle commence à fleurir. J'entends les lézards glisser sur les pierres sèches, je connais le vol de toutes les mouches et de tous les papillons dans l'air autour de moi, la marche de toutes les petites *bêtes du bon Dieu* sur les herbes ou sur les feuilles sèches au soleil. C'est mon horloge et mon almanach à moi, voyez-vous. Je me dis : « Voilà le coucou qui chante, c'est le mois de mars, « et nous allons avoir du chaud; voilà le merle qui « siffle, c'est le mois d'avril; voilà le rossignol, c'est « le mois de mai; voilà le hanneton, c'est la Saint- « Jean; voilà la cigale, c'est le mois d'août; voilà la « grive, c'est la vendange, le raisin est mûr; voilà « la bergeronnette, voilà les corneilles, c'est l'hi- « ver. » Il en est de même pour les heures du jour. Je me dis parfaitement l'heure qu'il est à l'observation des chants d'oiseaux, du bourdonnement des insectes et des bruits des feuilles qui s'élèvent ou qui s'éteignent dans la campagne, selon que le soleil monte, s'arrête ou descend dans le ciel. Le matin, tout est vif et gai; à midi, tout baisse; au soir, tout recommence un moment, mais plus triste et plus court; puis tout tombe et tout finit. Oh! jamais je ne m'ennuie; et puis, quand je commence à m'ennuyer, n'ai-je pas cela? me dit-il en fouillant dans sa poche, et en tirant à moitié son chapelet. Je prie le bon Dieu jusqu'à ce que mes lèvres se fatiguent sur son saint nom et mes doigts sur les grains. Qui est-ce qui s'ennuierait en parlant tout le jour à son Roi, qui ne se lasse pas de l'écouter? dit-il avec une physionomie de saint enthousiasme. Et puis la cloche de Saint-Point ne monte-t-elle pas cinq fois par jour jusqu'ici? Elle me dit que Dieu aussi pense à moi.

— Mais l'hiver? lui dis-je afin de m'instruire pour

moi-même de tous ces mystères de la solitude, de la cécité et de la vieillesse.

— Oh! l'hiver, me répondit-il, il y a le feu dans le foyer, le bruit des sabots des enfants dans la maison, les châtaignes qu'on écorce, les pois qu'on écosse, le maïs qu'on égrène, le chanvre qu'on tille : tous ces travaux n'ont pas besoin des yeux. Je travaille tout l'hiver au coin du feu en jasant avec les enfants, ou avec les chèvres et les poules qui vivent avec nous, et je me repose tout l'été. Oh! non, le temps ne me dure pas : seulement, quelquefois je voudrais bien, comme à présent, revoir le visage de ceux qui me rencontrent sur le chemin, et que j'ai connus dans les vieux temps. Par exemple, dites-moi donc, monsieur, poursuivit-il timidement, si vous avez toujours ces longs cheveux châtains qui sortaient de dessous votre chapeau, et qui balayaient vos joues fraîches comme les joues d'une jeune fille, quand vous accompagniez votre père à la chasse, et que vous buviez une goutte de lait en passant dans le cellier de sapin de ma fille.

— Hélas! père Dutemps, il a neigé sur ces cheveux-là depuis. Le visage de l'enfant, du jeune homme et de l'homme mûr se ressemblent comme l'arbre que vous avez planté il y a trente ans ressemble à l'arbre qui vous donne aujourd'hui ses fruits en automne; c'est le même bois, ce ne sont plus les mêmes feuilles.

— Et avez-vous toujours ces beaux chevaux blancs qui galopaient dans le grand pré, auprès du château, et qu'on disait que vous aviez ramenés, après vos voyages, du pays de notre père Abraham?

— Ils sont morts de tristesse et de vieillesse, loin de leur soleil et loin de moi.

— Mais est-il bien vrai que vous allez vendre ces prés, ces vignes, ces bois, cette bonne maison que le soleil faisait reluire, comme les murs d'une église, au fond du pays?

— Ne parlons pas de cela, père Dutemps! Dieu est Dieu; les prés, les terres et les maisons sont à lui, et il les change de maître quand il veut! Je ne sais pas ce qu'il ordonnera de nous; mais souvenez-vous toujours de mon père, de ma mère, de mes sœurs, de ma femme et de moi; et quand vous direz vos prières sur votre chapelet, réservez-vous toujours sept ou huit grains en mémoire d'eux. »

Je serrai de nouveau la main du coquetier, et je continuai mon chemin.

J'étais heureux d'avoir retrouvé ce vieillard, comme un homme se réjouit, après un demi-siècle, de retrouver dans une bruyère les traces d'un sentier où il a passé dans ses beaux jours, et qu'il croyait effacées pour jamais. Chaque pas de mon cheval, en descendant des montagnes, me découvrait un pan de plus de la vallée, du village, des hameaux enfouis sous les noyers, de mes jardins, de mes vergers, de ma maison; mon œil s'éblouissait et s'humectait de reconnaissance en reconnaissance. De chaque site, de chaque toit, de chaque arbre, de chaque repli du sol, de chaque golfe de verdure, de chaque clairière illuminée par les rayons rasants du soleil couchant, un éclair, une mémoire, un bonheur, un regret, une figure, jaillissaient de mes yeux et de mon cœur comme s'ils eussent jailli du pays lui-même. Je me rappelais père, mère, sœurs, enfance, jeunesse, amis de la maison, contemporains de mes jours de joie et de fête, arbres d'affection, sources abritées, animaux chéris, tout ce qui avait jadis peuplé, animé, vivifié, enchanté pour moi ce vallon, ces prairies, ces bois, ces demeures. Je secouais comme un fardeau importun derrière moi les années intermédiaires entre le départ et le retour ; je rejetais plus loin encore l'idée de m'en séparer pour jamais. J'avais douze ans, j'en avais vingt, j'en avais trente ; regards de ma mère, voix de mon père, jeux de mes sœurs, entretiens de mes amis, premières ivresses de ma vie, aboiements de mes chiens, hennissements de mes chevaux, expansions ou recueillements de mon âme tour à tour répandue ou enfermée dans ses extases, matinées de printemps, journées à l'ombre, soirées d'automne au foyer de famille, premières lectures, bégayements poétiques, vagues mélodies, précoces amours ; tout se levait de nouveau ; tout rayonnait, tout murmurait, tout chantait en moi comme ce chant de résurrection, comme l'*Alleluia* trompeur qu'entend Marguerite à l'église, le jour de Pâques, dans le drame de Gœthe. Mon âme n'était qu'un cantique d'illusions !

Je croyais retrouver, en entrant dans la cour et en passant le seuil, tout ce que le temps était venu en arracher. Si ce chant eût été noté dans des vers, il serait resté l'hymne de la félicité humaine, l'holocauste du bonheur terrestre rallumé dans le cœur de l'homme par la vue des lieux où il fut heureux !

Ce chant intérieur tombait peu à peu en approchant davantage. Ma vieille jument pressait le pas ; elle gravissait le chemin creux qui monte du ruisseau vers le tertre du château ; les jeunes étalons, les mères et les poulains qui paissaient dans les prés voisins accouraient au bruit de ses pas sur les pierres ; ils passaient leurs têtes au-dessus des haies qui bordent le sentier, ils la saluaient de leurs hennissements et la suivaient derrière les buissons en galopant, comme pour faire fête à leur ancienne compagne des prairies.

Hélas ! personne n'apparaissait au-devant de moi ! les feuilles mortes du jardin que le vent et les torrents balayaient seules jonchaient les pelouses autrefois si vertes, et couvraient le seuil de la barrière entr'ouverte par laquelle on entre dans l'enclos. Un seul vieux chien invalide se traîna péniblement à ma rencontre, et poussa quelques tendres gémissements en léchant les mains de son maître. Une petite fille de douze ans, qui garde les vaches dans l'enclos, entr'ouvrit la porte au bruit des pas de mon cheval. Elle courut dire à la vieille servante, qui filait sa quenouille dans une chambre haute, que j'étais arrivé. La bonne fille descendit, en boitant, l'escalier en spirale, et m'accueillit avec une triste et tendre familiarité dans la cuisine basse, où la cendre froide recouvrait le foyer. J'ôtai la selle et la bride à la jument ; la petite bergère lui ouvrit la barrière et la lança dans le verger.

Après avoir commandé quelques herbages et quelques fruits pour mon repas, je montais dans les appartements, et j'ouvris les volets, fermés depuis trois ans. Mais il n'y entra que plus de tristesse avec plus de jour, car la lumière, en les remplissant, ne faisait que m'en montrer davantage le vide. Il n'y eut que quelques oiseaux familiers, ces beaux paons nourris par nos mains, qui parurent se réjouir en voyant se rouvrir les fenêtres : ils regardèrent, ils volèrent lourdement un à un, comme en hésitant, du gazon sur le rebord de la galerie gothique, où nous avions l'habitude de leur égrener des miettes de pain ; ils me suivirent comme autrefois jusque dans les chambres, en cherchant de l'œil les femmes et en frappant du bec les parquets retentissants. La fidélité de ces pauvres oiseaux m'attendrit. Je me hâtai de descendre dans l'enclos, pour échapper à la solitude inanimée des murs. Mes chiens seuls me suivaient, et je pensais au jour où il faudrait aussi les congédier.

Pour un homme qui a longtemps habité en famille un site de prédilection, le jardin est une prolongation de l'habitation, c'est une maison sans toit ; il a les mêmes intimités, les mêmes empreintes, les mêmes souvenirs ; les arbres, les pelouses, les allées désertes se souviennent, racontent, retracent, causent ou pleurent comme les murs. C'est un abrégé de notre passé. J'y retrouvais toutes les heures au soleil ou à l'ombre que j'y avais passées, toutes les poésies de mes livres et de mon cœur que j'y avais senties, écrites ou seulement rêvées, pendant les plus fécondes et les plus splendides années de mon été d'homme. Chaque source balbutiait comme autrefois sa note que j'avais reproduite, chaque rayon sur l'herbe son image que j'avais repeinte, chaque arbre son ombre, ses nids, ses brises dans ses feuilles vertes ou ses frissons dans ses feuilles mortes que j'avais goûtés, recueillis et répercutés dans mes propres harmonies; tout y était encore, excepté l'écho mort et le miroir terni en moi.

J'arrivai ainsi, traînant mes pas sous les branches jaunies et sur les sables humides, jusqu'à une petite porte percée dans un vieux mur tapissé de lierre et de buis. Vous savez que le mur de l'église projette son ombre sur cette partie du jardin, et que l'on communique, par cette porte dérobée, de l'enclos dans le cimetière du village. Vous savez que j'ai ajouté à ce cimetière ombragé de vieux noyers un petit coin de terre retranché au jardin, afin que ce petit coin de terre, dont j'ai fait don à la commune, fût à la fois la propriété de la mort et la propriété de la famille, et que si la nécessité nous dépouillait un jour de l'habitation et du domaine de Saint-Point, cette nécessité ne fît pas du moins passer ce domaine des morts dans les mains d'une famille étrangère ou d'un propriétaire indifférent.

C'est sur cette frontière neutre entre le cimetière et le jardin que j'ai bâti (le seul édifice que j'aie bâti ici-bas) un petit monument funèbre, une chapelle d'architecture gothique, entourée d'un cloître surbaissé en pierres sculptées qui protègent quelques fleurs tristes, et qui s'élèvent sur un caveau. C'est là que j'ai recueilli et rapporté de loin, près de mon cœur, les cercueils de ma mère et de tout ce que j'ai perdu sur la route de plus aimé et de plus regretté ici-bas.

Toutes les fois que j'arrive à Saint-Point, ou toutes les fois que j'en pars pour une longue absence, je vais seul, à la chute du jour, dire à genoux un salut ou un adieu à ces chers hôtes de l'éternelle paix, sur ce seuil intermédiaire entre leur exil et leur félicité. Je colle mon front contre la pierre qui me sépare seule de leurs cendres, je m'entretiens à voix basse avec elles, je leur demande de nous envelopper dans nos aridités d'un rayon de leur amour, dans nos troubles d'un rayon de leur paix, dans nos obscurités d'un rayon de leur vérité. J'y suis resté plus longtemps aujourd'hui et plus absorbé dans le passé et dans l'avenir, qu'à aucun autre de mes retours ici. J'ai relu pour ainsi dire ma vie tout entière dans ce livre de pierre de trois sépulcres : enfance, jeunesse, aubes de la pensée, années en fleurs, années en fruits, années en chaume ou en cendres, joies innocentes, piétés saintes, attachements naturels, études ardentes, égarements pardonnés d'adolescence, passions naissantes, attachements sérieux, voyages, fautes, repentirs, bonheurs ensevelis, chaînes brisées, chaînes renouées de la vie, peines, efforts, labeurs, agitations, périls combats, victoires, élévations et écroulements de l'âge mûr sur les grandes vagues de l'océan des révolutions, pour faire avancer d'un degré de plus l'esprit humain dans sa navigation vers l'infini ! Puis les refroidissements de foi, les déchirements de destinée, les martyres d'esprit, les pertes de cœur, les dépouillements obligés des choses ou des lieux dans lesquels on s'était enraciné, les transplantations plus pénibles pour l'homme que pour l'arbre, les injustices, les ingratitudes, les persécutions, les exils, les lassitudes de corps avant celles de l'âme, la mort enfin, toujours à moitié chemin de quelque chose!

Tout cela a roulé en bruissant pendant je ne sais combien de temps dans ma tête, comme le torrent de ma vie qui serait redescendu tout à coup après une pluie d'orage de toutes les montagnes, et qui serait revenu prendre possession de son lit desséché. Le tombeau était pour moi la pierre de Moïse d'où coulaient toutes les eaux; j'ouvris mon cœur comme une écluse, et la prière en sortit à grands flots avec la douleur, la résignation et l'espérance; et mes larmes aussi coulaient; et quand je retirai mes mains de mes yeux et que je les posai contre le seuil pour le bénir, elles firent une marque humide sur la pierre blanche....

Un bruit m'avait fait lever en sursaut.

C'était une sourde et monotone psalmodie qui sortait d'une petite fenêtre grillée au flanc de l'église, tout près de moi. Je m'essuyai le front et les genoux pour faire le tour de l'édifice, et pour y entrer par la petite porte qui ouvre au midi sur le côté opposé. Je fus arrêté sur la première marche par un petit cercueil recouvert d'un drap blanc et de deux bouquets de roses blanches aussi, que portaient quatre jeunes filles d'un hameau des montagnes. Le vieux curé les suivait en récitant quelques versets de liturgie latine sur la brièveté de la vie; un père et une mère pleuraient, en chancelant, derrière lui. Je marchai vers la fosse avec eux, je jetai à mon tour les gouttes d'eau, image des gouttes de larmes, sur le cercueil de la jeune fille, et je rentrai sans avoir osé regarder le pauvre père !

J'ai passé la soirée à vous écrire : ce cœur a besoin de crier quand il est frappé. Je remercie Dieu de m'avoir laissé dans le vôtre un écho qui me renvoie jusqu'au bruit de mes larmes sur mon papier. Adieu !

P.-S. Toute réflexion faite, j'avais à écrire demain un entretien pour expliquer à mes lecteurs ce que c'était que les *Harmonies*. Je vais copier cette lettre, en retranchant ce qui est trop intime. Rien ne peut mieux expliquer ce que c'est qu'une *harmonie* : la jeunesse qui s'éveille, l'amour qui rêve, l'œil qui contemple, l'âme qui s'élève, la prière qui invoque, le deuil qui pleure, le Dieu qui console, l'extase qui chante, la raison qui pense, la passion qui se brise, la tombe qui se ferme, tous les bruits de la vie dans un cœur sonore, ce sont ces harmonies. Il y en a autant qu'il y a de palpitations sur la fibre infinie de l'émotion humaine. J'en ai écrit quelques-unes en vers, d'autres en prose ; des milliers d'autres n'ont jamais retenti que dans mon sein. Que le lecteur s'écoute lui-même sentir et vivre, il en notera de plus mélodieuses et de plus vraies que celles-ci : la vie est un cantique dont toute âme est une voix.

LAMARTINE.

HARMONIES

POÉTIQUES ET RELIGIEUSES

HARMONIES

POÉTIQUES ET RELIGIEUSES

LIVRE PREMIER

I

INVOCATION

Toi qui donnas sa voix à l'oiseau de l'aurore
Pour chanter dans le ciel l'hymne naissant du jour;
Toi qui donnas son âme et son gosier sonore
A l'oiseau que le soir entend gémir d'amour;

Toi qui dis aux forêts : Répondez au zéphire !
Aux ruisseaux : Murmurez d'harmonieux accords !
Aux torrents : Mugissez ! à la brise : Soupire !
A l'Océan : Gémis en mourant sur tes bords !

Et moi, Seigneur, aussi, pour chanter tes merveilles,
Tu m'as donné dans l'âme une seconde voix,
Plus pure que la voix qui parle à nos oreilles,
Plus forte que les vents, les ondes et les bois !

Les cieux l'appellent Grâce, et les hommes Génie.
C'est un souffle affaibli des bardes d'Israël,
Un écho dans mon sein, qui change en harmonie
Le retentissement de ce monde mortel.

Mais c'est surtout ton nom, ô roi de la nature,
Qui fait vibrer en moi cet instrument divin !
Quand j'invoque ce nom, mon cœur plein de murmure
Résonne comme un temple où l'on chante sans fin,

Comme un temple rempli de voix et de prières,
Où d'échos en échos le son roule aux autels.
Hé quoi ! Seigneur, ce bronze, et ce marbre, et ces pierres,
Retentiraient-ils mieux que le cœur des mortels ?

Non, mon Dieu, non, mon Dieu, grâce à mon saint partage,
Je n'ai point entendu monter jamais vers toi
D'accords plus pénétrants, de plus divin langage,
Que ces concerts muets qui s'élèvent en moi !

Mais la parole manque à ce brûlant délire ;
Pour contenir ce feu tous les mots sont glacés.
Eh ! qu'importe, Seigneur, la parole à ma lyre ?
Je l'entends, il suffit ; tu réponds, c'est assez.

Don sacré du Dieu qui m'enflamme,
Harpe qui fais trembler mes doigts,
Sois toujours le cri de mon âme,
A Dieu seul rapporte ma voix !
Je frémis d'amour et de crainte
Quand, pour toucher ta corde sainte,
Son esprit daigna me choisir ;
Moi, devant lui moins que poussière,
Moi, dont jusqu'alors l'âme entière
N'était que silence et désir !

Hélas ! et j'en rougis encore,
Ingrat au plus beau de ses dons,
Harpe que l'ange même adore,
Je profanai tes premiers sons :
Je fis ce que ferait l'impie,
Si ses mains, sur l'autel de vie,
Abusaient des vases divins,
Et s'il couronnait le calice,
Le calice du sacrifice,
Avec les roses des festins.

Mais j'en jure par cette honte
Dont rougit mon front confondu,
Et par cet hymne qui remonte
Au ciel dont il est descendu ;
J'en jure par ce nom sublime
Qui ferme et qui rouvre l'abîme,
Par l'œil qui lit au fond des cœurs,
Par ce feu sacré qui m'embrase,

    Et par ces transports de l'extase
    Qui trempent tes cordes de pleurs ;

De tes accents mortels j'ai perdu la mémoire.
Nous ne chanterons plus qu'une éternelle gloire
Au seul digne, au seul saint, au seul grand, au seul bon ;
Mes jours ne seront plus qu'un éternel délire,
Mon âme qu'un cantique, et mon cœur qu'une lyre,
Et chaque souffle enfin que j'exhale ou j'aspire,
    Un accord à ton nom !

    Élevez-vous, voix de mon âme
    Avec l'aurore, avec la nuit !
    Élancez-vous comme la flamme,
    Répandez-vous comme le bruit !
    Flottez sur l'aile des nuages,
    Mêlez-vous aux vents, aux orages,
    Au tonnerre, au fracas des flots !
    L'homme en vain ferme sa paupière ;
    L'hymne éternel de la prière
    Trouvera partout des échos !

    Ne craignez pas que le murmure
    De tous ces astres à la fois,
    Ces mille voix de la nature,
    Étouffent votre faible voix !
    Tandis que les sphères mugissent,
    Et que les sept cieux retentissent
    Des bruits roulant en son honneur,
    L'humble écho que l'âme réveille

Porte en mourant à son oreille
La moindre voix qui dit : Seigneur !

Élevez-vous dans le silence,
A l'heure où dans l'ombre du soir
La lampe des nuits se balance,
Quand le prêtre éteint l'encensoir !
Élevez-vous au bord des ondes,
Dans ces solitudes profondes
Où Dieu se révèle à la foi !
Chantez dans mes heures funèbres :
Amour, il n'est point de ténèbres,
Point de solitude avec toi !

Je ne suis plus qu'une pensée,
L'univers est mort dans mon cœur,
Et sous cette cendre glacée
Je n'ai trouvé que le Seigneur.
Qu'il éclaire ou trouble ma voie,
Mon cœur, dans les pleurs ou la joie,
Porte celui dont il est plein :
Ainsi le flot roule une image,
Et des nuits le dernier nuage
Porte l'aurore dans son sein.

Qu'il est doux de voir sa pensée,
Avant de chercher ses accents,
En mètres divins cadencée,
Monter soudain comme l'encens ;
De voir ses timides louanges,

Comme sur la harpe des anges,
Éclore en sons dignes des cieux,
Et jusqu'aux portes éternelles
S'élever sur leurs propres ailes
Avec un vol harmonieux !

Un jour cependant, ô ma lyre,
Un jour assoupira ta voix ;
Tu regretteras ce délire
Dont tu t'enivrais sous mes doigts :
Les ans terniront cette glace
Où la nature te retrace
Les merveilles du saint des saints ;
Le temps, qui flétrit ce qu'il touche,
Ravira les sons sur ma bouche
Et les images sous mes mains.

Tu ne répandras plus mon âme
En flots d'harmonie et d'amour ;
Mais le sentiment qui m'enflamme
Survivra jusqu'au dernier jour,
Semblable à ces sommets arides
Dont l'âge a dépouillé les rides
De leur ombre et de leurs échos,
Mais qui dans leurs flancs sans verdure
Gardent une onde qui murmure
Et dont le ciel nourrit les flots.

Ah ! quand ma fragile mémoire,
Comme une urne d'où l'onde a fui,

Aura perdu ces chants de gloire
Que ton Dieu t'inspire aujourd'hui,
De ta défaillante harmonie
Ne rougis pas, ô mon génie !
Quand ta corde n'aurait qu'un son,
Harpe fidèle, chante encore
Le Dieu que ma jeunesse adore,
Car c'est un hymne que son nom !

COMMENTAIRE

C'était en 1822.

J'avais passé le cap des tempêtes que tout homme doit passer dans sa jeunesse, avant d'arriver à ces espaces calmes et lumineux de la vie où l'on goûte quelques années de sérénité. J'étais marié, je venais d'être père ; deux enfants balbutiaient en me souriant dans leur berceau aux pieds de leur jeune mère. J'avais dans la diplomatie un emploi régulier et actif de mes facultés, conforme à mes goûts. J'habitais l'Italie, cette seconde patrie de mes yeux et de mon cœur. Tout était repos d'esprit, silence des passions, hymne intérieur en moi et autour de moi. Mon père, ma mère, mes sœurs, mes amis d'enfance ou de jeunesse, vivaient encore tous, et multipliaient mon bonheur en s'y intéressant. J'avais retrouvé dans ce bonheur la première piété inspirée à ses enfants par notre mère. Je ne discutais plus avec moi-même la foi du berceau. J'éprouvais une grande douceur à croire, à adorer, à prier, à jouir, dans la langue à laquelle les vertus et les grâces de cette mère donnaient tant de charme, tant d'élévation. Je conçus la pensée d'écrire au hasard, dans mes heures de loisir et d'inspiration, quelques cantiques modernes, comme ceux que David avait écrits avec ses larmes. Les poésies pieuses manquent à l'humanité moderne : j'espérais en jeter quelques notes au vent. Mais mon heure n'était pas venue ; je le sentis bientôt. Je me contentai de balbutier ces harmonies, espèces de retentissements poétiques, quelquefois pieux, des impressions que l'heure, le jour, le site, l'anniversaire, la mémoire, me donnaient, et que le souffle perpétuellement religieux de mon âme renvoyait à Dieu. J'en écrivis une, puis deux, puis trois, puis deux volumes, avant de songer à les publier. C'étaient comme les annotations en vers de ma vie intérieure. La pensée que cela n'était pas destiné aux regards du public, ou du moins que cela ne serait lu qu'après moi, donnait plus de liberté, plus de sécurité et, pour ainsi dire, plus d'onction à ces vers. C'était entre Dieu et moi.

Cette première harmonie, dans laquelle j'essayais le ton et je tâtais la corde, fut écrite à Florence, dans l'église de Santa Croce, où j'allais souvent me recueillir entre les tombeaux des grands poètes toscans.

II

L'HYMNE DE LA NUIT

Le jour s'éteint sur tes collines,
O terre où languissent mes pas !
Quand pourrez-vous, mes yeux, quand pourrez-vous, hélas!
Saluer les splendeurs divines
Du jour qui ne s'éteindra pas ?

Sont-ils ouverts pour les ténèbres,
Ces regards altérés du jour ?
De son éclat, ô Nuit! à tes ombres funèbres
Pourquoi passent-ils tour à tour ?

Mon âme n'est point lasse encore
D'admirer l'œuvre du Seigneur ;
Les élans enflammés de ce sein qui l'adore
N'avaient pas épuisé mon cœur.

Dieu du jour, Dieu des nuits, Dieu de toutes les heures,
Laisse-moi m'envoler sur les feux du soleil !
Où va vers l'occident ce nuage vermeil ?
Il va voiler le seuil de tes saintes demeures
Où l'œil ne connaît plus la nuit ni le sommeil!

Cependant ils sont beaux à l'œil de l'espérance,
Ces champs du firmament ombragés par la nuit.
Mon Dieu! dans ces déserts mon œil retrouve et suit
    Les miracles de ta présence!

Ces chœurs étincelants que ton doigt seul conduit,
Ces océans d'azur où leur foule s'élance,
Ces fanaux allumés de distance en distance,
Cet astre qui paraît, cet astre qui s'enfuit,
Je les comprends, Seigneur! tout chante, tout m'instruit
Que l'abîme est comblé par ta magnificence,
Que les cieux sont vivants, et que ta providence
Remplit de sa vertu tout ce qu'elle a produit!
    Ces flots d'or, d'azur, de lumière,
Ces mondes nébuleux que l'œil ne compte pas,
    O mon Dieu, c'est la poussière
    Qui s'élève sous tes pas!

    O nuits, déroulez en silence
    Les pages du livre des cieux;
    Astres, gravitez en cadence
    Dans vos sentiers harmonieux;
    Durant ces heures solennelles,
    Aquilons, repliez vos ailes,
    Terre, assoupissez vos échos;
    Étends tes vagues sur les plages,
    O mer! et berce les images
    Du Dieu qui t'a donné tes flots!

    Savez-vous son nom? La nature
    Réunit en vain ses cent voix;

L'étoile à l'étoile murmure :
Quel Dieu nous imposa nos lois?
La vague à la vague demande :
Quel est celui qui nous gourmande?
La foudre dit à l'aquilon :
Sais-tu comment ton Dieu se nomme?
Mais les astres, la terre et l'homme
Ne peuvent achever son nom.

Que tes temples, Seigneur, sont étroits pour mon âme!
    Tombez, murs impuissants, tombez!
Laissez-moi voir ce ciel que vous me dérobez!
Architecte divin, tes dômes sont de flamme!
Que tes temples, Seigneur, sont étroits pour mon âme!
    Tombez, murs impuissants, tombez!

   Voilà le temple où tu résides!
   Sous la voûte du firmament
   Tu ranimes ces feux rapides
   Par leur éternel mouvement;
   Tous ces enfants de ta parole,
   Balancés sur leur double pôle,
   Nagent au sein de tes clartés,
   Et, des cieux où leurs feux pâlissent,
   Sur notre globe ils réfléchissent
   Des feux à toi-même empruntés!

      L'Océan se joue
      Aux pieds de son Roi;
      L'aquilon secoue

Ses ailes d'effroi ;
La foudre te loue
Et combat pour toi ;
L'éclair, la tempête,
Couronnent ta tête
D'un triple rayon ;
L'aurore t'admire,
Le jour te respire,
La nuit te soupire,
Et la terre expire
D'amour à ton nom !

Et moi, pour te louer, Dieu des soleils, qui suis-je ?
    Atome dans l'immensité,
    Minute dans l'éternité,
Ombre qui passe et qui n'a plus été !
    Peux-tu m'entendre sans prodige ?
    Ah ! le prodige est ta bonté !

Je ne suis rien, Seigneur, mais ta soif me dévore ;
L'homme est néant, mon Dieu, mais ce néant t'adore,
    Il s'élève par son amour ;
Tu ne peux mépriser l'insecte qui t'honore,
Tu ne peux repousser cette voix qui t'implore,
    Et qui vers ton divin séjour,
      Quand l'ombre s'évapore.
      S'élève avec l'aurore,
      Le soir gémit encore,
      Renaît avec le jour.

Oui, dans ces champs d'azur que ta splendeur inonde,
    Où ton tonnerre gronde,
    Où tu veilles sur moi,
Ces accents, ces soupirs animés par la foi,
Vont chercher d'astre en astre un Dieu qui me réponde,
Et d'échos en échos, comme des voix sur l'onde,
    Roulant de monde en monde,
    Retentir jusqu'à toi !

COMMENTAIRE

Cette harmonie fut inspirée et écrite pendant une nuit d'été de 1824. J'avais loué auprès de Livourne une villa magnifique, la *villa Palmieri*, sur la route de Montenero. J'avais à gauche les cimes boisées des montagnes de Limone, j'avais à droite la mer; le cap de Montenero s'élevait en face. Au sommet de ce cap, adossée aux rochers et aux chênes verts, s'élève une église placée comme un temple grec en vue des flots; c'est un pèlerinage pour les naufragés sauvés des vagues par les vœux à l'Étoile des mers. J'aimais ce site, j'y montais souvent. Je trouvais sur la route une autre villa, splendide autrefois, maintenant déserte, que lord Byron avait habitée un ou deux étés, quelque temps avant mon séjour à Livourne. J'arrêtais toujours mon cheval devant la porte de son jardin, pour y chercher la figure absente du grand poète qui avait consacré cette solitude. Un peu plus haut, je quittais la route, je renvoyais mes chevaux à la *locanda* de Montenero, et je m'enfonçais seul dans les bois, d'où l'on voit la mer.

J'y passais des journées entières avec un livre ou avec mes pensées. J'écrivais sur les marges du livre les poésies que m'envoyaient le ciel ou les flots. C'est ainsi que fut écrite un jour cette seconde harmonie. Les broussailles, au pied des chênes verts de Montenero, sont pleines encore de pages déchirées des livres ou des albums, sur lesquelles j'essayais ainsi de noter quelques chants que le sommeil, ou la rêverie, ou la chute du jour interrompaient, que je laissais en lambeaux sur l'herbe ou sur le sable, et que le vent de mer emportait aux vagues.

III

HYMNE DU MATIN

Pourquoi bondissez-vous sur la plage écumante,
Vagues dont aucun vent n'a creusé les sillons?
Pourquoi secouez-vous votre écume fumante
      En légers tourbillons?

Pourquoi balancez-vous vos fronts que l'aube essuie,
Forêts qui tressaillez avant l'heure du bruit?
Pourquoi de vos rameaux répandez-vous en pluie
Ces pleurs silencieux dont vous baigna la nuit?

Pourquoi relevez-vous, ô fleurs, vos pleins calices,
Comme un front incliné que relève l'amour?
Pourquoi dans l'ombre humide exhaler ces prémices
      Des parfums qu'aspire le jour?

    Ah! renfermez-les encore,
    Gardez-les, fleurs que j'adore,
    Pour l'haleine de l'aurore,
    Pour l'ornement du saint lieu!
    Le ciel de pleurs vous inonde,
    L'œil du matin vous féconde,

Vous êtes l'encens du monde
Qu'il fait remonter à Dieu.

Vous qui des ouragans laissiez flotter l'empire,
Et dont l'ombre des nuits endormait le courroux
Sur l'onde qui gémit, sous l'herbe qui soupire,
   Aquilons, autans, zéphire,
   Pourquoi vous éveillez-vous ?

Et vous qui reposez sous la feuillée obscure,
Qui vous a réveillés dans vos nids de verdure ?
   Oiseaux des ondes ou des bois,
   Hôtes des sillons ou des toits,
   Pourquoi confondez-vous vos voix
   Dans ce vague et confus murmure
   Qui meurt et renaît à la fois
   Comme un soupir de la nature ?

Voix qui nagez dans le bleu firmament,
Voix qui roulez sur le flot écumant,
Voix qui volez sur les ailes du vent,
Chantres des airs que l'instinct seul éveille,
Joyeux concerts, léger gazouillement,
Plaintes, accords, tendre roucoulement,
Qui chantez-vous pendant que tout sommeille ?
   La nuit a-t-elle une oreille
   Digne de ce chœur charmant ?

   Attendez que l'ombre meure,
   Oiseaux, ne chantez qu'à l'heure

Où l'aube naissante effleure
Les neiges du mont lointain.
Dans l'hymne de la nature,
Seigneur, chaque créature
Forme à son heure en mesure
Un son du concert divin;
Oiseaux, voix céleste et pure,
Soyez le premier murmure
Que Dieu reçoit du matin!

Et moi sur qui la nuit verse un divin dictame,
Qui sous le poids des jours courbe un front abattu,
Quel instinct de bonheur me réveille? O mon âme,
  Pourquoi me réjouis-tu?

C'est que le ciel s'entr'ouvre ainsi qu'une paupière,
Quand des vapeurs des nuits les regards sont couverts;
Dans les sentiers de pourpre aux pas du jour ouverts,
 Les monts, les flots, les déserts,
  Ont pressenti la lumière,
Et son axe de flamme, aux bords de sa carrière,
Tourne, et creuse déjà son éclatante ornière,
 Sur l'horizon roulant des mers,

  Chaque être s'écrie :
  C'est lui, c'est le jour!
  C'est lui, c'est la vie!
  C'est lui, c'est l'amour!
  Dans l'ombre assouplie
  Le ciel se replie
  Comme un pavillon;

Roulant son image
Le léger nuage
Monte, flotte et nage
Dans son tourbillon ;
La nue orageuse
Se fend, et lui creuse
Sa pourpre écumeuse
En brillant sillon ;
Il avance, il foule
Ce chaos qui roule
Ses flots égarés ;
L'espace étincelle,
La flamme ruisselle
Sous ses pieds sacrés ;
La terre encor sombre
Lui tourne dans l'ombre
Ses flancs altérés ;
L'ombre est adoucie,
Les flots éclairés ;
Des monts colorés
La cime est jaunie ;
Des rayons dorés
Tout reçoit la pluie ;
Tout vit, tout s'écrie :
C'est lui, c'est le jour !
C'est lui, c'est la vie !
C'est lui, c'est l'amour !

O Dieu, vois dans les airs ! l'aigle éperdu s'élance
    Dans l'abîme éclatant des cieux ;

Sous les vagues de feux que bat son aile immense,
Il lutte avec les vents, il plane, il se balance ;
L'écume du soleil l'enveloppe à nos yeux :
Est-il allé porter jusques en ta présence
Des airs dont il est roi le sublime silence
    Ou l'hommage mystérieux ?

O Dieu, vois sur les mers ! le regard de l'aurore
Enfle le sein dormant de l'Océan sonore,
Qui, comme un cœur d'amour ou de joie oppressé,
Presse le mouvement de son flot cadencé,
    Et dans ses lames garde encore
Le sombre azur du ciel que la nuit a laissé.
Comme un léger sillon qui se creuse et frissonne
Dans un champ où la brise a balancé l'épi,
Un flot naît d'une ride ; il murmure, il sillonne
L'azur muet encor de l'abîme assoupi ;
Il roule sur lui-même, il s'allonge, il s'abîme ;
    Le regard le perd un moment :
Où va-t-il ? Il revient, revomi par l'abîme,
Il dresse en mugissant sa bouillonnante cime,
Le jour semble rouler sur son dos écumant ;
Il entraîne en passant les vagues qu'il écrase,
S'enfle de leur débris et bondit sur sa base ;
Puis enfin, chancelant comme une vaste tour,
Ou comme un char fumant brisé dans la carrière,
    Il croule, et sa poussière
    En flocons de lumière
Roule et disperse au loin tous ces fragments du jour.

La barque du pêcheur tend son aile sonore
Où le vent du matin vient déjà palpiter,
Et bondit sur les flots que l'ancre va quitter,
    Pareille au coursier qui dévore
    Le frein qui semble l'irriter.

    Le navire, enfant des étoiles,
Luit comme une colline aux bords de l'horizon,
Et réfléchit déjà dans ses plus hautes voiles
La blancheur de l'aurore et son premier rayon.
Léviathan bondit sur ses traces profondes,
Et, des flots par ses jeux saluant le réveil,
De ses naseaux fumants il lance au ciel les ondes
Pour les voir retomber en rayons du soleil.

    L'eau berce, le mât secoue
    La tente des matelots;
    L'air siffle, le ciel se joue
    Dans la crinière des flots;
    Partout l'écume brillante
    D'une frange étincelante
    Ceint le bord des flots amers :
    Tout est bruit, lumière et joie;
    C'est l'astre que Dieu renvoie,
    C'est l'aurore sur les mers.

O Dieu, vois sur la terre! un pâle crépuscule
Teint son voile flottant par la brise essuyé;
Sur les pas de la nuit l'aube pose son pied;
L'ombre des monts lointains se déroule et recule,

Comme un vêtement replié.
Ses lambeaux, déchirés par l'aile de l'aurore,
Flottent livrés aux vents dans l'orient vermeil;
La pourpre les enflamme et l'iris les colore;
Ils pendent en désordre aux tentes du soleil,
Comme des pavillons quand une flotte arbore
Les couleurs de son roi dans les jours d'appareil.

 Sous des nuages de fumée
Le rayon va pâlir sur les tours des cités,
Et sous l'ombre des bois les hameaux abrités,
Ces toits par l'innocence et la paix habités,
 Sur la colline embaumée,
 De jour et d'ombre semée,
Font rejaillir au loin leurs flottantes clartés.

Le laboureur répond au taureau qui l'appelle
L'aurore les ramène au sillon commencé,
Il conduit en chantant le couple qu'il attelle,
Le vallon retentit sous le soc renversé;
 Au gémissement de la roue
Il mesure ses pas et son chant cadencé;
Sur sa trace en glanant le passereau se joue,
 Et le chêne à sa voix secoue
Le baume des sillons que la nuit a versé.

 L'oiseau chante, l'agneau bêle,
 L'enfant gazouille au berceau,
 La voix de l'homme se mêle
 Au bruit des vents et de l'eau;

L'air frémit, l'épi frissonne,
L'insecte au soleil bourdonne,
L'airain pieux qui résonne
Rappelle au Dieu qui le donne
Ce premier soupir du jour :
Tout vit, tout luit, tout remue,
C'est l'aurore dans la nue,
C'est la terre qui salue
L'astre de vie et d'amour !

Mais tandis, ô mon Dieu, qu'aux yeux de ton aurore
Un nouvel univers chaque jour semble éclore,
Et qu'un soleil flottant dans l'abîme lointain
Fait remonter vers toi les parfums du matin,
D'autres soleils, cachés par la nuit des distances,
Qu'à chaque instant là-haut tu produis et tu lances,
Vont porter dans l'espace à leurs planètes d'or
Des matins plus brillants et plus sereins encor.
Oui, l'heure où l'on t'adore est ton heure éternelle ;
Oui, chaque point des cieux pour toi la renouvelle,
Et ces astres sans nombre épars au sein des nuits
N'ont été par ton souffle allumés et conduits
Qu'afin d'aller, Seigneur, autour de tes demeures,
L'un l'autre se porter la plus belle des heures,
Et te faire bénir par l'aurore des jours,
Ici, là-haut, sans cesse, à jamais et toujours !

Oui, sans cesse un monde se noie
Dans les feux d'un nouveau soleil,
Les cieux sont toujours dans la joie,

Toujours un astre à son réveil;
Partout où s'abaisse ta vue
Un soleil levant te salue,
Les cieux sont un hymne sans fin!
Et des temps que tu fais éclore,
Chaque heure, ô Dieu, n'est qu'une aurore,
Et l'éternité qu'un matin!

Montez donc, flottez donc, roulez, volez, vents, flamme,
Oiseaux, vagues, rayons, vapeurs, parfums et voix!
Terre, exhale ton souffle! homme, élève ton âme!
Montez, flottez, roulez, accomplissez vos lois!
Montez, volez à Dieu! plus haut, plus haut encore!
Dans les feux du soleil sa splendeur vous a lui;
Reportez dans les cieux l'hommage de l'aurore,
Montez, il est là-haut; descendez, tout est lui!

Et toi, jour, dont son nom a commencé la course,
Jour qui dois rendre compte au Dieu qui t'a compté,
La nuit qui t'enfanta te rappelle à ta source :
    Tu finis dans l'éternité!

Tu n'es qu'un pas du temps, mais ton Dieu te mesure,
Tu dois de son auteur rapprocher la nature;
Il ne t'a point créé comme un vain ornement
Pour semer de tes feux la nuit du firmament,
Mais pour lui rapporter, aux célestes demeures,
La gloire et la vertu sur les ailes des heures,
    Et la louange à tout moment!

COMMENTAIRE

Cette harmonie fut écrite à Montenero, comme la précédente, pendant une halte de toute une journée sous les chênes verts de ce beau cap. Elle fut notée sur les feuilles blanches d'une belle édition in-quarto de Pétrarque que je portais souvent avec moi. Au moment où je détachais ces feuilles, elles me furent enlevées par le vent violent du soir qui s'élève de Limone, et qui souffle par rafales à la mer. Elles tourbillonnèrent un moment au-dessus de moi, et retombèrent à mille pieds sous la concavité du cap. Je les crus englouties par les lames. Je les regrettai un moment, puis je retournai prendre mon cheval à la *locanda*, et je n'y pensai plus.

Le surlendemain, une jolie enfant à demi nue, fille d'un pauvre ramasseur de coquillages des faubourgs de Livourne, me les rapporta, toutes trempées de l'eau salée. Elle me dit que son père les avait trouvées surnageant sur l'écume au bas du cap de Montenero ; qu'il les avait fait lire aux capucins du couvent ; que les capucins, ne comprenant pas cette langue, avaient dit qu'il fallait reporter ces papiers au Français, à la villa Palmieri. Je remerciai la petite fille ; je lui donnai pour son père autant d'écus italiens qu'il y avait de pages, et pour elle une robe de cotonnade rayée de rouge, une chemise et des souliers. Elle s'en alla joyeuse et les mains pleines de figues, croyant sans doute qu'elle m'avait rapporté un trésor. Hélas ! ce n'étaient que des feuilles arrachées au vent de mer et rejetées au vent du temps !

IV.

LA LAMPE DU TEMPLE

ou

L'AME PRÉSENTE A DIEU

Pâle lampe du sanctuaire,
Pourquoi, dans l'ombre du saint lieu,
Inaperçue et solitaire,
Te consumes-tu devant Dieu?

Ce n'est pas pour diriger l'aile
De la prière ou de l'amour,
Pour éclairer, faible étincelle,
L'œil de Celui qui fit le jour.

Ce n'est pas pour écarter l'ombre
Des pas de ses adorateurs ;
La vaste nef n'est que plus sombre
Devant tes lointaines lueurs.

Ce n'est pas pour lui faire hommage
Des feux qui sous ses pas ont lui ;

Les cieux lui rendent témoignage,
Les soleils brûlent devant lui.

Et pourtant, lampes symboliques,
Vous gardez vos feux immortels,
Et la brise des basiliques
Vous berce sur tous les autels ;

Et mon œil aime à se suspendre
A ce foyer aérien,
Et je leur dis, sans les comprendre :
« Flambeaux pieux, vous faites bien. »

Peut-être, brillantes parcelles
De l'immense création,
Devant son trône imitent-elles
L'éternelle adoration.

« Et c'est ainsi, dis-je à mon âme,
Que, de l'ombre de ce bas lieu,
Tu brûles, invisible flamme,
En la présence de ton Dieu.

« Et jamais, jamais tu n'oublies
De diriger vers lui mon cœur,
Pas plus que ces lampes remplies
De flotter devant le Seigneur.

« Quel que soit le vent, tu regardes
Ce pôle, objet de tous tes vœux,

Et comme un nuage tu gardes
Toujours ton côté lumineux.

« Dans la nuit du monde sensible,
Je sens avec sérénité
Qu'il est un point inaccessible
A la terrestre obscurité;

« Une lueur sur la colline
Qui veillera toute la nuit;
Une étoile qui s'illumine
Au seul astre qui toujours luit;

« Un feu qui dans l'urne demeure
Sans s'éteindre et se consumer,
Où l'on peut jeter à toute heure
Un grain d'encens pour l'allumer.

« Et quand, sous l'œil qui te contemple,
O mon âme, tu t'éteindras,
Sur le pavé fumant du temple
Son pied ne te foulera pas.

« Mais vivante, au foyer suprême,
Au disque du jour sans sommeil,
Il te réunira lui-même
Comme un rayon à son soleil.

« Et tu luiras de sa lumière,
De la lumière de Celui

Dont les astres sont la poussière
Qui monte et tombe devant lui. »

COMMENTAIRE

J'ai toujours aimé, non pas les ténèbres de l'homme, mais les ténèbres de Dieu : elles redoublent en nous le sentiment de la solitude. Or, la solitude avec Dieu, c'est la jouissance sans distraction de l'infini, c'est la conversation sans témoin avec ce qu'on adore. Aussi, toutes les fois qu'un édifice marqué du signe de la Divinité, un temple en ruine au Parthénon, une colonne en tronçons au cap Sunium, un fronton de marbre jaune doré du soleil sur la croupe des montagnes d'Égine, une avenue de piliers dans le désert de Balbeck, un ermitage de caloyer grec sur un rocher du Péloponèse, une abbaye démantelée dans les forêts de sapins du Jura ou du Bugey, une croix sur un chemin, frappent mes yeux, mon âme salue la seule grande pensée, la pensée de Dieu.

C'est sous l'impression de ce sentiment habituel chez moi que j'écrivis un soir ces vers. Il y avait dans les bois de Limone, près de Livourne, deux ou trois petits sanctuaires abandonnés par les ermites, mais où la piétié des villageois voisins entretenait toujours une de ces lampes votives que les Italiennes allument jusque dans les maisons. Surpris un soir par la nuit en cherchant ma route, j'aperçus une de ces lueurs : je crus que c'était un foyer où je trouverais un asile ou un guide ; ce n'était qu'une de ces chapelles désertes. J'y entrai pour attendre la lune, qui ne devait pas tarder à se lever. Le feu a la vie et la parole comme l'eau, comme tous les éléments doués de mouvement; voilà pourquoi les paysans disent que le feu tient compagnie. Il tient compagnie non seulement à l'homme, mais à Dieu qui l'a créé : c'est pour cela sans doute qu'il fait partie de tous les cultes. Pendant que cette petite clarté vacillait au vent sur son huile d'or, dans son vase suspendu de cristal, je composai deux ou trois de ces strophes, et je bénis du cœur la main qui l'avait allumé.

La lune se leva, je repris mon sentier, où j'achevai ces strophes à la clarté de la mer, en traversant la plaine qui s'étend entre les montagnes de Limone et la villa Palmieri.

V

BÉNÉDICTION DE DIEU

DANS LA SOLITUDE

D'où me vient, ô mon Dieu, cette paix qui m'inonde ?
D'où me vient cette foi dont mon cœur surabonde,
A moi qui tout à l'heure incertain, agité,
Et sur les flots du doute à tout vent ballotté,
Cherchais le bien, le vrai, dans les rêves des sages,
Et la paix dans des cœurs retentissants d'orages ?
A peine sur mon front quelques jours ont glissé,
Il me semble qu'un siècle et qu'un monde ont passé,
Et que, séparé d'eux par un abîme immense,
Un nouvel homme en moi renaît et recommence.

Ah ! c'est que j'ai quitté pour la paix du désert
La foule où toute paix se corrompt ou se perd ;
C'est que j'ai retrouvé dans mon vallon champêtre
Les soupirs de ma source et l'ombre de mon hêtre,
Et ces monts, bleus piliers d'un cintre éblouissant,
Et mon ciel étoilé d'où l'extase descend ;
C'est que l'âme de l'homme est une onde limpide
Dont l'azur se ternit à tout vent qui la ride,

Mais qui, dès qu'un moment le vent s'est endormi,
Repolit la surface où le ciel a frémi ;
C'est que d'un toit de chaume une faible fumée,
Un peu d'herbe le soir par le pâtre allumée,
Suffit pour obscurcir tout le ciel d'un vallon
Et dérober le jour au plus pur horizon.
Qu'un vent vienne à souffler du soir ou de l'aurore,
Le nuage flottant s'entr'ouvre et s'évapore ;
L'ombre sur les gazons, se séparant du jour,
Rend à tous les objets leur teinte et leur contour :
Le rayon du soleil, comme une onde éthérée,
Rejaillit de la terre à sa source azurée ;
L'horizon resplendit de joie et de clarté,
Et ne se souvient plus d'un peu d'obscurité.
Ah ! loin de ces cités où les bruits de la terre
Étouffent les échos de l'âme solitaire,
Que faut-il, ô mon Dieu, pour nous rendre ta foi ?
Un jour dans le silence écoulé devant toi,
Regarder et sentir, et respirer et vivre :
Vivre, non de ce bruit dont l'orgueil nous enivre,
Mais de ce pain du jour qui nourrit sobrement,
De travail, de prière et de contentement ;
Se laisser emporter par le flux des journées
Vers cette grande mer où roulent nos années,
Comme sur l'Océan la vague au doux roulis,
Berçant du jour au soir une algue dans ses plis,
Porte et couche à la fin au sable de la rive
Ce qui n'a point de rame, et qui pourtant arrive.
Notre âme ainsi vers Dieu gravite dans son cours.
Pour le cœur plein de lui que manque-t-il aux jours ?

Voici le gai matin qui sort humide et pâle
Des flottantes vapeurs de l'aube orientale ;
Le jour s'éveille avec les zéphyrs assoupis,
La brise qui soulève ou couche les épis,
Avec les pleurs sereins de la tiède rosée
Remontant perle à perle où la nuit l'a puisée,
Avec le cri du coq et le chant des oiseaux,
Avec les bêlements prolongés des troupeaux,
Avec le bruit des eaux dans le moulin rustique,
Les accords de l'airain dans la chapelle antique,
La voix du laboureur ou de l'enfant joyeux
Sollicitant le pas du bœuf laborieux.

Mon cœur, à ce réveil du jour que Dieu renvoie,
Vers un ciel qui sourit s'élève sur sa joie,
Et de ces dons nouveaux rendant grâce au Seigneur,
Murmure en s'éveillant son hymne intérieur,
Demande un jour de paix, de bonheur, d'innocence,
Un jour qui pèse entier dans la sainte balance
Quand la main qui les pèse à ses poids infinis
Retranchera du temps ceux qu'il n'a pas bénis !
Puis viennent à leur tour les soins de la journée,
L'herbe à tondre du pré, la gerbe moissonnée
A coucher sur les chars, avant que, descendu,
Le nuage encor loin que l'éclair a fendu
Ne vienne enfler l'épi des gouttes de sa pluie,
Ou de ses blonds tuyaux ternir l'or qui s'essuie ;
Les fruits tombés de l'arbre à relever ; l'essaim
Débordant de la ruche à rappeler soudain ;
La branche à soulager du fardeau qui l'accable,

Ou la source égarée à chercher sous le sable ;
Puis le pauvre qui vient tendre à vide sa main
Où tombe au nom de Dieu son obole ou son pain ;
La veuve qui demande aux cœurs exempts d'alarmes
Cette aumône du cœur, une larme à ses larmes
L'ignorant, un conseil que l'espoir embellit,
L'orphelin, du travail, et le malade, un lit ;
Puis sous l'arbre, à midi, dont l'ombre les rassemble,
Maîtres et serviteurs qui consultent ensemble
Sur le ciel qui se couvre ou le vent qui fraîchit,
Sur le nuage épais que la grêle blanchit,
Les rameaux tout noircis par la dent des chenilles,
Ou la ronce aux cent bras qui trompe les faucilles ;
Puis montent des enfants à qui, seule au milieu,
La mère de famille apprend le nom de Dieu,
Enseigne à murmurer les mots dans son symbole,
A fixer sous leurs doigts le nombre et la parole,
A filer les toisons du lin ou des brebis,
Et du fil de leur veille à tisser leurs habits.

De labeur en labeur l'heure à l'heure enchaînée
Vous porte sans secousse au bout de la journée,
Le jour plein et léger tombe, et voilà le soir :
Sur le tronc d'un vieux orme au seuil on vient s'asseoir ;
On voit passer des chars d'herbe verte et traînante,
Dont la main des glaneurs suit la roue odorante ;
On voit le chevrier qui ramène des bois
Ses chèvres dont les pis s'allongent sous leur poids,
Le mendiant, chargé des dons de la vallée,
Rentrer le col pliant sous sa besace enflée ;

On regarde descendre avec un œil d'amour,
Sous les monts, dans les mers, l'astre poudreux du jour;
Et, selon que son disque en se noyant dans l'ombre
Creuse une ornière d'or ou laisse un sillon sombre,
On sait si dans le ciel l'aurore de demain
Doit ramener un jour nébuleux ou serein,
Comme à l'œil du chrétien le soir pur d'une vie
Présage un jour plus beau dont la mort est suivie;
On entend l'Angélus tinter et d'un saint bruit
Convoquer les esprits qui bénissent la nuit.
Tout avec l'horizon s'obscurcit; l'âme est noire,
Le souvenir des morts revient dans la mémoire;
On songe à ces amis dont l'œil ne doit plus voir,
Dans le jour éternel, de matin ni de soir;
On sonde avec tristesse au fond de sa pensée
La place vide encor que leur mort a laissée,
Et, pour combler un peu l'abîme douloureux,
On y jette un soupir, une larme pour eux!

Enfin, quand sur nos fronts l'étoile des nuits tremble,
On remonte au foyer, on cause, on lit ensemble
Un de ces testaments sublimes, immortels,
Que des morts vertueux ont légués aux mortels,
Sur les âges lointains phares qu'on aime à suivre,
Homère, Fénelon, et surtout ce grand livre
Où les secrets du ciel et de l'humanité
Sont écrits en deux mots : Espoir et Charité!
Et quelquefois, enfin, pour enchanter nos veilles,
D'une chaste harmonie enivrant nos oreilles,
Nous répétons les vers de ces hommes divins

Qui, dérobant des sons aux luths des séraphins,
Ornent la vérité de nombre et de mesure,
Et parlent par image ainsi que la nature.

Mais le sommeil, doux fruit des jours laborieux,
Avant l'heure tardive appesantit nos yeux;
Comme aux jours de Rachel, la prière rustique
Rassemble devant Dieu la tribu domestique,
Et pour que son encens soit plus pur et plus doux,
C'est la voix d'un enfant qui l'élève pour tous.
Cette voix virginale, et qu'attendrit encore
La présence du Dieu qu'à genoux elle implore,
Invoque sur les nuits sa bénédiction;
On murmure un des chants des harpes de Sion,
On y répond en chœur; et la voix de la mère,
Douce et tendre, et l'accent mâle et grave du père,
Et celui des vieillards que les ans ont baissé,
Et celui des pasteurs que les champs ont cassé,
Bourdonnant sourdement la parole divine,
Forment avec les sons de la voix enfantine
Un contraste de trouble et de sérénité,
Comme une heure de paix dans un jour agité;
Et l'on croirait, au son de cette voix qui change,
Entendre des mortels interroger un ange.

Ainsi coule la vie en paisibles soleils :
Quelle foi peut manquer à des moments pareils?
Qu'importe ce vain flux d'opinions mortelles
Se brisant l'une l'autre en vagues éternelles,
Et ne répandant rien sur l'écueil de la nuit

Que leur brillante écume, et de l'air et du bruit !
La vie est courte et pleine et suffit à la vie ;
De ces soins innocents l'âme heureuse et remplie
Ne doute pas du Dieu qu'elle porte avec soi ;
C'est sous d'humbles vertus qu'il a caché sa foi.
Un regard en sait plus que les veilles des sages ;
Un beau soir qui s'endort dans son lit de nuages,
Une nuit découvrant dans son immensité
L'infini qui rayonne et l'espace habité,
Un matin qui s'éveille étincelant de joie,
Ce poids léger du temps que le travail emploie,
Ce doux repos du cœur qui suit un saint soupir,
Ces troubles que d'un mot ton nom vient assoupir,
Mon Dieu, donnent à l'âme ignorante et docile
Plus de foi dans un jour qu'il n'est besoin pour mille,
Plus de miel qu'il n'en tient dans la coupe du sort,
Plus d'espoir qu'il n'en faut pour embellir la mort.

Conserve-nous, mon Dieu, ces jours de ta promesse,
Ces labeurs, ces doux soins, cette innocente ivresse
D'un cœur qui flotte en paix sur les vagues du temps
Comme l'aigle endormi sur l'aile des autans,
Comme un navire en mer qui ne voit qu'une étoile,
Mais où le nautonier chante en paix sous sa voile !
Conserve-nous ces cœurs et ces heures de miel,
Et nous croirons en toi, comme l'oiseau du ciel,
Sans emprunter aux mots leur stérile évidence,
En sentant le printemps, croit à ta providence ;
Comme le soir doré d'un jour pur et serein
S'endort dans l'espérance et croit au lendemain ;

Comme un juste mourant et fier de son supplice
Espère dans la mort et croit à ta justice ;
Comme la vertu croit à l'immortalité,
Comme l'œil croit au jour, l'âme à la vérité.

COMMENTAIRE

Qui n'a pas senti les voluptés du retour dans le site où l'on a passé son enfance et dans les habitudes de sa première vie?

Je venais de vivre plusieurs années à l'étranger, dans d'autres lieux, dans d'autres mœurs, dans d'autres pensées. J'eus un congé en 1829, je revins pendant l'été à Saint-Point. Ma mère vivait, et venait souvent habiter avec moi. Son âme, comme une journée d'été, s'embellissait des teintes du soir; sa piété sereine et toute composée de bénédiction, de reconnaissance et d'espérance, était involontairement communicative; sa présence éclairait, vivifiait, sanctifiait la maison.

Un jour, elle était assise sous un grand cerisier dans le verger en pente, en face du petit balcon de bois que j'avais construit pour descendre de ma tour dans le jardin. C'était un dimanche, après vêpres. Mon enfant jouait à ses pieds avec des fleurs et des oiseaux que les petites filles du village lui avaient apportés; ma femme lisait à côté; sa mère, excellente femme, plus âgée que la mienne, tenait à la main sa Bible reliée en maroquin noir, que les Anglaises pieuses lisent pour toute distraction les jours saints; à quelque distance, un groupe de deux ou trois petites filles du village regardait avec timidité les dames étrangères; les chiens couraient après les paons, la cloche de l'église carillonnait; le soleil, qui baissait vers la montagne, jetait sur la pelouse les ombres dentelées des noisetiers. Cette scène de famille, de campagne, de quiétude dans le bonheur, à l'ombre des murs du clocher, me pénétra profondément. Moi-même j'étais heureux : ma jeunesse avait passé ses amertumes; mon cœur était plein sans déborder; des perspectives douces s'entr'ouvraient devant moi; ma famille paraissait avoir de longues années à vivre; la renommée m'avait accueilli à mes premiers pas dans la poésie; la diplomatie et la politique me promettaient, pour mon âge mûr, des occupations, des voyages, les exercices d'esprit nécessaires à mon activité; ma fortune, modeste alors, me suffisait et au delà; j'entrevoyais, après les emplois publics et les lettres, des années de paix, de contemplation, de moissons de cœur dans cette vie rurale, commencement et fin de toute heureuse vie. De ce sentiment de bonheur au sentiment de reconnaissance qui en reporte au ciel la bénédiction, il n'y a que le cri de l'âme. Ce cri sortit dans cet instant de la mienne, et je commençai ces vers devant ce groupe de ma mère, de ma femme, et au doux gazouillement de mon enfant.

IV

AUX CHRÉTIENS

DANS LES TEMPS D'ÉPREUVE

Pourquoi vous troublez-vous, enfants de l'Évangile ?
« A quoi sert dans les cieux ton tonnerre inutile,
Disent-ils au Seigneur, quand ton Christ insulté,
Comme au jour où sa mort fit trembler les collines,
Un roseau dans les mains et le front ceint d'épines,
      Au siècle est présenté ?

« Ainsi qu'un astre éteint sur un horizon vide,
La foi, de nos aïeux la lumière et le guide
De ce monde attiédi retire ses rayons ;
L'obscurité, le doute, ont brisé sa boussole,
Et laissent diverger, au vent de la parole,
      L'encens des nations.

« Et tu dors ? et les mains qui portent ta justice,
Les chefs des nations, les rois du sacrifice,
N'ont pas saisi le glaive et purgé le saint lieu ?
Levons-nous, et lançons le dernier anathème !

Prenons les droits du ciel, et chargeons-nous nous-même
  Des justices de Dieu! »

Arrêtez, insensés, et rentrez dans votre âme!
« Ce zèle dévorant dont mon nom vous enflamme
Vient-il, dit le Seigneur, ou de vous ou de moi?
Répondez. Est-ce moi que la vengeance honore?
Ou n'est-ce pas plutôt l'homme que l'homme abhorre,
  Sous cette ombre de foi? »

Et qui vous a chargés du soin de sa vengeance?
A-t-il besoin de vous pour prendre sa défense?
La foudre, l'ouragan, la mort, sont-ils à nous?
Ne peut-il dans sa main prendre et juger la terre,
Ou sous son pied jaloux la briser comme un verre
  Avec l'impie et vous?

Quoi! nous a-t-il promis un éternel empire,
Nous disciples d'un Dieu qui sur la croix expire,
Nous à qui notre Christ n'a légué que son nom,
Son nom et le mépris, son nom et les injures,
L'indigence et l'exil, la mort et les tortures,
  Et surtout le pardon?

Serions-nous donc pareils au peuple déicide
Qui, dans l'aveuglement de son orgueil stupide,
Du sang de son Sauveur teignit Jérusalem,
Prit l'empire du ciel pour l'empire du monde,
Et dit en blasphémant : « Que ton sang nous inonde,
  O roi de Bethléem! »

Ah! nous n'avons que trop affecté cet empire,
Depuis qu'humbles proscrits échappés du martyre
Nous avons des pouvoirs confondu tous les droits,
Entouré de faisceaux les chefs de la prière,
Mis la main sur l'épée, et jeté la poussière
    Sur la tête des rois.

Ah! nous n'avons que trop aux maîtres de la terre
Emprunté, pour régner, leur puissance adultère,
Et, dans la cause enfin du Dieu saint et jaloux,
Mêlé la voix divine avec la voix humaine,
Jusqu'à ce que Juda confondit dans sa haine
    La tyrannie et nous.

Voilà de tous nos maux la fatale origine ;
C'est de là qu'ont coulé la honte et la ruine,
La haine, le scandale et les dissensions ;
C'est de là que l'enfer a vomi l'hérésie,
Et que du corps divin tant de membres sans vie
    Jonchent les nations.

« Mais du Dieu trois fois saint notre injure est l'injure !
Faut-il l'abandonner au mépris du parjure,
Aux langues du sceptique ou du blasphémateur ?
Faut-il, lâches enfants d'un père qu'on offense,
Tout souffrir sans réponse et tout voir sans vengeance ? »
    Et que fait le Seigneur ?

Sa terre les nourrit, son soleil les éclaire,
Sa grâce les attend, sa bonté les tolère,

Ils ont part à ses dons qu'il nous daigne épancher;
Pour eux le ciel répand sa rosée et son ombre,
Et de leurs jours mortels il leur compte le nombre
    Sans en rien retrancher.

Il prête sa parole à la voix qui le nie;
Il compatit d'en haut à l'erreur qui le prie;
A défaut de clartés, il nous compte un désir.
La voix qui crie : Allah! la voix qui dit : Mon père!
Lui portent l'encens pur et l'encens adultère :
    A lui seul de choisir.

Ah! pour la vérité n'affectons pas de craindre :
Le souffle d'un enfant, là-haut, peut-il éteindre
L'astre dont l'Éternel a mesuré les pas?
Elle était avant nous, elle survit aux âges;
Elle n'est point à l'homme, et ses propres nuages
    Ne l'obscurciront pas.

Elle est, elle est à Dieu qui la dispense au monde,
Qui prodigue la grâce où la misère abonde.
Rendons grâce à lui seul du rayon qui nous luit,
Sans nous épouvanter de nos heures funèbres,
Sans nous enfler d'orgueil, et sans crier ténèbres
    Aux enfants de la nuit.

Esprits dégénérés, ces jours sont une épreuve,
Non pour la vérité, toujours vivante et neuve,
Mais pour nous que la peine invite au repentir;
Témoignons pour le Christ, mais surtout par nos vies;

Notre moindre vertu confondra plus d'impies
    Que le sang d'un martyr.

Chrétiens, souvenons-nous que le chrétien suprême
N'a légué qu'un seul mot, pour prix d'un long blasphème,
A cette arche vivante où dorment ses leçons,
Et que l'homme, outrageant ce que notre âme adore,
Dans notre cœur brisé ne doit trouver encore
    Que ce seul mot : Aimons !

Août 1826

VII

HYMNE DE L'ENFANT

A SON RÉVEIL

O père qu'adore mon père,
Toi qu'on ne nomme qu'à genoux,
Toi dont le nom terrible et doux
Fait courber le front de ma mère !

On dit que ce brillant soleil
N'est qu'un jouet de ta puissance ;
Que sous tes pieds il se balance
Comme une lampe de vermeil.

On dit que c'est toi qui fais naître
Les petits oiseaux dans les champs,
Et qui donne aux petits enfants
Une âme aussi pour te connaître.

On dit que c'est toi qui produis
Les fleurs dont le jardin se pare,
Et que sans toi, toujours avare,
Le verger n'aurait point de fruits.

Aux dons que ta bonté mesure
Tout l'univers est convié;
Nul insecte n'est oublié
A ce festin de la nature

L'agneau broute le serpolet,
La chèvre s'attache au cytise,
La mouche au bord du vase puise
Les blanches gouttes de mon lait;

L'alouette a la graine amère
Que laisse envoler le glaneur,
Le passereau suit le vanneur,
Et l'enfant s'attache à sa mère.

Et, pour obtenir chaque don
Que chaque jour tu fais éclore,
A midi, le soir, à l'aurore,
Que faut-il? Prononcer ton nom.

O Dieu! ma bouche balbutie
Ce nom des anges redouté.
Un enfant même est écouté
Dans le chœur qui te glorifie!

On dit qu'il aime à recevoir
Les vœux présentés par l'enfance,
A cause de cette innocence
Que nous avons sans le savoir.

On dit que leurs humbles louanges
A son oreille montent mieux,
Que les anges peuplent les cieux,
Et que nous ressemblons aux anges.

Ah! puisqu'il entend de si loin
Les vœux que notre bouche adresse,
Je veux lui demander sans cesse
Ce dont les autres ont besoin.

Mon Dieu, donne l'onde aux fontaines,
Donne la plume aux passereaux,
Et la laine aux petits agneaux,
Et l'ombre et la rosée aux plaines;

Donne au malade la santé,
Au mendiant le pain qu'il pleure,
A l'orphelin une demeure,
Au prisonnier la liberté;

Donne une famille nombreuse
Au père qui craint le Seigneur;
Donne à moi sagesse et bonheur,
Pour que ma mère soit heureuse!

Que je sois bon, quoique petit,
Comme cet enfant dans le temple,
Que chaque matin je contemple,
Souriant au pied de mon lit!

Mets dans mon âme la justice,
Sur mes lèvres la vérité ;
Qu'avec crainte et docilité
Ta parole en mon cœur mûrisse !

Et que ma voix s'élève à toi
Comme cette douce fumée
Que balance l'urne embaumée
Dans la main d'enfants comme moi !

COMMENTAIRE

Ces strophes sont du même printemps que la Bénédiction (cinquième harmonie).

On pourrait dans ce genre en faire de bien diverses et de bien meilleures. La poésie de l'enfance n'est pas trouvée : La Fontaine lui aigrit un peu l'esprit ; ses fables lui inspirent plus de malice que de bonté, aucune piété. Celui qui ferait le livre de cantiques des enfants aurait fait un bon et beau livre. Les éléments de ce chant, naïf sans afféterie et enfantin sans puérilité, se rencontrent dans Fénelon, dans Bernardin de Saint-Pierre, dans Pluche, dans quelques écrivains anglais. Il faut leur épeler les pages de la nature, et leur chanter en notes simples leurs propres impressions. C'est un livre qu'une femme de génie devrait tenter ; nous y échouerions.

VIII

HYMNE DU SOIR

DANS LES TEMPLES

A MADAME LA PRINCESSE ALDOBRANDINI BORGHÈSE

   Salut, ô sacrés tabernacles
Où tu descends, Seigneur, à la voix d'un mortel !
   Salut, mystérieux autel
Où la foi vient chercher et son pain immortel,
   Et tes silencieux oracles !

   Quand la dernière heure des jours
   A gémi dans tes vastes tours,
Quand son dernier rayon fuit et meurt dans le dôme ;
Quand la veuve, tenant son enfant par la main,
A pleuré sur la pierre, et repris son chemin
   Comme un silencieux fantôme ;
Quand de l'orgue lointain l'insensible soupir
Avec le jour aussi semble enfin s'assoupir,
   Pour s'éveiller avec l'aurore ;
Que la nef est déserte, et que, d'un pas tardif,
Aux lampes du saint lieu le lévite attentif

A peine la traverse encore,
Voici l'heure où je viens, à la chute des jours,
Me glisser sous ta voûte obscure,
Et chercher, au moment où s'endort la nature,
Celui qui veille toujours!

Vous qui voilez les saints asiles
Où mes yeux n'osent pénétrer,
Au pied de vos troncs immobiles,
Colonnes, je viens soupirer.
Versez sur moi, versez vos ombres;
Rendez les ténèbres plus sombres
Et le silence plus épais :
Forêts de marbre et de porphyre,
L'air qu'à vos pieds l'âme respire
Est plein de mystère et de paix.

Que l'amour et l'inquiétude,
Égarant leurs ennuis secrets,
Cherchent l'ombre et la solitude
Sous les verts abris des forêts!
O ténèbres du sanctuaire,
L'œil religieux vous préfère
Au bois par la brise agité;
Rien ne change votre feuillage :
Votre ombre immobile est l'image
De l'immobile éternité!

Le cœur brisé par la souffrance,
Las des promesses des mortels,

S'obstine, et poursuit l'espérance
Jusqu'au pied des sacrés autels.
Le flot du temps mugit et passe;
L'homme passager vous embrasse,
Comme un pilote anéanti,
Battu par la vague écumante,
Embrasse au sein de la tourmente
Le mât du navire englouti.

Où sont, colonnes éternelles,
Les mains qui taillèrent vos flancs?
Caveaux, répondez : où sont-elles?
Poussière abandonnée aux vents!
Nos mains qui façonnent la pierre
Tombent avant elle en poussière,
Et l'homme n'en est point jaloux;
Il meurt, mais sa sainte pensée
Anime la pierre glacée,
Et s'élève au ciel avec vous.

Les forums, les palais s'écroulent;
Le temps les ronge avec mépris,
Le pied des passants qui les foulent
Écarte au hasard leurs débris.
Mais sitôt que le bloc de pierre,
Sorti des flancs de la carrière,
Seigneur, pour ton temple est sculpté,
Il est à toi; ton ombre imprime
A nos œuvres le sceau sublime
De ta propre immortalité!

Le bruit de la foudre qui gronde
Et s'éloigne en baissant la voix,
Le sifflement des vents sur l'onde,
Les sourds gémissements des bois,
La bouche qui vomit la bombe,
Le bruit du fleuve entier qui tombe
Dans un abîme avec ses eaux,
Sont moins majestueux encore
Qu'un peuple qui chante et t'adore
Sous tes mélodieux arceaux.

Quand l'hymne enflammé, qui s'élance
De mille bouches à la fois,
De ton majestueux silence
Jaillit comme une seule voix;
Plus fort que le char des tempêtes,
Quand le chant divin des prophètes
Roule avec les flots de l'encens,
N'entends-tu pas les vieux portiques,
Les tombeaux, les siècles antiques,
Mêler une âme à nos accents?

Seigneur, j'aimais jadis à répandre mon âme
Sur les cimes des monts, dans la nuit des déserts,
Sur l'écueil où mugit la voix des vastes mers,
En présence du ciel et des globes de flamme
Dont les feux pâlissants semaient les champs des airs.
Il me semblait, mon Dieu, que mon âme oppressée
Devant l'immensité s'agrandissait en moi,
Et sur les vents, les flots, ou les feux élancée,

De pensée en pensée,
Allait se perdre en toi !

Je cherchais à monter, mais tu daignais descendre.
Ah ! ton ouvrage a-t-il besoin
De s'élever si haut, de te chercher si loin ?
Où n'es-tu pas pour nous entendre !

De ton temple aujourd'hui j'aime l'obscurité ;
C'est une île de paix sur l'océan du monde,
Un phare d'immortalité
Par la mort et par toi seulement habité :
On entend de plus loin le flot du temps qui gronde
Sur ce seuil de l'éternité.

Il semble que la voix dans les airs égarée,
Par cet espace étroit dans ces murs concentrée,
A notre âme retentit mieux,
Et que les saints échos de la voûte sonore
Te portent plus brûlant, avant qu'il s'évapore,
Le soupir qui te cherche en montant vers les cieux !

Comme la vague orageuse
S'apaise en touchant le bord ;
Comme la nef voyageuse
S'abrite à l'ombre du port ;
Comme l'errante hirondelle
Fuit sous l'aile maternelle
L'œil dévorant du vautour,
A tes pieds quand elle arrive,

L'âme errante et fugitive
Se recueille en ton amour.

Tu parles, mon cœur écoute·
Je soupire, tu m'entends;
Ton œil compte goutte à goutte
Les larmes que je répands;
Dans un sublime murmure,
Je suis, comme la nature,
Sans voix sous ta majesté;
Mais je sens en ta présence
L'heure pleine d'espérance
Tomber dans l'éternité.

Qu'importe en quels mots s'exhale
L'âme devant son auteur!
Est-il une langue égale
A l'extase de mon cœur?
Quoi que ma bouche articule,
Ce sang pressé qui circule,
Ce sein qui respire en toi,
Ce cœur qui bat et s'élance,
Ces yeux baignés, ce silence,
Tout parle, tout prie en moi.

Ainsi les vagues palpitent
Au lever du roi du jour;
Ainsi les astres gravitent,
Muets de crainte et d'amour;
Ainsi les flammes s'élancent,

Ainsi les airs se balancent,
Ainsi se meuvent les cieux,
Ainsi ton tonnerre vole,
Et tu comprends sans parole
Leur hymne silencieux !

Ah ! Seigneur, comprends-moi de même,
Entends ce que je n'ai pas dit !
Le silence est la voix suprême
D'un cœur de ta gloire interdit.
C'est toi, c'est moi ! je suis, j'adore !
Le temps, l'espace s'évapore ;
J'oublie et l'univers et moi !
Mais cette ivresse de l'extase,
Mais ce feu sacré qui m'embrase,
Mais ce poids divin qui m'écrase,
C'est toi, mon Dieu, c'est encor toi !

Pourquoi vous fermez-vous, maison de la prière ?
Est-il une heure, ô Dieu, dans la nature entière,
    Où le cœur soit las de prier,
Où l'homme, qu'en ces lieux ta bonté daigne attendre,
N'ait devant tes autels un parfum à répandre,
    Une larme à te confier ?

Mais c'en est fait : d'un pas que le respect mesure,
    Je sors du parvis qui murmure ;
    Je sors et ton ombre me suit.
Mon pied silencieux se fait entendre à peine,
    Mon cœur se tait, et mon haleine
    Sur mes lèvres passe sans bruit.

Jusqu'au retour de l'aurore
Sur mon front je garde encore
La majesté du saint lieu ;
Et, comme après Sina, de toi l'âme encor pleine,
Ton prophète n'osait descendre dans la plaine,
Je crains de profaner par la parole humaine
Mes sens encor frappés du souffle de mon Dieu !

COMMENTAIRE

J'ai dédié celle-ci à la princesse Borghèse, née La Rochefoucauld, parce que cette charmante femme, qui habitait alors Florence, fut la première personne à qui je lus cette harmonie. Elle avait l'imagination grandiose de l'Italienne et la tendresse religieuse d'une jeune mère qui prie pour ses enfants. Elle comprit ces vers et elle les adopta. Elle possède maintenant à Rome ces jardins, ces villas, ces palais, ces galeries admirables qui font de cette famille la famille hospitalière de tous les arts et de tous les étrangers.

Les grands temples de l'Italie et les grandes cathédrales de la France, de l'Angleterre, de l'Allemagne, les grandes mosquées même de l'Orient, m'ont toujours attiré sous leurs voûtes, sous leurs dômes, sous leurs coupoles. Je ne m'étonne pas qu'un seul de ces édifices bien senti, bien analysé, bien étudié et bien vivifié (Notre-Dame de Paris), ait inspiré à Victor Hugo une véritable épopée monumentale. Élevé sous un autre ciel que lui, les cathédrales gothiques ont moins d'attrait pour moi ; j'aime mieux les églises d'Italie, peuplées de tombes, de statues, de tableaux ; véritables musées religieux, où l'on sent à la fois la hauteur, la grandeur et la sérénité lumineuse d'un culte plus moderne. La cathédrale n'est qu'un vaste sépulcre, tout y est sombre, tout y gémit, rien n'y chante ; les voûtes sonores des églises d'Italie chantent d'elles-mêmes : ce sont les temples de la résurrection.

J'allais souvent, aux heures brûlantes du milieu du jour, à Florence, errer dans ces belles nefs de *San Spirito*, de *Santa Maria Novella* ou du *Duomo*; ce furent ces églises qui m'inspirèrent cet hymne. Après les mers, après les Alpes, après les forêts et leurs murmures, ce qui contient le plus de poésie, c'est un temple ; car l'âme de l'homme les moule, pour ainsi dire, sur elle-même : ses mystères, ses ténèbres, ses demi-clartés, ses illuminations soudaines, ses regrets sur des tombes, ses transfigurations des êtres aimés et divinisés par elle, ses larmes, ses soupirs, ses gémissements, ses extases et ses joies, tout est là. Un temple bien compris, c'est l'abrégé de l'humanité.

IX

UNE LARME

ou

CONSOLATION

Tombez, larmes silencieuses,
Sur une terre sans pitié,
Non plus entre des mains pieuses
Ni sur le sein de l'amitié !

Tombez comme une aride pluie
Qui rejaillit sur le rocher,
Que nul rayon du ciel n'essuie,
Que nul souffle ne vient sécher !

Qu'importe à ces hommes mes frères
Le cœur brisé d'un malheureux !
Trop au-dessus de mes misères,
Mon infortune est si loin d'eux !

Jamais sans doute aucunes larmes
N'obscurciront pour eux le ciel ;

Leur avenir n'a point d'alarmes,
Leur coupe n'aura point de fiel.

Jamais cette foule frivole
Qui passe en riant devant moi
N'aura besoin qu'une parole
Lui dise : Je pleure avec toi !

Eh bien ! ne cherchons plus sans cesse
La vaine pitié des humains ;
Nourrissons-nous de ma tristesse,
Et cachons mon front dans mes mains.

A l'heure où l'âme solitaire
S'enveloppe d'un crêpe noir,
Et n'attend plus rien de la terre,
Veuve de son dernier espoir ;

Lorsque l'amitié qui l'oublie
Se détourne de son chemin,
Que son dernier bâton, qui plie,
Se brise et déchire sa main ;

Quand l'homme faible, et qui redoute
La contagion du malheur,
Nous laisse seul sur notre route
Face à face avec la douleur ;

Quand l'avenir n'a plus de charmes
Qui fassent désirer demain,

Et que l'amertume des larmes
Est le seul goût de notre pain :

C'est alors que ta voix s'élève
Dans le silence de mon cœur,
Et que ta main, mon Dieu, soulève
Le poids glacé de ma douleur.

On sent que ta tendre parole
A d'autres ne peut se mêler,
Seigneur, et qu'elle ne console
Que ceux qu'on n'a pu consoler !

Ton bras céleste nous attire
Comme un ami contre son cœur ;
Le monde, qui nous voit sourire,
Se dit : « D'où leur vient ce bonheur ? »

Et l'âme se fond en prière
Et s'entretient avec les cieux,
Et les larmes de la paupière
Sèchent d'elles-même à nos yeux,

Comme un rayon d'hiver essuie,
Sur la branche ou sur le rocher
La dernière goutte de pluie
Qu'aucune ombre n'a pu sécher.

X

POÉSIE

ou

PAYSAGE DANS LE GOLFE DE GÊNES

La lune est dans le ciel, et le ciel est sans voiles ;
Comme un phare avancé sur un rivage obscur,
Elle éclaire de loin la route des étoiles
Et leur sillage blanc dans l'océan d'azur.

  A sa clarté tremblante et tendre,
  L'œil qu'elle attire aime à descendre
  Les molles pentes des coteaux,
  A longer ces golfes sans nombre
  Où la terre embrasse dans l'ombre
  Les replis sinueux des eaux.

  Il aime à parcourir la voûte
  Où son disque trace la route
  Des astres noyés dans les airs,
  A compter la foule azurée
  Des étoiles dans l'empyrée
  Et des vagues au bord des mers.

A travers l'ombre opaque et noire
Des hauts cyprès du promontoire,
Il voit, sur l'humide élément,
Chaque flot où sa lueur nage
Rouler, en mourant sur la plage,
Une écume, un gémissement.

Couverte de sa voile blanche,
La barque, sous son mât qui penche,
Glisse et creuse un sillon mouvant;
De la rive on entend encore
Palpiter la toile sonore
Sous l'aile orageuse du vent.

Astre aux rayons muets, que ta splendeur est douce
Quand tu cours sur les monts, quand tu dors sur la mousse,
Que tu trembles sur l'herbe ou sur les blancs rameaux,
Ou qu'avec l'alcyon tu flottes sur les eaux!
Mais pourquoi t'éveiller quand tout dort sur la terre?
Astre inutile à l'homme, en toi tout est mystère :
Tu n'es pas son fanal, et tes molles lueurs
Ne savent pas mûrir les fruits de ses sueurs;
Il ne mesure rien aux clartés que tu prêtes;
Il ne t'appelle pas pour éclairer ses fêtes,
Mais, fermant sa demeure aux célestes clartés,
Il s'éclaire de feux à la terre empruntés.
Quand la nuit vient t'ouvrir ta modeste carrière,
Tu trouves tous les yeux fermés à ta lumière,
Et le monde insensible à ton morne retour,
Froid comme ces tombeaux objets de ton amour.

A peine, sous ce ciel où la nuit suit tes traces,
Un œil s'aperçoit-il seulement que tu passes,
Hors un pauvre pêcheur soupirant vers le bord,
Qui, tandis que le vent le berce loin du port,
Demande à tes rayons de blanchir la demeure
Où de son long retard ses enfants comptent l'heure ;
Ou quelque malheureux qui, l'œil fixé sur toi,
Pense au monde invisible et rêve ainsi que moi.
Ah ! si j'en crois mon cœur et ta sainte influence,
Astre ami du repos, des songes, du silence,
Tu ne te lèves pas seulement pour nos yeux ;
Mais, du monde moral flambeau mystérieux,
A l'heure où le sommeil tient la terre oppressée,
Dieu fit de tes rayons le jour de la pensée.
Ce jour inspirateur, et qui la fait rêver,
Vers les choses d'en haut l'invite à s'élever :
Tu lui montres de loin, dans l'azur sans limite,
Cet espace infini que sans cesse elle habite ;
Tu luis entre elle et Dieu comme un phare éternel,
Comme ce feu marchant que suivait Israël ;
Et tu guides ses yeux, de miracle en miracle,
Jusqu'au seuil éclatant du divin tabernacle,
Où Celui dont le nom n'est pas encor trouvé,
Quoique en lettres de feu sur les sphères gravé,
Autour de sa splendeur multipliant les voiles,
Sema derrière lui ces portiques d'étoiles.

Luis donc, astre pieux, devant ton Créateur !
Et si tu vois Celui d'où coule ta splendeur,
Dis-lui que, sur un point de ces globes funèbres

Dont tes rayons lointains consolaient les ténèbres,
Un atome perdu dans son immensité
Murmurait dans la nuit son nom à ta clarté !

※

   Où vont ces rapides nuages
Que roule à flocons d'or l'haleine des autans ?
   Ils semblent, d'instants en instants,
De la terre et des flots retracer les images
Dans leurs groupes épars et leurs miroirs flottants.

   Tantôt leurs couches allongées
   S'étendent en vastes niveaux,
   Comme des côtes qu'ont rongées
   Le temps, la tempête et les eaux ;
   Des rochers pendent en ruine
   Sur ces océans que domine
   Leur flanc, tout sillonné d'éclairs ;
   L'œil qui mesure ces rivages
   Voit étinceler sur leurs plages
   L'écume flottante des mers.

   Tantôt en montagnes sublimes
   Ils dressent leurs sommets brûlants ;
   La lumière éblouit leurs cimes,
   Les ténèbres couvrent leurs flancs,
   Des torrents jaunis les sillonnent,
   De brillants glaciers les couronnent,
   Et, de leur sommet qui fléchit,
   Un flocon que le vent assiège,

Comme une avalanche de neige,
S'écroule à leurs pieds qu'il blanchit.

Là leurs gigantesques fantômes
Imitent les murs des cités,
Les palais, les tours et les dômes
Qu'ils ont tour à tour visités ;
Là s'élèvent des colonnades ;
Ici, sous de longues arcades
Où l'aurore enfonce ses traits,
Un rayon qui perce la nue
Semble illuminer l'avenue
De quelque céleste palais.

Mais, sous l'aquilon qui les roule
En mille plis capricieux,
Tours, palais, temples, tout s'écroule,
Tout fond dans le vide des cieux ;
Ce n'est plus qu'un troupeau candide,
Qu'un pasteur invisible guide
Dans les plaines de l'horizon ;
Sous ses pas l'azur se dévoile,
Et le vent, d'étoile en étoile,
Disperse leur blanche toison.

✻

Redescendez, mes yeux, des célestes campagnes ;
Voyez, sur ces rochers que l'écume a polis,
Voyez étinceler aux flancs de ces montagnes
Tous ces torrents sans source et ces fleuves sans lits.

La cascade qui pleut dans le gouffre qui tonne
Frappe l'air assourdi de son bruit monotone;
L'œil fasciné la cherche à travers les rameaux;
L'oreille attend en vain que son urne tarisse :
    De précipice en précipice,
Débordant, débordant à flots toujours nouveaux,
Elle tombe, et se brise, et bondit, et tournoie,
Et, du fond de l'abîme où l'écume se noie,
Se remonte elle-même en liquides réseaux,
Comme un cygne argenté qui s'élève et déploie
    Ses blanches ailes sur les eaux.

Que j'aime à contempler dans cette anse écartée
La mer qui vient dormir sur la grève argentée,
    Sans soupir et sans mouvement !
Le soir retient ici son haleine expirante,
De crainte de ternir la glace transparente
    Où se mire le firmament.

De deux bras arrondis la terre qui l'embrasse
A la vague orageuse interdit cet espace
    Que borde un cercle de roseaux ;
Et d'un sable brillant une frange plus vive
Y serpente partout entre l'onde et la rive,
    Pour amollir le lit des eaux.

Là tremblent dans l'azur les muettes étoiles ;
Là dort le mât penché, dépouillé de ses voiles ;
    Là quelques pauvres matelots,

Sur le pont d'un esquif qu'a fatigué la lame,
De leurs foyers flottants ont rallumé la flamme
    Et vont se reposer des flots.

De colline en colline, et d'étage en étage,
Les monts, dont ce miroir fait onduler l'image,
    Descendent jusqu'au lit des mers;
Et leurs flancs, hérissés d'une sombre verdure,
Par le contraste heureux de leur noire ceinture,
    Y font briller des flots plus clairs.

Le chêne aux bras tendus penche son tronc sur l'onde;
Le tortueux figuier dans la mer qui l'inonde
    Baigne en pliant ses lourds rameaux;
Et la vigne, y jetant ses guirlandes trempées,
Laisse pendre et flotter ses feuilles découpées,
    Où tremblent les reflets des eaux.

La lune, qui se penche au bord de la vallée,
Distille un jour égal, une aurore voilée,
    Sur ce golfe silencieux;
La mer n'a plus de flots, les bois plus de murmure,
Et la brise incertaine y flotte à l'aventure,
    Ivre des parfums de ces lieux.

Sur ce site enchanté, mon âme qu'il attire
S'abat comme le cygne, et s'apaise et soupire
    A cette image du repos.
Que ne peut-elle, ô mer, sur tes bords qu'elle envie,

Trouver comme ta vague un golfe dans la vie,
    Pour s'endormir avec tes flots!

*

    Mais quel bruit m'arrache à ce songe?
C'est l'airain frémissant dans les tours des cités,
Le roulement des chars qu'un sourd écho prolonge,
Le marteau qui retombe à coups précipités,
L'enclume qui gémit, les coursiers qui hennissent,
Les instruments guerriers qui tonnent ou frémissent,
Des pas, des cris, des chants, des murmures confus,
Et des vaisseaux partants les roulantes volées,
    Et des clameurs entremêlées
    De silences interrompus!

L'air, chargé de ces sons qu'il emporte sur l'onde,
Et que chaque minute étouffe et reproduit,
Semble, comme une mer où la tempête gronde,
Rouler des flots de voix et des vagues de bruit.

Voilà donc le séjour d'un peuple, et le murmure
    De ces innombrables essaims
Que la terre produit et dévore à mesure,
De leur vaine existence, hélas! encor si vains!
Tandis que la nature et les astres sommeillent
    Dans un repos silencieux,
Aux lueurs des flambeaux ces insectes qui veillent
Troublent seuls de leur bruit les mystères des cieux !
Ils veillent, et pourquoi? pour que je les entende,
Pour que le bruit qu'ils font revienne les frapper,

Pour que leur pas résonne et leur nom se répande,
Pour se tromper eux-même, ô mort! et te tromper!
Oui, du haut de ce tertre où mon pied les domine,
Je les entends encor; mais si je fais un pas,
Si je double le cap ou franchis la colline,
Ce grand bruit, expirant sur la plage voisine,
    Sera comme s'il n'était pas!...

Avant que du zéphyr la printanière haleine
Ait cessé de verdir les feuilles de ce chêne
    Qui compte déjà cent hivers;
Avant que cette pierre au bord des flots roulée,
Et qui tremble déjà sur sa base ébranlée,
    Ait croulé sous le choc des mers;

Ces pas, ces voix, ces cris, cette rumeur immense,
Seront déjà rentrés dans l'éternel silence,
Les générations rouleront d'autres flots,
Et ce bruit insensé, que l'homme croit sublime,
Se sera pour jamais étouffé dans l'abîme,
    L'abîme qui n'a plus d'échos!

Mais où donc est ton Dieu? me demandent les sages.
Mais où donc est mon Dieu? Dans toutes ces images,
    Dans ces ondes, dans ces nuages,
Dans ces sons, ces parfums, ces silences des cieux,
Dans ces ombres du soir qui des hauts lieux descendent,
Dans ce vide sans astre, et dans ces champs de feux,
Et dans ces horizons sans bornes, qui s'étendent
Plus haut que la pensée et plus loin que les yeux!

Il est une langue inconnue
Que parlent les vents dans les airs,
　La foudre et l'éclair dans la nue,
La vague aux bords grondants des mers,
L'étoile de ses feux voilée,
L'astre endormi sur la vallée,
Le chant lointain des matelots,
L'horizon fuyant dans l'espace,
Et ce firmament que retrace
Le cristal ondulant des flots;

Les mers d'où s'élance l'aurore,
Les montagnes où meurt le jour,
La neige que le matin dore,
Le soir qui s'éteint sur la tour,
Le bruit qui tombe et recommence,
Le cygne qui nage ou s'élance,
Le frémissement des cyprès,
Les vieux temples sur les collines,
Les souvenirs dans les ruines,
Le silence au fond des forêts;

Les grandes ombres que déroulent
Les sommets que l'astre a quittés,
Les bruits majestueux qui roulent
Du sein orageux des cités,
Les reflets tremblants des étoiles,
Les soupirs du vent dans les voiles,
La foudre et son sublime effroi,
La nuit, les déserts, les orages :

Et, dans tous ces accents sauvages,
Cette langue parle de toi !

De toi, Seigneur, être de l'être !
Vérité, vie, espoir, amour !
De toi que la nuit veut connaître,
De toi que demande le jour,
De toi que chaque son murmure,
De toi que l'immense nature
Dévoile et n'a pas défini,
De toi que ce néant proclame,
Source, abîme, océan de l'âme,
Et qui n'as qu'un nom : l'Infini !

Ici-bas, toute créature
Entend tes sublimes accents,
O langue ! et, selon sa mesure,
En pénètre plus loin le sens.
Mais plus notre esprit, qu'elle atterre,
En dévoile le saint mystère,
Plus du monde il est dégoûté ;
Un poids accable sa faiblesse,
Une solitaire tristesse
Devient sa seule volupté.

Ainsi, quand notre humble paupière,
Contemplant l'occident vermeil,
Fixe au terme de sa carrière
Le lit enflammé du soleil,
Le regard qu'éblouit sa face

Retombe soudain dans l'espace
Comme frappé d'aveuglement;
Il ne voit que des points funèbres,
Vide, solitude et ténèbres,
Dans le reste du firmament.

O Dieu! tu m'as donné d'entendre
Ce verbe, ou plutôt cet accord,
Tantôt majestueux et tendre,
Tantôt triste comme la mort!
Depuis ce jour, Seigneur, mon âme
Converse avec l'onde et la flamme,
Avec la tempête et la nuit :
Là chaque mot est une image,
Et je rougis de ce langage
Dont la parole n'est qu'un bruit.

O terre, ô mer, ô nuit, que vous avez de charmes!
Miroir éblouissant d'éternelle beauté,
Pourquoi, pourquoi mes yeux se voilent-ils de larmes
    Devant ce spectacle enchanté?
Pourquoi, devant ce ciel, devant ces flots qu'elle aime,
Mon âme sans chagrin gémit-elle en moi-même?
    Jéhovah, beauté suprême,
C'est qu'à travers ton œuvre elle a cru te saisir;
C'est que de tes grandeurs l'ineffable harmonie
N'est qu'un premier degré de l'échelle infinie,
Qu'elle s'élève à toi de désir en désir,
Et que plus elle monte et plus elle mesure

L'abîme qui sépare et l'homme et la nature
    De toi, mon Dieu, son seul soupir !

Noyez-vous donc, mes yeux, dans ces flots de tristesse ;
Soulève-toi, mon cœur, sous ce poids qui t'oppresse ;
Élance-toi, mon âme, et d'essor en essor
Remonte de ce monde aux beautés éternelles,
Et demande à la mort de te prêter ses ailes,
Et, toujours, aspirant à des splendeurs nouvelles,
    Crie au Seigneur : Encor, encor !

COMMENTAIRE

C'était en 1824. Je voyageais entre Gênes et la Spezia pendant une magnifique nuit d'été. Une lune splendide éclairait la mer. Les pins-parasols, les oliviers, les châtaigniers, les rochers de la côte obscurcissaient la terre. A chaque tournant du cap, à chaque échancrure de la rive, à chaque embouchure des montagnes de Gênes, la scène changeait. Le vertige de la course fougueuse des chevaux s'ajoutait au vertige de l'admiration pour ce sublime et mystérieux spectacle ; les parfums qui s'exhalaient des champs des fleurs cultivées pour ces bouquets dont les Génois ont fait un art, une tapisserie végétale, achevaient de m'enivrer. Ce fut une ivresse de la terre, de la mer et de la nuit, une fièvre d'enthousiasme pour ce beau pays ; je ne songeais pas à rien écrire, j'avais le cœur plein d'autres pensées. Mais, quelques mois après, étant à Livourne, rivage terne et sans poésie, je me souvins de cette nuit sur la Corniche, et j'essayai de la reproduire ici.

Hélas! en lisant un jour ces vers à Chiavari, par une soirée d'été aussi splendide que la première, je m'aperçus que j'avais défiguré mon modèle. La poésie pleure bien, chante bien, mais elle décrit mal. Le moindre coup de crayon d'un dessinateur ou d'un peintre vaut pour les yeux tout Homère, tout Virgile, tout Théocrite. J'aime mieux le balancement d'une seule voile de pêcheur sur les lames bordées d'écume de ce golfe; j'aime mieux l'ombre d'un pin d'Italie transpercée d'une pluie de rayons de lune sur cette grève; j'aime mieux les grands bras d'un châtaignier de ces montagnes penchés sous le vent tiède, sonore et embaumé de l'Apennin, que les deux ou trois cents vers dans lesquels j'ai tenté de me réfléchir à moi-même cette nuit. Impuissance de l'art, impuissance surtout de l'artiste devant la toute-puissance de la nature. « Dieu est le grand architecte », disent les philosophes; et le grand poète, donc! Demandons-lui pardon d'avoir barbouillé son poème et défiguré sa création.

XI

LE MOULIN DE MILLY

STROPHES A CHANTER

Le chaume et la mousse
Verdissent le toit;
La colombe y glousse,
L'hirondelle y boit;
Le bras d'un platane
Et le lierre épais
Couvrent la cabane
D'une ombre de paix.

Ma sœur, que de charmes!...
Et devant cela
Tu n'as que des larmes?
— Ah! s'il était là!...

Une verte pente
Trace les sentiers
Du flot qui serpente
Sous les noisetiers;
L'écluse champêtre

L'arrête au niveau,
Et de la fenêtre
La main touche l'eau.

Ma sœur, que de charmes!...
Et devant cela
Tu n'as que des larmes?
— Ah! s'il était là!

Le soir, qui s'épanche
D'en haut sur les prés,
Du coteau qui penche
Descend par degrés ;
Sur le vert plus sombre,
Chaque arbre à son tour
Couche sa grande ombre
A la fin du jour.

Ma sœur, que de charmes!...
Et devant cela
Tu n'as que des larmes?
— Ah! s'il était là!

De sa sombre base,
Le blanc peuplier
Élève son vase
Au ciel sans plier ;
De sa flèche il plonge
Dans l'éther bruni,
Comme un divin songe
Monte à l'Infini.

Ma sœur, que de charmes!...
Et devant cela
Tu n'as que des larmes?
— Ah! s'il était là!

La rosée en pluie
Brille à tout rameau;
Le rayon essuie
La poussière d'eau;
Le vent, qui secoue
Les vergers flottants,
Fait sur notre joue
Neiger le printemps.

Ma sœur, que de charmes!...
Et devant cela
Tu n'as que des larmes?
— Ah! s'il était là!

Sous la feuille morte
Le brun rossignol
Niche vers la porte,
Au niveau du sol;
L'enfant qui se penche
Voit dans le jasmin
Ses œufs sur la branche,
Et retient sa main.

Ma sœur, que de charmes!...
Et devant cela

Tu n'as que des larmes?
— Ah! s'il était là!

L'onde qui s'élance,
Égale et sans fin,
Fait battre en cadence
Le pont du moulin;
A chaque mesure,
On croit écouter
Sous cette nature
Un cœur palpiter.

Ma sœur, que de charmes!...
Et devant cela
Tu n'as que des larmes?
— Ah! s'il était là!

Monceau, 1ᵉʳ juin 1845.

XII

L'ABBAYE DE VALLOMBREUSE

DANS LES APPENNINS

Esprit de l'homme, un jour sur ces cimes glacées,
Loin d'un monde odieux, quel souffle t'emporta ?
Tu fus jusqu'au sommet chassé par tes pensées ;
Quel charme ou quelle horreur à la fin t'arrêta ?

Ce furent ces forêts, ces ténèbres, cette onde,
Et ces arbres sans date, et ces rocs immortels
Et cet instinct sacré qui cherche un nouveau monde
Loin des sentiers battus que foulent les mortels

Tu n'y vécus pas seul : sous des formes divines,
Tes apparitions peuplèrent ce beau lieu ;
Tu voyais tour à tour passer sur ces collines
L'esprit de la tempête et le souffle de Dieu.

Sans doute ils t'enseignaient ce sublime langage
Que parle la nature au cœur des malheureux ;
Tu comprenais les vents, le tonnerre et l'orage,
Comme les éléments se comprennent entre eux.

L'esprit de la prière et de la solitude,
Qui plane sur les monts, les torrents et les bois,
Dans ce qu'aux yeux mortels la terre a de plus rude
Appela de tout temps des âmes de son choix.

« Venez, venez », dit-il à l'amour qui regrette,
Au génie opprimé sous un ingrat oubli,
Au proscrit que son toit redemande et rejette,
Au cœur qui goûta tout et que rien n'a rempli ;

« Venez, enfants du ciel, orphelins sur la terre,
Il est encor pour vous un asile ici-bas.
Mes trésors sont cachés, ma joie est un mystère,
Le vulgaire l'admire et ne la comprend pas.

« Mais si votre œil pensif au ciel s'élève encore
Pour contempler la nuit qui se fond dans les airs,
Si vous aimez à voir les étoiles éclore,
Ou la lune onduler dans la lame des mers ;

« Si la voix du torrent, qui gémit dans l'abîme
Et se brise en sanglots de rocher en rocher,
A votre lèvre encore arrache un cri sublime,
Et force malgré vous vos pas à s'approcher ;

« Couché sous ces sapins aux feuilles dentelées,
Si votre oreille écoute avec ravissement
Glisser dans les rameaux ces brises modulées
Comme les sons plaintifs d'un céleste instrument ;

« Si ce germe arraché d'une plante divine,
L'espérance, en vos cœurs malgré vous refleurit,
Et croît dans le désert, pareille à la racine
Que sans terre et sans eau le rocher seul nourrit ;

« Si la prière enfin de ses pleurs vous inonde,
Et devant l'Infini fait fléchir vos genoux,
Ah ! venez ; c'est trop peu pour vivre avec ce monde,
Mais c'est assez pour vivre avec le ciel et vous ! »

COMMENTAIRE

Il y avait dans ce temps-là à Florence un Français, ancien proscrit de Toulon, que l'incendie de sa patrie et la crainte de l'échafaud révolutionnaire avaient jeté tout enfant avec sa famille en Toscane. C'était un homme d'une beauté noble et calme, une pensée douce incarnée dans une forme mâle et gracieuse à la fois. Ses yeux bleus et ses cheveux blonds, déjà légèrement teints de neige, rappelaient l'homme du Nord. Sa taille était élevée, ses membres souples, son costume soigné, quoique simple et révélant presque la gêne. Son accent était timbré, sonore, argentin, comme ces mots de métal dont la langue toscane est composée. Il n'avait jamais revu sa patrie depuis 1793.

Lorsque la restauration des Bourbons fut accomplie, on lui fit une petite pension d'émigré, dont il vécut. Il avait mangé jusque-là le pain de l'exil, que le Dante trouvait si amer. Quelques petits secours du gouvernement toscan lui étaient venus en aide. A l'époque où je le connus, il avait environ cinquante ans, mais l'apparence était d'un homme de trente. La candeur de l'âme conserve le corps. Son esprit était d'un enfant.

Le marquis de La Maisonfort l'avait attaché en qualité de chancelier à la légation de France. Après la mort du marquis de La Maisonfort, je l'élevai de quelques degrés dans la hiérarchie; il avait tous les détails de l'ambassade. Nous ne tardâmes pas à nous lier d'une véritable amitié : il était botaniste, j'étais poète; nous nous touchions de près par cette nature qu'il étudiait et que je chantais, mais que nous aimions d'une même passion tous les deux. Il connaissait Florence bien mieux qu'un Florentin, car il n'avait pas eu autre chose à faire pendant les trente plus belles années de sa vie qu'à étudier cette ville de l'art. Il n'y avait pas dans la ville et dans les campagnes environnantes un site, une villa historique, un couvent, une chapelle, une statue, un tableau, qu'il n'eût visité, noté, enregistré. C'était le *cicerone* du siècle des Médicis, de Boccace et de Dante. Jusqu'à Alfieri et à Nicolini, il savait tout; il était pour moi l'histoire vivante. La poussière de ces siècles et de ces galeries m'entrait ainsi par tous les pores. Il jouissait de me communiquer son patriotisme artistique pour Florence et pour les Toscans.

C'est avec lui que je visitai Vallombreuse, abbaye monumentale, *Grande-Chartreuse* de l'Italie, bâtie au sommet des Apennins, derrière un rempart de rochers, de précipices, de torrents et de noires forêts de sapins. Cependant la beauté du ciel italien et la douceur du climat laissent à ce séjour de l'ascétisme abrité du monde un caractère habitable et même délicieux : c'est la retraite, ce n'est pas la torture des sens; c'est la solitude, et ce n'est pas la mort. Des façades majestueuses, des portiques retentissants, des corridors hauts, larges, sonores, pavés de marbre; des chapelles tapissées de bronze et d'or; des appartements décents pour les étrangers; des cellules recueillies, mais à grandes ouvertures et à grands horizons sur le ciel et sur les montagnes, pour les moines; des pelouses peuplées de génisses et de chèvres blanches; des colonnades végétales d'arbres à la verdure permanente; des eaux dormantes ou jaillissantes dans les jardins; des souffles doux et harmonieux des deux mers, qui viennent se rencontrer et se fondre sur ces hauteurs intermédiaires entre l'Adriatique et la Méditerranée, font de Vallombreuse une habitation d'ermites que le monde peut leur envier. Aussi tous les grands poètes et tous les grands artistes de l'Italie y sont-ils venus tour à tour chercher un asile temporaire contre les misères, contre les désespoirs ou contre les proscriptions dont la vie des hommes mémorables est presque toujours travaillée. On y montre la cellule de Boccace, celle de Dante, celle de Michel-Ange, celles des différents proscrits des maisons rivales qui se disputèrent la liberté ou la tyrannie pendant les luttes des républiques du moyen âge.

Grâce au nom de M. Antoir et à sa familiarité avec les moines, qui reconnaissaient en lui un visiteur de tous les étés, nous fûmes bien reçus à Vallombreuse; on nous donna une gracieuse hospitalité : une cellule au midi, un pain savoureux, le miel et le beurre des montagnes, le poisson des viviers, et surtout les sentiers libres de ces solitudes. Ces journées passées avec la mémoire de tant de grands hommes malheureux, au-dessus de l'horizon des agitations terrestres, en compagnie d'un homme né philosophe, dans la confidence de ces arbres, de ces murs, de ces eaux, de ces déserts bourdonnants de végétation, de sources, de vol d'insectes, de rayons et d'ombres, me laissèrent une longue et forte impression de recueillement et de rafraîchissement dans l'âme. Je m'en suis souvenu en écrivant, dix ans après, les sites de Valneige, dans le petit poème de *Jocelyn*; la figure de M. Antoir se retrouve aussi dans celle de ce pauvre prêtre.

Nous redescendîmes en laissant là-haut des regrets. Les moines, sachant par mon compagnon que j'étais un poète français, me prièrent d'écrire mon nom sur leur registre d'étrangers : j'écrivis ces vers.

La solitude à deux ouvre l'âme. M. Antoir avait un secret dans sa vie. Le secret de tout Italien, c'est un amour. Il aimait depuis vingt ans une Florentine de la bourgeoisie, sans fortune comme lui. Ainsi que tous les soupirants de ce pays de la constance, où le sentiment se change en culte, il portait chaque matin un bouquet de fleurs à la fenêtre grillée de la maison qu'habitait sa *Béatrice*. Il passait toutes les soirées avec elle et avec ses sœurs, en famille, et les conduisait à la promenade dans ces beaux bois routés qui bordent l'Arno. Ils s'étaient interdit le mariage, de peur de laisser après eux des enfants dénués de biens et de patrie. Leur amour n'était qu'une amitié passionnée, une habitude douce, une résignation à deux dans la douleur. La pureté de ce sentiment en avait conservé la fraîcheur : ils se voyaient toujours à vingt ans.

Quelques années après, je fus assez heureux pour fixer le sort d'Antoir et pour le rassurer sur son avenir. Il épousa celle qu'il aimait. Je fus le témoin de son bonheur tardif. Il acheta une petite maison et un petit jardin sur la poétique colline de Fiesole, le *Tibur* de Florence. Il y transporta ses herbiers, ses tableaux, ses recueils de dessins des grands maîtres florentins, qu'il avait amassés pendant quarante ans avec une patience et une ponctualité de cénobite. Il y cultiva ses légumes et ses fleurs, content de peu, dans le sein de la nature, de l'amour, de la prière. La solitude à deux était sa vocation ; il l'avait atteinte à la fin. Sa nature était trop timide, trop délicate, trop facile à froisser, pour supporter le rude contact des événements, des choses, des hommes. On sentait en lui l'exilé condamné à baisser le front et à chercher en vain sa place, dès son enfance, parmi les étrangers ; dépaysé partout, et portant sa seule patrie dans son cœur.

Dieu le laissa jouir quelques années de son bonheur et de son jardin de Fiesole ; puis il mourut, laissant un souvenir doux à tout le monde. Sa femme m'écrivit, pour me dire l'adieu qu'il m'avait adressé par elle en partant et pour me renvoyer ces vers. Si je revois jamais les collines de Fiesole que j'ai si souvent montées avec lui en récitant des vers de Dante, en écoutant les aventures de Bianca Capello, j'irai chercher son nom sur quelque dalle du *campo santo* de ce village, et m'entretenir de lui avec celle qu'il a tant aimée.

LIVRE DEUXIÈME

I

PENSÉE DES MORTS

Voilà les feuilles sans sève
Qui tombent sur le gazon ;
Voilà le vent qui s'élève
Et gémit dans le vallon ;
Voilà l'errante hirondelle
Qui rase du bout de l'aile
L'eau dormante des marais ;
Voilà l'enfant des chaumières
Qui glane sur les bruyères
Le bois tombé des forêts.

L'onde n'a plus le murmure
Dont elle enchantait les bois ;
Sous des rameaux sans verdure
Les oiseaux n'ont plus de voix ;
Le soir est près de l'aurore ;

L'astre à peine vient d'éclore
Qu'il va terminer son tour;
Il jette par intervalle
Une heure de clarté pâle
Qu'on appelle encore un jour.

L'aube n'a plus de zéphire
Sous ses nuages dorés;
La pourpre du soir expire
Sur les flots décolorés;
La mer solitaire et vide
N'est plus qu'un désert aride
Où l'œil cherche en vain l'esquif;
Et sur la grève plus sourde
La vague orageuse et lourde
N'a qu'un murmure plaintif.

La brebis sur les collines
Ne trouve plus le gazon;
Son agneau laisse aux épines
Les débris de sa toison;
La flûte aux accords champêtres
Ne réjouit plus les hêtres
Des airs de joie ou d'amours;
Toute herbe aux champs est glanée :
Ainsi finit une année,
Ainsi finissent nos jours!

C'est la saison où tout tombe
Aux coups redoublés des vents;

Un vent qui vient de la tombe
Moissonne aussi les vivants :
Ils tombent alors par mille,
Comme la plume inutile
Que l'aigle abandonne aux airs,
Lorsque des plumes nouvelles
Viennent réchauffer ses ailes
A l'approche des hivers.

C'est alors que ma paupière
Vous vit pâlir et mourir,
Tendres fruits qu'à la lumière
Dieu n'a pas laissés mûrir !
Quoique jeune sur la terre,
Je suis déjà solitaire
Parmi ceux de ma saison ;
Et quand je dis en moi-même :
« Où sont ceux que ton cœur aime ? »
Je regarde le gazon.

Leur tombe est sur la colline,
Mon pied la sait ; la voilà !
Mais leur essence divine,
Mais eux, Seigneur, sont-ils là ?
Jusqu'à l'indien rivage
Le ramier porte un message
Qu'il rapporte à nos climats ;
La voile passe et repasse ;
Mais de son étroit espace
Leur âme ne revient pas.

Ah! quand les vents de l'automne
Sifflent dans les rameaux morts,
Quand le brin d'herbe frissonne,
Quand le pin rend ses accords,
Quand la cloche des ténèbres
Balance ses glas funèbres,
La nuit, à travers les bois,
A chaque vent qui s'élève,
A chaque flot sur la grève,
Je dis : « N'es-tu pas leur voix ? »

Du moins si leur voix si pure
Est trop vague pour nos sens,
Leur âme en secret murmure
De plus intimes accents ;
Au fond des cœurs qui sommeillent,
Leurs souvenirs qui s'éveillent
Se pressent de tous côtés,
Comme d'arides feuillages
Que rapportent les orages
Au tronc qui les a portés.

C'est une mère ravie
A ses enfants dispersés,
Qui leur tend, de l'autre vie,
Ces bras qui les ont bercés ;
Des baisers sont sur sa bouche ;
Sur ce sein qui fut leur couche
Son cœur les rappelle à soi ;
Des pleurs voilent son sourire,

Et son regard semble dire :
« Vous aime-t-on comme moi ? »

C'est une jeune fiancée
Qui, le front ceint du bandeau,
N'emporta qu'une pensée
De sa jeunesse au tombeau :
Triste, hélas ! dans le ciel même,
Pour revoir celui qu'elle aime
Elle revient sur ses pas,
Et lui dit : « Ma tombe est verte !
Sur cette terre déserte
Qu'attends-tu ? Je n'y suis pas ! »

C'est un ami de l'enfance,
Qu'aux jours sombres du malheur
Nous prêta la Providence
Pour appuyer notre cœur ;
Il n'est plus, notre âme est veuve ;
Il nous suit dans notre épreuve
Et nous dit avec pitié :
« Ami, si ton âme est pleine,
De ta joie ou de la peine
Qui portera ta moitié ? »

C'est l'ombre pâle d'un père
Qui mourut en nous nommant ;
C'est une sœur, c'est un frère,
Qui nous devance un moment.
Sous notre heureuse demeure,

Avec celui qui les pleure,
Hélas! ils dormaient hier!
Et notre cœur doute encore
Que le ver déjà dévore
Cette chair de notre chair!

L'enfant dont la mort cruelle
Vient de vider le berceau,
Qui tomba de la mamelle
Au lit glacé du tombeau;
Tous ceux enfin dont la vie,
Un jour ou l'autre ravie,
Emporte une part de nous,
Murmurent sous la poussière :
« Vous qui voyez la lumière,
De nous vous souvenez-vous? »

Ah! vous pleurer est le bonheur suprême,
Mânes chéris de quiconque a des pleurs!
Vous oublier c'est s'oublier soi-même :
N'êtes-vous pas un débris de nos cœurs?

En avançant dans notre obscur voyage,
Du doux passé l'horizon est plus beau;
En deux moitiés notre âme se partage,
Et la meilleure appartient au tombeau.

Dieu du pardon! leur Dieu! Dieu de leurs pères!
Toi que leur bouche a si souvent nommé,
Entends pour eux les larmes de leurs frères!
Prions pour eux, nous qu'ils ont tant aimé!

Ils t'ont prié pendant leur courte vie,
Ils ont souri quand tu les a frappés!
Ils ont crié : « Que ta main soit bénie! »
Dieu, tout espoir! les aurais-tu trompés?

Et cependant pourquoi ce long silence?
Nous auraient-ils oubliés sans retour?
N'aiment-ils plus? Ah! ce doute t'offense!
Et toi, mon Dieu, n'es-tu pas tout amour?

Mais, s'ils parlaient à l'ami qui les pleure,
S'ils nous disaient comment ils sont heureux,
De tes desseins nous devancerions l'heure,
Avant ton jour nous volerions vers eux.

Où vivent-ils? Quel astre à leur paupière
Répand un jour plus durable et plus doux?
Vont-ils peupler ces îles de lumière?
Ou planent-ils entre le ciel et nous?

Sont-ils noyés dans l'éternelle flamme?
Ont-ils perdu ces doux noms d'ici-bas,
Ces noms de sœur, et d'amante, et de femme?
A ces appels ne répondront-ils pas?

Non, non, mon Dieu! si la céleste gloire
Leur eût ravi tout souvenir humain,
Tu nous aurais enlevé leur mémoire;
Nos pleurs sur eux couleraient-ils en vain?

Ah! dans ton sein que leur âme se noie!
Mais garde-nous nos places dans leur cœur :
Eux qui jadis ont goûté notre joie,
Pouvons-nous être heureux sans leur bonheur!

Étends sur eux la main de ta clémence :
Ils ont péché; mais le ciel est un don!
Ils ont souffert; c'est une autre innocence!
Ils ont aimé; c'est le sceau du pardon!

    Ils furent ce que nous sommes,
    Poussière, jouet du vent;
    Fragiles comme des hommes,
    Faibles comme le néant.
    Si leurs pieds souvent glissèrent,
    Si leurs lèvres transgressèrent
    Quelque lettre de ta loi,
    O Père! ô Juge suprême!
    Ah! ne les vois pas eux-même,
    Ne regarde en eux que toi!

    Si tu scrutes la poussière,
    Elle s'enfuit à ta voix;
    Si tu touches la lumière,
    Elle ternira tes doigts;
    Si ton œil divin les sonde,
    Les colonnes de ce monde
    Et des cieux chancelleront;
    Si tu dis à l'innocence :
    « Monte, et plaide en ma présence! »
    Tes vertus se voileront.

Mais toi, Seigneur, tu possèdes
Ta propre immortalité ;
Tout le bonheur que tu cèdes
Accroît ta félicité.
Tu dis au soleil d'éclore,
Et le jour ruisselle encore ;
Tu dis au temps d'enfanter,
Et l'éternité docile,
Jetant les siècles par mille,
Les répand sans les compter.

Les mondes que tu répares
Devant toi vont rajeunir,
Et jamais tu ne sépares
Le passé de l'avenir :
Tu vis ! et tu vis ! les âges,
Inégaux pour tes ouvrages,
Sont tous égaux sous ta main ;
Et jamais ta voix ne nomme,
Hélas ! ces trois mots de l'homme :
Hier, aujourd'hui, demain.

O Père de la nature,
Source, abîme de tout bien,
Rien à toi ne se mesure ;
Ah ! ne te mesure à rien !
Mets, ô divine clémence,
Mets ton poids dans la balance,
Si tu pèses le néant !
Triomphe, ô vertu suprême,

En te contemplant toi-même,
Triomphe en nous pardonnant!

COMMENTAIRE

Cela fut écrit à la villa Luchesini, dans la campagne de Lucques, pendant l'automne de 1825. La campagne de Lucques est l'Arcadie de l'Italie. En quittant Pise et ses monuments de marbre blanc étincelant sous son ciel bleu, qui font de cette ville un musée en plein soleil, on s'enfonce dans des gorges fertiles où l'olivier, le figuier, le grenadier, le maïs oriental, le peuplier, l'if poudreux, la vigne grimpante, inondent la campagne de végétation. Bientôt ces vallées s'élargissent et deviennent un bassin de quelques lieues de circonférence, dont la ville de Lucques occupe le centre. Ses remparts, ses clochers, ses tours, les toits crénelés de ses palais, jaillissent du sein des arbres : c'est une Florence en miniature. Mais aussitôt qu'on a traversé la capitale, on découvre sur le penchant des montagnes une nature infiniment plus accidentée, plus ombragée, plus arrosée, plus creusée, plus étagée, plus alpestre, plus apennine que la nature en Toscane : les cimes, voilées de châtaigniers et dentelées de roches, se perdent en une hauteur immense dans le ciel. Des ermitages, des couvents, des hameaux, des maisons de chevriers isolés, éclatent de blancheur au milieu des figuiers et des caroubiers presque noirs, sur chaque piédestal de ce rocher, au bord écumant de chaque cascade. Au-dessous, cinq ou six villas majestueuses sont assises sur des pelouses entourées de cyprès, précédées de colonnades de marbre entrevues derrière la fumée des jets d'eau ; elles dominent la plaine de Lucques d'un côté, et de l'autre elles s'adossent aux flancs ombragés des montagnes. Des chemins étroits, encaissés par les murs des *poderi* et par le lit des torrents, mènent en serpentant à ces villas, où les grands seigneurs de Florence, de Pise, de Lucques, et les ambassadeurs étrangers passent dans les plaisirs les mois d'automne. J'habitais un de ces magiques séjours ; je gravissais souvent le matin les sentiers rocailleux qui mènent au sommet de ces montagnes, d'où l'on aperçoit les maremmes de Toscane et de la mer de Pise. Rien n'était triste alors dans ma vie, rien vide dans mon cœur : un soleil répercuté par les cimes dorées des rochers m'enveloppait ; les ombres des cyprès et des vignes me rafraîchissaient ; l'écume des eaux courantes et leurs murmures m'entretenaient ; l'horizon des mers m'élargissait le ciel et ajoutait le sentiment de l'infini à la voluptueuse sensation des scènes rapprochées que j'avais sous les pieds ; l'amitié, l'amour, le loisir, le bonheur, m'attendaient au retour à la villa Luchesini. Je ne rencontrais sur les bords des sentiers que des spectacles de vie pastorale, de félicité rustique, de sécurité et de paix. Des paysages de Léopold Robert, des moissonneurs, des vendangeurs, des bœufs accouplés ruminant à l'ombre, pendant que des enfants chassaient les mouches de leurs flancs avec des rameaux de myrte ; des muletiers ramenant aux villages lointains leurs femmes qui allaitaient leurs enfants, assises dans un des paniers ; de jeunes filles dignes de servir de type à Raphaël, s'il eût voulu diviniser la vie et l'amour, au lieu de diviniser le mystère et la virginité ; des fiancés précédés des *pifferari* (joueurs de cornemuse), allant à l'église pour faire bénir leur félicité ; des moines, le rosaire à la main, bourdonnant leurs psaumes comme l'abeille bourdonne en rentrant à la ruche avec son butin ; des frères quêteurs, le visage coloré de soleil et de santé, le dos plié sous le fardeau de pain, de fruits, d'œufs, de fiasques d'huile et de vin, qu'ils rapportaient au couvent; des ermites assis sur leurs nattes au seuil de leur ermitage ou de leur grotte de rocher au soleil, et souriant aux jeunes femmes et aux enfants qui leur demandaient de les bénir : voilà les spectacles de cette nature; il n'y avait là rien pour la tristesse et la mort. Qu'est-ce qui me ramena donc à cette pensée? Je n'en sais rien; j'imagine que ce fut précisément le contraste, l'étreinte de la volupté sur le cœur, qui le presse trop fort et qui en exprime trop complètement la puissance de jouir et d'aimer, et qui lui fait sentir que tout va finir promptement, et que la dernière goutte de cette éponge du cœur qui boit et qui rend la vie est une larme. Peut-être cela fut-il simplement la vue d'un de ces beaux cyprès immobiles se détachant en noir sur le lapis éclatant du ciel, et rappelant le tombeau.

Quoi qu'il en soit, j'écrivis les premières strophes de cette harmonie aux sons de la cornemuse d'un pifferaro aveugle, qui faisait danser une noce de paysans de la plus haute montagne sur un rocher aplani pour battre le blé, derrière la chaumière isolée qu'habitait la fiancée; elle épousait un cordonnier d'un hameau voisin, dont on apercevait le clocher un peu plus bas, derrière une colline de châtaigniers. C'était la plus belle de ces jeunes filles des Alpes du Midi qui eût jamais ravi mes yeux; je n'ai retrouvé cette beauté accomplie de jeune fille, à la fois idéale et incarnée, qu'une fois dans la race grecque ionienne, sur la côte de Syrie. Elle m'apporta des raisins, des châtaignes et de l'eau glacée, pour ma part de son bonheur; je remportai, moi, son image. Encore une fois, qu'y avait-il là de triste et de funèbre? Eh bien! la pensée des morts sortit de là. N'est-ce pas parce que la mort est le fond de tout tableau terrestre, et que la couronne blanche sur ses cheveux noirs me rappela la couronne blanche sur son linceul? J'espère qu'elle vit toujours dans son chalet adossé à son rocher, et qu'elle tresse encore les nattes de paille dorée en regardant jouer ses enfants sous le caroubier, pendant que son mari chante, en cousant le cuir à sa fenêtre, la chanson du cordonnier des Abruzzes : « Pour qui fais-tu cette chaussure? Est-ce une sandale pour le moine? est-ce une guêtre pour le bandit? est-ce un soulier pour le chasseur? — C'est une semelle pour ma fiancée, qui dansera la tarentelle sous la treille, au son du tambour orné de grelots. Mais, avant de la lui porter chez son père, j'y mettrai un clou plus fort que les autres, un baiser sous la semelle de ma fiancée! J'y mettrai une paillette plus brillante que toutes les autres, un baiser sous le soulier de mon amour! Travaille, travaille, calzolaio! »

II

L'OCCIDENT

Et la mer s'apaisait comme une urne écumante
Qui s'abaisse au moment où le foyer pâlit,
Et, retirant du bord sa vague encor fumante,
Comme pour s'endormir, rentrait dans son grand lit;

Et l'astre qui tombait de nuage en nuage
Suspendait sur les flots un orbe sans rayon,
Puis plongeait la moitié de sa sanglante image,
Comme un navire en feu qui sombre à l'horizon;

Et la moitié du ciel pâlissait, et la brise
Défaillait dans la voile, immobile et sans voix,
Et les ombres couraient, et sous leur teinte grise
Tout sur le ciel et l'eau s'effaçait à la fois;

Et dans mon âme, aussi pâlissant à mesure,
Tous les bruits d'ici-bas tombaient avec le jour,
Et quelque chose en moi, comme dans la nature,
Pleurait, priait, souffrait, bénissait tour à tour.

Et, vers l'occident seul, une porte éclatante
Laissait voir la lumière à flots d'or ondoyer,

Et la nue empourprée imitait une tente
Qui voile sans l'éteindre un immense foyer;

Et les ombres, les vents, et les flots de l'abîme,
Vers cette arche de feu tout paraissait courir
Comme si la nature et tout ce qui l'anime
En perdant la lumière avait craint de mourir.

La poussière du soir y volait de la terre,
L'écume à blancs flocons sur la vague y flottait;
Et mon regard long, triste, errant, involontaire,
Les suivait, et de pleurs sans chagrin s'humectait.

Et tout disparaissait; et mon âme oppressée
Restait vide et pareille à l'horizon couvert;
Et puis il s'élevait une seule pensée,
Comme une pyramide au milieu du désert :

O lumière! où vas-tu? Globe épuisé de flamme
Nuages, aquilons, vagues, où courez-vous?
Poussière, écume, nuit; vous, mes yeux; toi, mon âme,
Dites, si vous savez, où donc allons-nous tous?

A toi, grand Tout, dont l'astre est la pâle étincelle
En qui la nuit, le jour, l'esprit, vont aboutir!
Flux et reflux divin de vie universelle,
Vaste océan de l'Être où tout va s'engloutir!...

III

LA PERTE DE L'ANIO

A M. LE MARQUIS TANCRÈDE DE BAROL

J'avais rêvé jadis au bruit de ses cascades,
Couché sur le gazon qu'Horace avait foulé,
    A l'ombre des vieilles arcades
Où la Sibylle dort sous son temple écroulé ;
Je l'avais vu tomber dans les grottes profondes
Où la flottante Iris se jouait dans ses ondes,
Comme avec les crins blancs d'un coursier des déserts
Le vent aime à jouer pendant qu'il fend les airs ;
Je l'avais vu plus loin sur la mousse écumante
Diviser en ruisseaux sa nappe encore fumante,
Étendre, resserrer ses ondoyants réseaux,
Jeter sur le gazon le voile errant des eaux,
Et, comblant le vallon de bruit et de poussière,
Poursuivre au loin sa course en vagues de lumière !

Mes regards, à ses flots suspendus tout le jour,
Les cherchaient, les suivaient, les perdaient tour à tour,
Comme un esprit flottant de pensée en pensée,
Qui les perd, et revient sur leur trace effacée ;

Je le voyais monter, rouler, s'évanouir,
Et de ses flots brillants j'aimais à m'éblouir :
Il me semblait revoir ces longs rayons de gloire,
Dont la ville éternelle avait ceint sa mémoire,
Remonter vers leur source à travers l'âge obscur,
Et couronner encor les sommets de Tibur;
Et quand des flots hurlant dans leurs larges abîmes
Mon oreille écoutait les murmures sublimes,
Dans ces convulsions, ces voix, ces cris des flots,
Multipliés cent fois par de roulants échos,
Il me semblait entendre à travers la distance
Les secousses, les pas, les voix d'un peuple immense,
Qui, pareil à ces eaux, mais plus prompt dans son cours,
Fit du bruit sur ses bords, et s'est tu pour toujours....

O fleuve! lui disais-je, ô toi qui vis les âges
Prêter et retirer l'empire à tes rivages!
Toi dont le nom chanté par un humble affranchi
Vient braver, grâce à lui, le temps qu'il a franchi!
Toi qui vis sur tes bords les oppresseurs du monde
Errer et demander du sommeil à ton onde[1],
Tibulle soupirer les délices du cœur,
Scipion dédaigner les faisceaux du licteur,
César fuir son triomphe au fond de tes retraites,
Mécène y mendier de la gloire aux poètes,
Brutus rêver le crime, et Caton la vertu :
Dans tes cent mille voix, fleuve, que me dis-tu?

1. Mécène, dans les derniers temps de sa vie, ne pouvait dormir qu'à Tibur, au bruit des cascatelles.

M'apportes-tu des sons de la lyre d'Horace,
Ou la voix de César qui flatte et qui menace,
Ou l'orageux forum d'un peuple de héros
Dont la voix des tribuns précipitait les flots,
Et qui, dans sa fureur montant comme ton onde,
Trop vaste pour son lit, débordait sur le monde ?

Hélas ! ces bruits divers ont passé sans retour ;
Plus d'armes, de forum, de lyre ni d'amour !
Ce n'est qu'une eau qui pleut sur le rocher sonore,
Ce n'est que toi qui tombe, et qui murmure encore !
Que dis-je ? il murmurait ; il ne murmure plus !
De leur lit desséché ses flots sont disparus.
Et ces rochers pendants, et ces cavernes vides,
Et ces arbres privés de leurs perles liquides,
Et la génisse errante, et la biche, et l'oiseau
Qui vient sur le rocher chercher sa goutte d'eau,
Attendent vainement que l'onde évanouie
Rende au vallon muet le murmure et la vie,
Et dans leur solitude, et dans leur nudité,
Semblent prendre une voix, et dire : Vanité !

Ah ! faut-il s'étonner que les empires tombent,
Que de nos faibles mains les ouvrages succombent,
Quand ce que la nature avait fait éternel
S'altère par degrés et meurt comme un mortel ;
Quand un fleuve écumant qu'ont vu couler les âges,
Disparu tout à coup, laisse à nu ses rivages !
Un fleuve a disparu ! mais ces trônes du jour,
Ces gigantesques monts crouleront à leur tour ;

Mais, dans ces cieux semés de leur sable splendide
Tous ces astres éteints laisseront la nuit vide ;
Mais cet espace même à la fin périra,
Et de tout ce qui fut, un jour, rien ne sera.
Rien ne sera, Seigneur ! Mais toi, source des mondes,
Qui fais briller les feux, qui fais couler les ondes,
Qui sur l'axe des temps fais circuler les jours,
Tu seras ! tu seras ce que tu fus toujours !
Tous ces astres éteints, ces fleuves qui tarissent,
Ces sommets écroulés, ces mondes qui périssent,
Dans l'abîme des temps ces siècles engloutis,
Ce temps et cet espace eux-même anéantis,
Ce pouvoir qui se rit de ses propres ouvrages,
A celui qui survit ce sont autant d'hommages,
Et chaque être mortel, par le temps emporté,
Est un hymne de plus à ton éternité !

Italie ! Italie ! ah ! pleure tes collines,
Où l'histoire du monde est écrite en ruines ;
Où l'empire, en passant de climats en climats,
A gravé plus avant l'empreinte de ses pas ;
Où la gloire, qui prit ton nom pour son emblème,
Laisse un voile éclatant sur ta nudité même !
Voilà le plus parlant de tes sacrés débris !
Pleure ! un cri de pitié va répondre à tes cris !
Terre que consacra l'empire et l'infortune,
Source des nations, reine, mère commune,
Tu n'es pas seulement chère aux nobles enfants
Que ta verte vieillesse a portés dans ses flancs ;
De tes ennemis même enviée et chérie,

De tout ce qui naît grand ton ombre est la patrie !
Et l'esprit inquiet qui dans l'antiquité
Remonte vers la gloire et vers la liberté,
Et l'esprit résigné qu'un jour plus pur inonde,
Qui, dédaignant ces dieux qu'adore en vain le monde,
Plus loin, plus haut encor, cherche un unique autel
Pour le Dieu véritable, unique, universel,
Le cœur plein, tous les deux, d'une tendresse amère,
T'adorent dans ta poudre, et te disent : Ma mère !
Le vent, en ravissant tes os à ton cercueil,
Semble outrager la gloire et profaner le deuil.
De chaque monument qu'ouvre le soc de Rome,
On croit voir s'exhaler les mânes d'un grand homme ;
Et dans ce temple immense où le Dieu du chrétien
Règne sur les débris de Jupiter païen,
Tout mortel en entrant prie, et sent mieux encore
Que ton temple appartient à tout ce qui l'adore !..

Sur tes monts glorieux chaque arbre qui périt,
Chaque rocher miné, chaque urne qui tarit,
Chaque fleur que le soc brise sur une tombe,
De tes sacrés débris chaque pierre qui tombe,
Au cœur des nations retentissent longtemps,
Comme un coup plus hardi de la hache du temps ;
Et tout ce qui flétrit ta majesté suprême
Semble en te dégradant nous dégrader nous-même.
Le malheur pour toi seule a doublé le respect ;
Tout cœur s'ouvre à ton nom, tout œil à ton aspect.
Ton soleil, trop brillant pour une humble paupière,
Semble épancher sur toi la gloire et la lumière ;

Et la voile qui vient de sillonner tes mers,
Quand tes grands horizons se montrent dans les airs,
Sensible et frémissante à ces grandes images,
S'abaisse d'elle-même en touchant tes rivages.

Ah! garde-nous longtemps, veuve des nations,
Garde au pieux respect des générations
Ces titres mutilés de la grandeur de l'homme,
Qu'on retrouve à tes pieds dans la cendre de Rome!
Respecte tout de toi, jusques à tes lambeaux!
Ne porte point envie à des destins plus beaux!
Mais, semblable à César à son heure suprême,
Qui du manteau sanglant s'enveloppe lui-même,
Quel que soit le destin que couve l'avenir,
Terre, enveloppe-toi de ton grand souvenir!
Que t'importe où s'en vont l'empire et la victoire?
Il n'est point d'avenir égal à ta mémoire!

COMMENTAIRE

Pendant mon séjour à Florence, un événement naturel, l'éboulement d'un rocher à Tivoli, bouleversa la fameuse chute d'eau sous le temple de la Sibylle et sous le palais de Mécène, à Tibur, près de Rome. Ce fut un deuil pour toute l'Italie et pour tous les artistes, poètes ou peintres, nationaux ou étrangers, qui venaient, de temps immémorial, étudier les formes, les écumes, les poussières humides et les murmures des eaux du *præceps Anio* d'Horace, auprès de ces belles cascades. J'avais passé moi-même bien des heures de mon enfance et de ma jeunesse au bord de ces gouffres, à respirer la fraîcheur et à aspirer les éblouissements. Il me sembla que cette catastrophe enlevait un de ses joyaux à la couronne de l'Italie; qu'il allait se faire un silence de plus dans la campagne silencieuse de Rome. J'écrivis ces vers avec le cœur d'un Italien; et comme j'avais contristé, un an ou deux avant, cette terre, je profitai avec empressement de cette circonstance pour me réconcilier avec elle :

> Italie ! Italie ! ah ! pleure tes collines,
> Où l'histoire du monde est écrite en ruines.

je les adressai à un des hommes les plus lettrés, les plus patriotes, les plus excellents de l'Italie, le marquis Tancredo de Barollo, de Turin. Le marquis de Barol était mon ami; il avait épousé une Française d'une famille, d'une beauté, d'un esprit et d'une vertu supérieurs. Mme de Barol a consacré, depuis la mort de son mari, son génie pieux à Dieu, et son immense fortune à la charité. Silvio Pellico, le grand poète de la captivité et de la résignation, vit maintenant auprès de cette sainte femme, et il l'assiste dans ses œuvres de soulagement des prisonniers.

IV

L'INFINI DANS LES CIEUX

C'est une nuit d'été ; nuit dont les vastes ailes
Font jaillir dans l'azur des milliers d'étincelles ;
Qui, ravivant le ciel comme un miroir terni,
Permet à l'œil charmé d'en sonder l'infini ;
Nuit où le firmament, dépouillé de nuages,
De ce livre de feu rouvre toutes les pages :
Sur le dernier sommet des monts, d'où le regard
Dans un double horizon se répand au hasard,
Je m'assieds en silence, et laisse ma pensée
Flotter comme une mer où la lune est bercée.

L'harmonieux éther, dans ses vagues d'azur,
Enveloppe les monts d'un fluide plus pur ;
Leurs contours qu'il éteint, leurs cimes qu'il efface,
Semblent nager dans l'air et trembler dans l'espace,
Comme on voit jusqu'au fond d'une mer en repos
L'ombre de son rivage onduler sous les flots.
Sous ce jour sans rayon, plus serein qu'une aurore,
A l'œil contemplatif la terre semble éclore ;
Elle déroule au loin ses horizons divers
Où se joua la main qui sculpta l'univers.

Là, semblable à la vague, une colline ondule;
Là le coteau poursuit le coteau qui recule,
Et le vallon, voilé de verdoyants rideaux,
Se creuse comme un lit pour l'ombre et pour les eaux;
Ici s'étend la plaine, où, comme sur la grève,
La vague des épis s'abaisse et se relève;
Là, pareil au serpent dont les nœuds sont rompus,
Le fleuve, renouant ses flots interrompus,
Trace à son cours d'argent des méandres sans nombre,
Se perd sous la colline et reparaît dans l'ombre;
Comme un nuage noir, les profondes forêts
D'une tache grisâtre ombragent les guérets,
Et plus loin, où la plage en croissant se reploie,
Où le regard confus dans les vapeurs se noie,
Un golfe de la mer, d'îles entrecoupé,
Des blancs reflets du ciel par la lune frappé,
Comme un vaste miroir brisé sur la poussière,
Réfléchit dans l'obscur des fragments de lumière.

Que le séjour de l'homme est divin, quand la nuit
De la vie orageuse étouffe ainsi le bruit!
Ce sommeil qui d'en haut tombe avec la rosée
Et ralentit le cours de la vie épuisée,
Semble planer aussi sur tous les éléments,
Et de tout ce qui vit calmer les battements.
Un silence pieux s'étend sur la nature;
Le fleuve a son éclat, mais n'a plus son murmure;
Les chemins sont déserts, les chaumières sans voix;
Nulle feuille ne tremble à la voûte des bois;
Et la mer elle-même, expirant sur sa rive,

[...]oule à peine à la plage une lame plaintive.
[...] dirait, en voyant ce monde sans échos,
[...] l'oreille jouit d'un magique repos,
[...] tout est majesté, crépuscule, silence,
[...] dont le regard seul atteste l'existence,
[...]e l'on contemple en songe, à travers le passé,
[...] fantôme d'un monde où la vie a cessé.
[...]ulement, dans les troncs des pins aux larges cimes,
[...]nt les groupes épars croissent sur ces abîmes,
[...]haleine de la nuit, qui se brise parfois,
[...]épand de loin en loin d'harmonieuses voix,
[...]omme pour attester, dans leur cime sonore,
[...]ue ce monde assoupi palpite et vit encore.

[...]n monde est assoupi sous la voûte des cieux ?
[...]ais dans la voûte même où s'élèvent mes yeux,
[...]ue de mondes nouveaux, que de soleils sans nombre,
[...]rahis par leur splendeur, étincellent dans l'ombre !
[...]es signes épuisés s'usent à les compter,
[...]t l'âme infatigable est lasse d'y monter !
[...]es siècles, accusant leur alphabet stérile,
[...]e ces astres sans fin n'ont nommé qu'un sur mille ;
[...]ue dis-je ! aux bords des cieux ils n'ont vu qu'ondoyer
[...]es mourantes lueurs de ce lointain foyer :
[...]à l'antique Orion, des nuits perçant les voiles,
[...]ont Job a le premier nommé les sept étoiles ;
[...]e navire fendant l'éther silencieux,
[...]e bouvier dont le char se traîne dans les cieux,
[...]a lyre aux cordes d'or, le cygne aux blanches ailes,
[...]e coursier qui du ciel tire des étincelles,

La balance inclinant son bassin incertain,
Les blonds cheveux livrés au souffle du matin,
Le bélier, le taureau, l'aigle, le sagittaire,
Tout ce que les pasteurs contemplaient sur la terre,
Tout ce que les héros voulaient éterniser,
Tout ce que les amants ont pu diviniser,
Transporté dans le ciel par de touchants emblèmes,
N'a pu donner des noms à ces brillants systèmes.

Les cieux pour les mortels sont un livre entr'ouvert,
Ligne à ligne à leurs yeux par la nature offert;
Chaque siècle avec peine en déchiffre une page,
Et dit : Ici finit ce magnifique ouvrage!
Mais sans cesse le doigt du céleste écrivain
Tourne un feuillet de plus de ce livre divin,
Et l'œil voit, ébloui par ces brillants mystères,
Étinceler sans fin de plus beaux caractères.
Que dis-je? à chaque veille, un sage audacieux
Dans l'espace sans bords s'ouvre de nouveaux cieux :
Depuis que le cristal qui rapproche les mondes
Perce du vaste éther les distances profondes,
Et porte le regard, dans l'infini perdu,
Jusqu'où l'œil du calcul recule confondu,
Les cieux se sont ouverts comme une voûte sombre
Qui laisse en se brisant évanouir son ombre;
Ses feux, multipliés plus que l'atome errant
Qu'éclaire du soleil un rayon transparent,
Séparés ou groupés, par couches, par étages,
En vagues, en écume, ont inondé ses plages,
Si nombreux, si pressés, que notre œil ébloui,

Qui poursuit dans l'espace un astre évanoui,
Voit cent fois, dans le champ qu'embrasse sa paupière,
Des mondes circuler en torrents de poussière !
Plus loin sont ces lueurs que prirent nos aïeux
Pour les gouttes du lait qui nourrissait les dieux ;
Ils ne se trompaient pas : ces perles de lumière,
Qui de la nuit lointaine ont blanchi la carrière,
Sont des astres futurs, des germes enflammés
Que la main toujours pleine a pour les temps semés,
Et que l'esprit de Dieu, sous ses ailes fécondes,
De son ombre de feu couve au berceau des mondes.
C'est de là que prenant leur vol au jour écrit,
Comme un aiglon nouveau qui s'échappe du nid,
Ils commencent sans guide et décrivent sans trace
L'ellipse radieuse au milieu de l'espace,
Et vont, brisant du choc un astre à son déclin,
Renouveler des cieux toujours à leur matin.

Et l'homme cependant, cet insecte invisible,
Rampant dans les sillons d'un globe imperceptible,
Mesure de ces feux les grandeurs et les poids,
Leur assigne leur place, et leur route, et leurs lois,
Comme si, dans ses mains que le compas accable,
Il roulait ces soleils comme des grains de sable !
Chaque atome de feu que dans l'immense éther,
Dans l'abîme des nuits, l'œil distrait voit flotter,
Chaque étincelle errante aux bords de l'empyrée,
Dont scintille en mourant la lueur azurée,
Chaque tache de lait qui blanchit l'horizon,
Chaque teinte du ciel qui n'a pas même un nom,

Sont autant de soleils, rois d'autant de systèmes,
Qui, de seconds soleils se couronnant eux-mêmes,
Guident, en gravitant dans ces immensités,
Cent planètes brûlant de leurs feux empruntés,
Et tiennent dans l'éther chacun autant de place
Que le soleil de l'homme en tournant en embrasse,
Lui, sa lune et sa terre, et l'astre du matin,
Et Saturne obscurci de son anneau lointain!

Oh! que tes cieux sont grands! et que l'esprit de l'homme
Plie et tombe de haut, mon Dieu! quand il te nomme!
Quand, descendant du dôme où s'égaraient ses yeux,
Atome, il se mesure à l'infini des cieux,
Et que, de ta grandeur soupçonnant le prodige,
Son regard s'éblouit, et qu'il se dit : Que suis-je?
Oh! que suis-je, Seigneur! devant les cieux et toi?
De ton immensité le poids pèse sur moi,
Il m'égale au néant, il m'efface, il m'accable,
Et je m'estime moins qu'un de ces grains de sable;
Car ce sable roulé par les flots inconstants,
S'il a moins d'étendue, hélas! a plus de temps
Il remplira toujours son vide dans l'espace
Lorsque je n'aurai plus ni nom, ni temps, ni place.
Son sort est devant toi moins triste que le mien :
L'insensible néant ne sent pas qu'il n'est rien,
Il ne se ronge pas pour agrandir son être,
Il ne veut ni monter, ni juger, ni connaître;
D'un immense désir il n'est point agité;
Mort, il ne rêve pas une immortalité!

Il n'a pas cette horreur de mon âme oppressée,
Car il ne porte pas le poids de ta pensée.

Hélas! pourquoi si haut mes yeux ont-ils monté?
J'étais heureux en bas dans mon obscurité;
Mon coin dans l'étendue et mon éclair de vie
Me paraissaient un sort presque digne d'envie;
Je regardais d'en haut cette herbe; en comparant,
Je méprisais l'insecte et je me trouvais grand.
Et maintenant, noyé dans l'abîme de l'être,
Je doute qu'un regard du Dieu qui nous fit naître
Puisse me démêler d'avec lui, vil, rampant,
Si bas, si loin de lui, si voisin du néant!
Et je me laisse aller à ma douleur profonde,
Comme une pierre au fond des abîmes de l'onde;
Et mon propre regard, comme honteux de soi,
Avec un vil dédain se détourne de moi,
Et je dis en moi-même à mon âme qui doute :
Va, ton sort ne vaut pas le coup d'œil qu'il te coûte!
Et mes yeux desséchés retombent ici-bas,
Et je vois le gazon qui fleurit sous mes pas,
Et j'entends bourdonner sous l'herbe que je foule
Ces flots d'êtres vivants que chaque sillon roule :
Atomes animés par le souffle divin,
Chaque rayon du jour en élève sans fin;
La minute suffit pour compléter leur être,
Leurs tourbillons flottants retombent pour renaître;
Le sable en est vivant, l'éther en est semé,
Et l'air que je respire est lui-même animé!
Et d'où vient cette vie, et d'où peut-elle éclore

Si ce n'est du regard où s'allume l'aurore?
Qui ferait germer l'herbe et fleurir le gazon,
Si ce regard divin n'y portait son rayon?
Cet œil s'abaisse donc sur toute la nature!
Il n'a donc ni mépris, ni faveur, ni mesure;
Et devant l'Infini, pour qui tout est pareil,
Il est donc aussi grand d'être homme que soleil!
Et je sens ce rayon m'échauffer de sa flamme,
Et mon cœur se console, et je dis à mon âme :
Homme ou monde, à ses pieds, tout est indifférent,
Mais réjouissons-nous, car notre maître est grand!

Flottez, soleils des nuits, illuminez les sphères,
Bourdonnez sous votre herbe, insectes éphémères!
Rendons gloire là-haut, et dans nos profondeurs,
Vous par votre néant, et vous par vos grandeurs,
Et toi par ta pensée, homme, grandeur suprême,
Miroir qu'il a créé pour s'admirer lui-même,
Écho que dans son œuvre il a si loin jeté
Afin que son saint nom fût partout répété!
Que cette humilité qui devant lui m'abaisse
Soit un sublime hommage, et non une tristesse;
Et que sa volonté, trop haute pour nos yeux,
Soit faite sur la terre ainsi que dans les cieux!

COMMENTAIRE

J'ai roulé des milliers de fois cette pensée dans mes yeux et dans mon esprit, en regardant du haut d'un promontoire ou du pont d'un vaisseau le soleil se coucher sur la mer, et plus encore en voyant l'*armée des étoiles* commencer, sous un beau firmament, sa revue et ses évolutions devant Dieu. Quand on pense que le télescope d'Herschell a compté déjà plus de cinq millions d'étoiles ; que chacune de ces étoiles est un monde plus grand et plus important que ce globe de la terre ; que ces cinq millions de mondes ne sont que les bords de cette création ; que, si nous parvenions sur le plus éloigné, nous apercevrions de là d'autres abîmes d'espace infini comblés d'autres mondes incalculables, et que ce voyage durerait des myriades de siècles, sans que nous pussions atteindre jamais les limites entre le néant et Dieu, on ne compte plus, on ne chante plus ; on reste frappé de vertige et de silence, on adore, et l'on se tait.

V

LA PRIÈRE DE FEMME

Quand on se rencontre et qu'on s'aime,
Que peut-on échanger de mieux
Que la prière, don suprême,
Or pur qu'on reçoit même aux cieux ?

Vous me l'offrez, je le réclame :
Pensez à moi dans le saint lieu ;
Que cette obole de votre âme
M'enrichisse au trésor de Dieu !

L'Orient sous son ciel de fête,
Prenant les astres pour autel,
Sur les minarets du Prophète
Fait prier la voix d'un mortel.

Le chrétien dans ses basiliques,
Réveillant l'écho souterrain,
Fait gémir ses graves cantiques
Par la cloche aux fibres d'airain.

Moi, j'emprunte une voix de femme
Pour porter à Dieu mes accents ;
Mes soupirs, passant par ton âme,
Ont plus de pleurs et plus d'encens !

Paris, 4 février 1841.

VI

LA
SOURCE DANS LES BOIS D***

Source limpide et murmurante
Qui de la fente du rocher
Jaillis en nappe transparente
Sur l'herbe que tu vas coucher;

Le marbre arrondi de Carrare
Où tu bouillonnais autrefois,
Laisse fuir ton flot qui s'égare
Sur l'humide tapis des bois.

Ton dauphin verdi par le lierre
Ne lance plus de ses naseaux,
En jets ondoyants de lumière,
L'orgueilleuse écume des eaux.

Tu n'as plus pour temple et pour ombre
Que ces hêtres majestueux
Qui penchent leur tronc vaste et sombre
Sur tes flots dépouillés comme eux.

La feuille que jaunit l'automne
S'en détache et ride ton sein,
Et la mousse verte couronne
Les bords usés de ton bassin.

Mais tu n'es pas lasse d'éclore ;
Semblable à ces cœurs généreux
Qui, méconnus, s'ouvrent encore
Pour se répandre aux malheureux.

Penché sur ta coupe brisée,
Je vois tes flots ensevelis
Filtrer comme une humble rosée
Sous les cailloux que tu polis.

J'entends ta goutte harmonieuse
Tomber, tomber, et retentir
Comme une voix mélodieuse
Qu'entrecoupe un tendre soupir.

Les images de ma jeunesse
S'élèvent avec cette voix,
Elles m'inondent de tristesse,
Et je me souviens d'autrefois.

Dans combien de soucis et d'âges,
O toi que j'entends murmurer,
N'ai-je pas cherché tes rivages
Ou pour jouir ou pour pleurer !

A combien de scènes passées
Ton bruit rêveur s'est-il mêlé !
Quelle de mes tristes pensées
Avec tes flots n'a pas coulé !

Oui, c'est moi que tu vis naguères,
Mes blonds cheveux livrés au vent,
Irriter tes vagues légères
Faites pour la main d'un enfant.

C'est moi qui, couché sous les voûtes
Que ces arbres courbent sur toi,
Voyais, plus nombreux que tes gouttes
Mes songes flotter devant moi.

L'horizon trompeur de cet âge
Brillait, comme on voit, le matin,
L'aurore dorer le nuage
Qui doit l'obscurcir en chemin.

Plus tard, battu par la tempête,
Déplorant l'absence ou la mort,
Que de fois j'appuyai ma tête
Sur le rocher d'où ton flot sort !

Dans mes mains cachant mon visage,
Je te regardais sans te voir,
Et, comme des gouttes d'orage,
Mes larmes troublaient ton miroir.

Mon cœur, pour exhaler sa peine,
Ne s'en fiait qu'à tes échos ;
Car tes sanglots, chère fontaine,
Semblaient répondre à mes sanglots.

Et maintenant je viens encore,
Mené par l'instinct d'autrefois,
Écouter ta chute sonore
Bruire à l'ombre des grands bois.

Mais les fugitives pensées
Ne suivent plus tes flots errants,
Comme ces feuilles dispersées
Que ton onde emporte aux torrents ;

D'un monde qui les importune
Elles reviennent à ta voix,
Aux rayons muets de la lune,
Se recueillir au fond des bois.

Oubliant le fleuve où t'entraîne
Ta course que rien ne suspend,
Je remonte, de veine en veine,
Jusqu'à la main qui te répand.

Je te vois, fille des nuages,
Flottant en vagues de vapeurs,
Ruisseler avec les orages
Ou distiller au sein des fleurs.

Le roc altéré te dévore
Dans l'abîme où grondent tes eaux,
Où le gazon, par chaque pore,
Boit goutte à goutte tes cristaux.

Tu filtres, perle virginale,
Dans des creusets mystérieux,
Jusqu'à ce que ton onde égale
L'azur étincelant des cieux.

Tu parais ! le désert s'anime ;
Une haleine sort de tes eaux ;
Le vieux chêne élargit sa cime
Pour t'ombrager de ses rameaux.

Le jour flotte de feuille en feuille,
L'oiseau chante sur ton chemin,
Et l'homme à genoux te recueille
Dans l'or ou le creux de sa main.

Et la feuille aux feuilles s'entasse,
Et, fidèle au doigt qui t'a dit :
Coule ici pour l'oiseau qui passe !
Ton flot murmurant l'avertit.

Et moi, tu m'attends pour me dire :
Vois ici la main de ton Dieu !
Ce prodige que l'ange admire
De sa sagesse n'est qu'un jeu.

Ton recueillement, ton murmure,
Semblent lui préparer mon cœur :
L'amour sacré de la nature
Est le premier hymne à l'auteur.

A chaque plainte de ton onde,
Je sens retentir avec toi
Je ne sais quelle voix profonde
Qui l'annonce et le chante en moi.

Mon cœur grossi par mes pensées,
Comme tes flots dans ton bassin,
Sent, sur mes lèvres oppressées,
L'amour déborder de mon sein.

La prière brûlant d'éclore
S'échappe en rapides accents,
Et je lui dis : Toi que j'adore,
Reçois ces larmes pour encens !

Ainsi me revoit ton rivage,
Aujourd'hui différent d'hier :
Le cygne change de plumage,
La feuille tombe avec l'hiver.

Bientôt tu me verras peut-être,
Penchant sur toi mes cheveux blancs,
Cueillir un rameau de ton hêtre
Pour appuyer mes pas tremblants.

Assis sur un banc de ta mousse,
Sentant mes jours près de tarir,
Instruit par ta pente si douce,
Tes flots m'apprendront à mourir.

En les voyant fuir goutte à goutte
Et disparaître flot à flot,
Voilà, me dirai-je, la route
Où mes jours les suivront bientôt.

Combien m'en reste-t-il encore ?
Qu'importe ! Je vais où tu cours ;
Le soir pour nous touche à l'aurore :
Coulez, ô flots, coulez toujours !

COMMENTAIRE

Ma famille possédait dans les montagnes de la Bourgogne une terre d'une vaste étendue, au milieu des bois. Cette terre s'appelle Montculot ou Urcy. Le château, d'architecture italienne, du grand goût de Venise, de Bologne ou de la Brenta, semble construit sur un dessin de Piranèse. Les fenêtres sont cintrées et décorées de balcons ; le toit, orné de balustrades de pierre ; les escaliers, dignes d'un palais ; les appartements, immenses : quinze croisées hautes et larges les éclairent. On dirait d'une grande abbaye rebâtie dans le dix-huitième siècle sur la place et sur les ruines de quelque ermitage au fond des forêts. Les jardins, échancrés dans les bois, n'ont pour enceinte que les rochers et les chênes sur lesquels ils ont été conquis. Quoique sur un site très élevé, sept grandes sources d'eau de roche les arrosent, et forment des bassins qui portent bateau, ou des rigoles murmurantes qui vont se perdre dans une gorge étroite, rapide, profonde, d'où elles tombent dans une vallée d'Arcey. Cette vallée, qui prend son nom d'une ancienne citadelle romaine élevée, dit-on, par César, est entièrement ensevelie dans les bois.

Cette terre était échue en partage à l'abbé de Lamartine, frère de mon père. Cet oncle était un second père pour moi. C'était le caractère le plus facile, le cœur le plus tendre, l'esprit le plus libre, l'humeur la plus tolérante que j'aie jamais rencontrée dans un homme d'un âge déjà avancé. Il s'abaissait jusqu'à mes douze ans ou à mes vingt ans, pour prendre part à mes joies d'enfant ou à mes confidences de jeune homme. Sa demeure était mon refuge dans les déboires, dans les tristesses ou dans les exils de ma jeunesse.

Après les emprisonnements et les déportations de la Révolution, dont il avait eu sa large part sur les pontons de Rochefort, l'abbé de Lamartine s'était retiré dans cette solitude. Par bonheur il avait souffert la persécution pour son état ; mais il n'avait aucune vocation pour le sacerdoce, qu'on lui avait imposé. Il en avait dépouillé les fonctions et le costume. Il s'était fait cultivateur et ermite au milieu de ses bois, de ses bûcherons, de ses laboureurs et de ses grands troupeaux de moutons. Il sentait que le monde, dans lequel il avait été fort mêlé et fort brillant à Paris dans sa jeunesse, lui demanderait compte, s'il y rentrait, de sa désertion de l'autel. Il voulait éviter de répondre à des questions qui l'embarrassaient. Il avait fait son devoir de gentilhomme, en subissant le martyre de la déportation et les menaces d'échafaud sans apostasie. Il ne voulait pas subir du monde les atteintes qu'eût appelées la contradiction pénible entre son caractère sacré et sa vie affranchie des exigences du sacerdoce. Il s'était condamné à un emprisonnement volontaire et solitaire dans ce château. Une belle bibliothèque était sa seule distraction. Tous les ans je venais, à mes retours de Paris ou de voyages, me retirer pour quelques mois chez lui. C'étaient ses beaux jours et mes jours de paix. Un cheval m'attendait à l'écurie, des chiens de chasse au chenil, un fusil au râtelier, des livres au salon, de douces intimités à table, des conseils tendres et indulgents, des consolations paternelles, des conversations amusantes le soir, après souper, au coin du grand feu, qui ne s'éteignait pas un seul jour de l'année dans ce climat un peu âpre. C'était mon recueillement triste, mais délicieux, dans les lassitudes de la jeunesse.

Une des sources du jardin, la plus éloignée du château, s'appelait la source du *Foyard* (*foyard* veut dire *hêtre*). Ce nom lui venait d'un hêtre colossal planté sans doute par le hasard sur la pente rapide d'une colline de roches humides. Cet arbre, qui existe encore, devait compter déjà sa vie par siècles. Il répandait la nuit sur un demi-arpent. A ses pieds, une grotte naturelle laissait voir une eau dormante au fond d'un bassin. Cette eau, filtrant à travers la rocaille, allait se dégorger à quelques pas de là, par la bouche d'un dauphin de pierre noire, qui la vomissait à gros bouillons. Elle tombait de bassin en bassin jusque dans un petit étang qui portait bateau. Deux bancs de pierre verdis de mousse étaient placés à quelque distance, en vue du dauphin. Des arbres forestiers de toute espèce s'élevaient, autrefois alignés, aujourd'hui libres de leurs rameaux, au-dessus des cascades. C'était ma retraite la plus habituelle du milieu des jours, en été. J'y portais mes livres, je lisais au murmure de la source éternelle et au sifflement des merles accoutumés à moi qui venaient boire au bord du bassin. Quelquefois, fatigué de lire, je descendais vers l'étang, je détachais le bateau de sa chaîne, je me couchais au fond sur un coussin de joncs, et je le laissais dériver au gré du vent, la tête renversée en arrière, ne voyant plus que le ciel et les pointes des peupliers qui entrecoupaient le firmament.

En 1826, mon oncle mourut, sans avoir quitté son désert. Il me le légua par son testament. Je revins d'Italie pour en prendre possession. J'étais seul ; il y avait plusieurs années que je n'étais rentré dans cette demeure, douce et chère à mon enfance. Elle était attristée par l'absence, mais aussi vivifiée encore par l'image et par le souvenir de cet homme de paix. Je me hâtai de parcourir tous les sentiers et toutes les eaux de ces jardins, où j'espérais me fixer à mon tour, après les années de labeur et d'agitation. En rentrant le soir de mes courses, je passai sous le grand hêtre ; j'entendis la source qui semblait à la fois pleurer et se réjouir dans ses gazouillements. J'y descendis, j'y trempai mes lèvres ; je m'assis sur le banc, j'y vis revenir les générations nouvelles des merles qui me connaissaient jadis. Ces vers me montèrent tout à coup du cœur, comme cette eau fraîche montait du rocher. Je rentrai au château pour les écrire.

Maintenant le hêtre et la source, que j'ai vendus en 1830 pour racheter le toit de ma mère, plus cher encore, à Milly, donnent la même ombre, les mêmes murmures, les mêmes voluptés à une autre famille. Qu'elle y retrouve à jamais les impressions et les souvenirs que j'en ai reçus !

Et maintenant une autre révolution dans mon existence me force à transplanter plus douloureusement ma vie et mon foyer. Que les bénédictions dont j'ai joui sous ces toits, que j'abandonne à d'autres, restent sur ces murs, et se perpétuent pour ceux qui les habiteront à leur tour !

VII

IMPRESSIONS

DU MATIN ET DU SOIR

HYMNE

L'orient jaillit comme un fleuve ;
La lumière coule à long flot,
La terre lui sourit et le ciel s'en abreuve,
Et de ces cieux vieillis l'aube sort aussi neuve
Que l'aurore du jour qui sortit du Très-Haut.

Soleil, voile de feu dont ton maître se couvre,
Quand tu reviens frapper les voûtes de la nuit,
Le firmament résonne et l'espace s'entr'ouvre,
Et Jéhovah se montre à l'ombre qui te fuit.

La terre, épanouie au rayon qui la dore,
Nage plus mollement dans l'élastique éther,
Comme un léger nuage enlevé par l'aurore
Plane avec majesté sur les vagues de l'air.

Les dômes des forêts, que les brises agitent,
Bercent le frais, et l'ombre, et les chœurs des oiseaux ;

Et le souffle plus pur des ondes qui palpitent
Parfume en s'exhalant le lit voilé des eaux.

Et des pleurs de la nuit le sillon boit la pluie,
Et les lèvres des fleurs distillent leur encens,
Et d'un sein plus léger l'homme aspire la vie,
Et l'esprit plus divin se dégage des sens.

Et tandis que le vice, amoureux des ténèbres,
Ferme les yeux au jour et regrette la nuit,
Et que l'impur serpent presse ses nœuds funèbres
Pour échapper plus vite au rayon qui le suit,

Celui qui sait d'où vient l'aurore qui se lève
Ouvre ses yeux noyés d'allégresse et d'amour ;
Il reprend son fardeau que la vertu soulève ;
S'élance, et dit : Marchons à la clarté du jour !

Mais déjà les rayons remontent des vallées,
Et le chant des pasteurs plus plaintif et plus lent,
Comme la triste voix des heures écoulées,
Comme le vent qui meurt sur les cimes voilées,
    Semble pleurer en s'exhalant.

L'œil, aux flancs des coteaux poursuivant la lumière,
Sent le jour défaillir sous sa morne paupière ;
Les brises du matin se posent pour dormir,
Le rivage se tait, la voile tombe vide,
La mer roule à ses bords la nuit dans chaque ride,
Et tout ce qui chantait semble à présent gémir.

Et les songes menteurs, et les vaines pensées,
Que du front des mortels la lumière a chassées,
Et que la nuit couvait sous ses ailes glacées,
Descendent avec elle et voilent l'horizon ;
L'illusion se glisse en notre âme amollie,
Et l'air, plein de silence et de mélancolie,
Des pavots du sommeil enivre la raison.

Et l'oiseau de la nuit sort des antres funèbres,
Ouvre avec volupté ses yeux lourds aux ténèbres,
Gémit, et croit chanter, dans l'ombre où son œil luit ;
Et l'homme dont les pas et le cœur aiment l'ombre,
Dit en portant les yeux au firmament plus sombre :
Sortons, Dieu s'est caché ; sortons, voici la nuit !

Et la foule ressemble, en son bruyant délire,
    A ces aveugles passagers
Qui prolongent leurs veilles aux accords de la lyre,
Et dansent sur le pont, pendant que le navire
De l'ombre et de la vague affronte les dangers.

Mais nous, enfants du jour, qui croyons aux étoiles,
Nous qui savons l'écueil sous l'écume caché,
Aux hasards de ces nuits ne livrons pas nos voiles,
Sur le phare immortel veillons l'œil attaché.
Rassemblons-nous, prions ! Pendant que le jour tombe,
Craignons, craignons la nuit, image de la tombe !
Dieu seul tient la lumière et l'ombre dans sa main ;
Qui sait si, dans le vide où son vieux disque nage,
Le soleil de nos bords reprendra le chemin ?

Prions! le jour au jour ne donne point de gage,
Et le dernier rayon, en sortant du nuage,
Ne nous a pas juré de remonter demain.

En Dieu seul, ô mortels, fermons donc nos paupières!
Et du jour à la nuit remettant l'encensoir,
    Endormons-nous dans nos prières,
Comme le jour s'endort dans les parfums du soir.

Chaque heure a son tribut, son encens, son hommage,
Qu'elle apporte en mourant aux pieds de Jéhovah;
Ce n'est qu'un même sens dans un divers langage,
Le matin et le soir lui disent : « Hosannah! »

La nature a deux chants, de bonheur, de tristesse,
Qu'elle rend tour à tour, ainsi que notre cœur;
De l'une à l'autre note elle passe sans cesse :
Homme! l'une est ta joie, et l'autre ta douleur!

L'une sort du matin et chante avec l'aurore,
L'autre gémit le soir un triste et long adieu;
Au premier, au second, le ciel répond : Adore!
Et de l'hymne éternel le mot unique est Dieu!

    Écrite à Florence, sur le bord de l'Arno, un soir, en voyant coucher le soleil.

VIII

HYMNE A LA DOULEUR

Frappe encore, ô Douleur, si tu trouves la place !
Frappe, ce cœur saignant t'abhorre et te rend grâce.
Puissance qui ne sais plaindre ni pardonner !
Quoique mes yeux n'aient plus de pleurs à te donner,
Il est peut-être en moi quelque fibre sonore
Qui peut sous ton regard se torturer encore,
Comme un serpent coupé, sur le chemin gisant,
Dont le tronçon se tord sous le pied du passant,
Quand l'homme, ranimant une rage assouvie,
Cherche encor la douleur où ne bat plus la vie !
Il est peut-être encor dans mon cœur déchiré
Quelque cri plus profond et plus inespéré
Que tu n'as pas encor tiré d'une âme humaine,
Musique ravissante aux transports de la haine !
Cherche ! je m'abandonne à ton regard jaloux,
Car mon cœur n'a plus rien à sauver de tes coups.

✻

Souvent, pour prolonger ma vie et ma souffrance,
Tu visitas mon sein d'un rayon d'espérance,

Comme on laisse reprendre haleine aux voyageurs,
Pour les mener plus loin au sentier des douleurs;
Souvent, dans cette nuit qu'un éclair entrecoupe,
De la félicité tu me tendis la coupe,
Et, quand elle écumait sous mes désirs ardents,
Ta main me la brisait pleine contre les dents,
Et tu me déchirais, dans tes cruels caprices,
La lèvre aux bords sanglants du vase des délices!
Et maintenant, triomphe! Il n'est pas dans mon cœur
Une fibre qui n'ait résonné sa douleur;
Pas un cheveu blanchi de ma tête penchée
Qui n'ait été broyé comme une herbe fauchée;
Pas un amour en moi qui n'ait été frappé,
Un espoir, un désir, qui n'ait péri trompé!
Et je cherche une place en mon cœur qui te craigne,
Mais je ne trouve plus en lui rien qui ne saigne.

*

Et cependant j'hésite, et mon cœur suspendu
Flotte encore incertain sur le nom qui t'est dû.
Ma bouche te maudit; mais, n'osant te maudire,
Mon âme en gémissant te respecte et t'admire.
Tu fais l'homme, ô Douleur! oui, l'homme tout entier,
Comme le creuset l'or, et la flamme l'acier,
Comme le grès, noirci des débris qu'il enlève,
En déchirant le fer, fait un tranchant au glaive.
Qui ne t'a pas connu ne sait rien d'ici-bas,
Il foule mollement la terre, il n'y vit pas;
Comme sur un nuage il flotte sur la vie;
Rien n'y marque pour lui la route en vain suivie;

La sueur de son front n'y mouille pas sa main,
Son pied n'y heurte pas les cailloux du chemin ;
Il n'y sait pas, à l'heure où faiblissent ses armes,
Retremper ses vertus aux flots brûlants des larmes ;
Il n'y sait point combattre avec son propre cœur
Ce combat douloureux dont gémit le vainqueur;
Élever vers le ciel un cri qui le supplie,
S'affermir par l'effort sur son genou qui plie,
Et dans ses désespoirs, dont Dieu seul est témoin,
S'appuyer sur l'obstacle et s'élancer plus loin.

❋

Pour moi, je ne sais pas à quoi tu me prépares,
Mais tes mains de leçons ne me sont point avares ;
Tu me traites sans doute en favori des cieux,
Car tu n'épargnes pas les larmes à mes yeux.
Eh bien ! je les reçois comme tu les envoies ;
Tes maux seront mes biens, et tes soupirs mes joies.
Je sens qu'il est en toi, sans avoir combattu,
Une vertu divine au lieu de ma vertu,
Que tu n'es pas la mort de l'âme, mais sa vie,
Que ton bras, en frappant, guérit et vivifie !
Toi donc que ma souffrance a souvent accusé,
Toi devant qui ce cœur s'est tant de fois brisé,
Reçois, Dieu trois fois saint, cet encens dont tout fume !
Oui, c'est le seul bûcher que la terre t'allume,
C'est le charbon divin dont tu brûles nos sens.
Quand l'autel est souillé, la douleur est l'encens.

COMMENTAIRE

Les hommes doués d'une sensibilité excessive jouissent plus et souffrent plus que les natures moyennes et modérées. J'ai participé à ces excès d'impressions dans la mesure de mon organisation. Ceux qui sentent plus expriment plus aussi : ils sont éloquents ou poètes. Leurs organes paraissent faits d'un métal plus fragile, mais plus sonore que le reste de l'argile humaine. Les coups que la douleur y frappe y résonnent et y prolongent leur vibration dans l'âme des autres. La vie du vulgaire est un vague et sourd murmure du cœur; la vie des hommes sensibles est un cri; la vie du poète est un chant.

IX

JÉHOVAH

ou

L'IDÉE DE DIEU

Sinaï! Sinaï! quelle nuit sur ta cime!
Quels éclairs, sur tes flancs, éblouissent les yeux!
    Les noires vapeurs de l'abîme
Roulent en plis sanglants leurs vagues dans tes cieux.

    La nue enflammée
    Où ton front se perd
    Vomit la fumée
    Comme un chaume vert;
    Le ciel d'où s'échappe
    Éclair sur éclair,
    Et pareil au fer
    Que le marteau frappe,
    Lançant coups sur coups
    La nuit, la lumière,
    Se voile ou s'éclaire,
    S'ouvre ou se resserre,

Comme la paupière
D'un homme en courroux.

Un homme, un homme seul, gravit tes flancs qui grondent :
En vain tes mille échos tonnent et se répondent,
Ses regards assurés ne se détournent pas !
Tout un peuple éperdu le regarde d'en bas ;
Jusqu'aux lieux où ta cime et le ciel se confondent,
Il monte, et la tempête enveloppe ses pas !

Le nuage crève ;
Son brûlant carreau
Jaillit comme un glaive
Qui sort du fourreau.
Les foudres portées
Sur ses plis mouvants,
Au hasard jetées
Par les quatre vents,
Entre elles heurtées,
Partent en tous sens,
Comme une volée
D'aiglons aguerris
Qu'un bruit de mêlée
A soudain surpris,
Qui, battant de l'aile,
Volent pêle-mêle
Autour de leurs nids,
Et loin de leur mère,
La mort dans leur serre,

S'élancent de l'aire
En poussant des cris.

Le cèdre s'embrase,
Crie, éclate, écrase
Sa brûlante base
Sous ses bras fumants ;
La flamme en colonne
Monte, tourbillonne,
Retombe et bouillonne
En feux écumants ;
La lave serpente,
Et de pente en pente
Étend son foyer ;
La montagne ardente
Paraît ondoyer ;
Le firmament double
Les feux dont il luit ;
Tout regard se trouble,
Tout meurt ou tout fuit ;
Et l'air qui s'enflamme,
Repliant la flamme
Autour du haut lieu,
Va de place en place
Où le vent le chasse
Semer dans l'espace
Des lambeaux de feu !

Sous ce rideau brûlant qui le voile et l'éclaire,
Moïse a seul, vivant, osé s'ensevelir.

Quel regard sondera ce terrible mystère?
Entre l'homme et le feu que va-t-il s'accomplir?
Dissipez, vains mortels, l'effroi qui vous atterre!
C'est Jéhovah qui sort! Il descend au milieu
  Des tempêtes et du tonnerre!
C'est Dieu qui se choisit son peuple sur la terre,
C'est un peuple à genoux qui reconnaît son Dieu!

  L'Indien, élevant son âme
  Aux voûtes de son ciel d'azur,
  Adore l'éternelle flamme
  Prise à son foyer le plus pur;
  Au premier rayon de l'aurore,
  Il s'incline, il chante, il adore
  L'astre d'où ruisselle le jour;
  Et le soir, sa triste paupière
  Sur le tombeau de la lumière
  Pleure avec des larmes d'amour.

  Aux plages que le Nil inonde,
  Des déserts le crédule enfant,
  Brûlé par le flambeau du monde,
  Adore un plus doux firmament.
  Amant de ses nuits solitaires,
  Pour son culte ami des mystères,
  Il attend l'ombre dans les cieux,
  Et du sein des sables arides

Il élève des pyramides
Pour compter de plus près ses dieux.

La Grèce adore les beaux songes
Par son doux génie inventés,
Et ses mystérieux mensonges,
Ombres pleines de vérités.
Il naît sous sa féconde haleine
Autant de dieux que l'âme humaine
A de terreurs et de désirs ;
Son génie, amoureux d'idoles,
Donne l'être à tous les symboles,
Crée un Dieu pour tous les soupirs !

Sâhra ! sur tes vagues poudreuses,
Où vont, des quatre points des airs,
Tes caravanes plus nombreuses
Que les sables de tes déserts ?
C'est l'aveugle enfant du Prophète,
Qui va sept fois frapper sa tête
Contre le seuil de son saint lieu.
Le désert en vain se soulève
Sous la tempête ou sous le glaive :
Mourons, dit-il ; Dieu seul est Dieu !

Sous les saules verts de l'Euphrate
Que pleure ce peuple exilé ?
Ce n'est point la Judée ingrate,
Les puits taris de Siloé :
C'est le culte de ses ancêtres,

Son arche, son temple, ses prêtres,
Son Dieu qui l'oublie aujourd'hui ;
Son nom est dans tous ses cantiques,
Et ses harpes mélancoliques
Ne se souviennent que de lui.

Elles s'en souviennent encore,
Maintenant que des nations
Ce peuple exilé de l'aurore
Supporte les dérisions !
En vain, lassé de le proscrire,
L'étranger d'un amer sourire
Poursuit ses crédules enfants ;
Comme l'eau buvant cette offense,
Ce peuple traîne une espérance
Plus forte que ses deux mille ans !

Le sauvage enfant des savanes,
Informe ébauche des humains,
Avant d'élever ses cabanes,
Se façonne un dieu de ses mains.
Si, chassé des rives du fleuve
Où l'ours, où le tigre s'abreuve,
Il émigre sous d'autres cieux,
Chargé de ses dieux tutélaires :
Marchons, dit-il, os de nos pères,
La patrie est où sont les dieux !

Et de quoi parlez-vous, marbres, bronzes, portiques,
Colonnes de Palmyre ou de Persépolis,

Panthéons sous la cendre ou l'onde ensevelis,
Si vides maintenant, autrefois si remplis?
Et vous, dont nous cherchons les lettres symboliques,
D'un passé sans mémoire incertaines reliques,
Mystères d'un vieux monde en mystères écrits?
Et vous, temples debout, superbes basiliques,
Dont un souffle divin anime les parvis?

Vous nous parlez des dieux! des dieux! des dieux encore!
Chaque autel en porte un, qu'un saint délire adore,
Holocauste éternel que tout lieu semble offrir.
L'homme et les éléments, pleins de ce seul mystère,
N'ont eu qu'une pensée, une œuvre sur la terre :
    Confesser cet être et mourir!

✳

Mais si l'homme occupé de cette œuvre suprême
Épuise toute langue à nommer le seul Grand,
Ah! combien la nature, en son silence même,
Le nomme mieux encore au cœur qui le comprend!
Voulez-vous, ô mortels, que ce Dieu se proclame?
Foulez aux pieds la cendre où dort le Panthéon
Et le livre où l'orgueil épelle en vain son nom!
De l'astre du matin le plus pâle rayon
Sur ce divin mystère éclaire plus votre âme
Que la lampe au jour faux qui veille avec Platon.

Montez sur ces hauteurs d'où les fleuves descendent,
Et dont les mers d'azur baignent les pieds dorés,
A l'heure où les rayons sur leurs pentes s'étendent,

Comme un filet trempé ruisselant sur les prés.
Quand tout autour de nous sera splendeur et joie,
Quand les tièdes réseaux des heures de midi,
En vous enveloppant comme un manteau de soie,
Feront épanouir votre sang attiédi ;

Quand la terre, exhalant son âme balsamique,
De son parfum vital enivrera vos sens,
Et que l'insecte même, entonnant son cantique,
Bourdonnera d'amour sur les bourgeons naissants ;

Quand vos regards noyés dans la vague atmosphère,
Ainsi que le dauphin dans son azur natal,
Flotteront incertains entre l'onde et la terre,
Et des cieux de saphir et des mers de cristal,

Écoutez dans vos sens, écoutez dans votre âme,
Et dans le pur rayon qui d'en haut vous a lui :
Et dites si le nom que cet hymne proclame
N'est pas aussi vivant, aussi divin que lui !

X

LE CHÊNE

SUITE DE JÉHOVAH

    Voilà ce chêne solitaire
    Dont le rocher s'est couronné :
    Parlez à ce tronc séculaire,
    Demandez comment il est né.

Un gland tombe de l'arbre et roule sur la terre ;
L'aigle à la serre vide, en quittant les vallons,
S'en saisit en jouant et l'emporte à son aire
Pour aiguiser le bec de ses jeunes aiglons ;
Bientôt du nid désert qu'emporte la tempête
Il roule confondu dans les débris mouvants,
Et sur la roche nue un grain de sable arrête
Celui qui doit un jour rompre l'aile des vents.
    L'été vient, l'aquilon soulève
La poudre des sillons, qui pour lui n'est qu'un jeu,
Et sur le germe éteint où couve encor la sève
    En laisse retomber un peu.
    Le printemps, de sa tiède ondée,
    L'arrose comme avec la main ;

Cette poussière est fécondée,
Et la vie y circule enfin.

La vie! A ce seul mot tout œil, toute pensée,
S'inclinent confondus et n'osent pénétrer;
Au seuil de l'infini c'est la borne placée,
Où la sage ignorance et l'audace insensée
    Se rencontrent pour adorer!

Il vit, ce géant des collines;
Mais, avant de paraître au jour,
Il se creuse avec ses racines
Des fondements comme une tour.
Il sait quelle lutte s'apprête,
Et qu'il doit contre la tempête
Chercher sous la terre un appui;
Il sait que l'ouragan sonore
L'attend au jour... où, s'il l'ignore,
Quelqu'un du moins le sait pour lui!

Ainsi quand le jeune navire
Où s'élancent les matelots,
Avant d'affronter son empire,
Veut s'apprivoiser sur les flots,
Laissant filer son vaste câble,
Son ancre va chercher le sable
Jusqu'au fond des vallons mouvants,
Et sur ce fondement mobile
Il balance son mât fragile
Et dort au vain roulis des vents.

Il vit ! Le colosse superbe
Qui couvre un arpent tout entier
Dépasse à peine le brin d'herbe
Que le moucheron fait plier.
Mais sa feuille boit la rosée,
Sa racine fertilisée
Grossit comme une eau dans son cours,
Et dans son cœur qu'il fortifie
Circule un sang ivre de vie
Pour qui les siècles sont des jours.

Les sillons où les blés jaunissent
Sous les pas changeants des saisons,
Se dépouillent et se vêtissent
Comme un troupeau de ses toisons ;
Le fleuve naît, gronde et s'écoule ;
La tour monte, vieillit, s'écroule ;
L'hiver effeuille le granit ;
Des générations sans nombre
Vivent et meurent sous son ombre :
Et lui ? voyez, il rajeunit !

Son tronc que l'écorce protège,
Fortifié par mille nœuds,
Pour porter sa feuille ou sa neige
S'élargit sur ses pieds noueux ;
Ses bras que le temps multiplie,
Comme un lutteur qui se replie
Pour mieux s'élancer en avant,
Jetant leurs coudes en arrière

Se recourbent dans la carrière
Pour mieux porter le poids du vent.

Et son vaste et pesant feuillage,
Répandant la nuit alentour,
S'étend, comme un large nuage,
Entre la montagne et le jour ;
Comme de nocturnes fantômes,
Les vents résonnent dans ses dômes ;
Les oiseaux y viennent dormir,
Et pour saluer la lumière
S'élèvent comme une poussière,
Si sa feuille vient à frémir.

La nef, dont le regard implore
Sur les mers un phare certain,
Le voit, tout noyé dans l'aurore,
Pyramider dans le lointain.
Le soir fait pencher sa grande ombre
Des flancs de la colline sombre
Jusqu'au pied des derniers coteaux.
Un seul des cheveux de sa tête
Abrite contre la tempête
Et le pasteur et les troupeaux.

Et pendant qu'au vent des collines
Il berce ses toits habités,
Des empires dans ses racines,
Sous son écorce des cités ;
Là, près des ruches des abeilles,

Arachné tisse ses merveilles,
Le serpent siffle, et la fourmi
Guide à des conquêtes de sables
Ses multitudes innombrables
Qu'écrase un lézard endormi.

Et ces torrents d'âme et de vie,
Et ce mystérieux sommeil,
Et cette sève rajeunie
Qui remonte avec le soleil ;
Cette intelligence divine
Qui pressent, calcule, devine
Et s'organise pour sa fin ;
Et cette force qui renferme
Dans un gland le germe du germe
D'êtres sans nombres et sans fin ;

Et ces mondes de créatures
Qui, naissant et vivant de lui,
Y puisent être et nourritures
Dans les siècles comme aujourd'hui,
Tout cela n'est qu'un gland fragile
Qui tombe sur le roc stérile
Du bec de l'aigle ou du vautour ;
Ce n'est qu'une aride poussière
Que le vent sème en sa carrière
Et qu'échauffe un rayon du jour !

Et moi, je dis : Seigneur, c'est toi seul, c'est ta force,
Ta sagesse et ta volonté,

Ta vie et ta fécondité,
Ta prévoyance et ta bonté !
Le ver trouve ton nom gravé sous son écorce,
Et mon œil dans sa masse et son éternité !

COMMENTAIRE

Il y a aux bains de Casciano, en Toscane, entre Pise et Florence, un chêne qui était déjà fameux par sa masse et par sa vétusté dans les guerres de 1300 entre les Pisans et les Toscans. Il n'a pas pris un jour ni un cheveu blanc depuis ces cinq siècles. Sa tige s'élève aussi droite, sur des racines aussi saines, à quatre-vingts pieds du sol ; et ses bras immenses, qui poussent d'autres bras innombrables comme un polype terrestre, n'ont pas une branche sèche à leurs extrémités. Il a mille ou douze cents ans, et il est tout jeune.

C'est assis sous ce chêne de Casciano que j'écrivis cette harmonie, en 1826. J'ai vu depuis le platane de Godefroi de Bouillon, dans la prairie de Constantinople ; les croisés campèrent à ses pieds, et un régiment de cavalerie tout entier peut encore aujourd'hui s'y ranger à l'ombre en bataille. J'ai vu depuis les oliviers de la colline de Golgotha, vis-à-vis de Jérusalem, qui passent pour avoir été témoins, déjà vivants, de l'agonie et de la sueur du sang du Christ. Il n'y a pas plus de mesure à la force et à la durée de la végétation qu'il n'y en a à la puissance de Dieu. Il joue avec le temps et avec l'espace. L'homme seul est obligé de compter par jours. Ces arbres comptent par siècles, les rochers par la durée d'un globe, les étoiles par la durée du firmament. Qu'est-ce donc de Celui qui ne compte par rien, et pour qui toutes ces durées relatives sont un jour qui n'a pas encore commencé?

XI

L'HUMANITÉ

SUITE DE JÉHOVAH

A de plus hauts degrés de l'échelle de l'être,
En traits plus éclatants Jéhovah va paraître :
La nuit qui le voilait ici s'évanouit.
Voyez aux purs rayons de l'amour qui va naître
    La vierge qui s'épanouit!

    Elle n'éblouit pas encore
    L'œil fasciné qu'elle suspend ;
    On voit qu'elle-même elle ignore
    La volupté qu'elle répand :
    Pareille, en sa fleur virginale,
    A l'heure pure et matinale
    Qui suit l'ombre et que le jour suit,
    Doublement belle, à la paupière,
    Et des splendeurs de la lumière
    Et des mystères de la nuit.

    Son front léger s'élève et plane
    Sur un cou flexible, élancé,

Comme sur le flot diaphane
Un cygne mollement bercé ;
Sous la voûte à peine décrite
De ce temple où son âme habite,
On voit le sourcil s'ébaucher,
Arc onduleux d'or ou d'ébène,
Que craint d'effacer une haleine,
Ou le pinceau de retoucher !

Là jaillissent deux étincelles
Que voile et rouvre à chaque instant,
Comme un oiseau qui bat des ailes,
La paupière au cil palpitant.
Sur la narine transparente,
Les veines où le sang serpente
S'entrelacent comme à dessein ;
Et de sa lèvre qui respire
Se répand avec le sourire
Le souffle embaumé de son sein.

Comme un mélodieux génie
De sons épars fait des concerts,
Une sympathique harmonie
Accorde entre eux ces traits divers :
De cet accord, charme des charmes,
Dans le sourire ou dans les larmes
Naissent la grâce et la beauté ;
La beauté, mystère suprême
Qui ne se révèle lui-même
Que par désir et volupté !

Sur ses traits, dont le doux ovale
Borne l'ensemble gracieux,
Les couleurs que la nue étale
Se fondent pour charmer les yeux ;
A la pourpre qui teint sa joue,
On dirait que l'aube s'y joue,
Ou qu'elle a fixé pour toujours,
Au moment qui la voit éclore,
Un rayon glissant de l'aurore
Sur un marbre aux divins contours.

Sa chevelure qui s'épanche
Au gré du vent prend son essor,
Glisse en ondes jusqu'à sa hanche,
Et là s'effile en franges d'or ;
Autour du cou blanc qu'elle embrasse
Comme un collier elle s'enlace,
Descend, serpente, et vient rouler
Sur un sein où s'enflent à peine
Deux sources d'où la vie humaine
En ruisseaux d'amour doit couler.

Noble et légère, elle folâtre,
Et l'herbe que foulent ses pas
Sous le poids de son pied d'albâtre
Se courbe et ne se brise pas.
Sa taille, en marchant, se balance
Comme la nacelle, qui danse
Lorsque la voile s'arrondit
Sous son mât que berce l'aurore,

Balance son flanc vide encore
Sur la vague qui rebondit.

Son âme n'est rien que tendresse,
Son corps qu'harmonieux contour;
Tout son être, que l'œil caresse,
N'est qu'un pressentiment d'amour.
Elle plaint tout ce qui soupire,
Elle aime l'air qu'elle respire,
Rêve ou pleure, ou chante à l'écart,
Et, sans savoir ce qu'il implore,
D'une volupté qu'elle ignore
Elle rougit sous un regard!

Mais déjà sa beauté plus mûre
Fleurit à son quinzième été;
A ses yeux toute la nature
N'est qu'innocence et volupté.
Aux feux des étoiles brillantes,
Au doux bruit des eaux ruisselantes,
Sa pensée erre avec amour;
Et toutes les fleurs des prairies
Viennent, entre ses doigts flétries,
Sur son cœur sécher tour à tour.

L'oiseau, pour tout autre sauvage,
Sous ses fenêtres vient nicher,
Ou, charmé de son esclavage,
Sur ses épaules se percher;
Elle nourrit les tourterelles,

Sur le blanc satin de leurs ailes
Promène ses doigts caressants ;
Ou, dans un amoureux caprice,
Elle aime que leur cou frémisse
Sous ses baisers retentissants.

Elle paraît, et tout soupire,
Tout se trouble sous son regard ;
Sa beauté répand un délire
Qui donne une ivresse au vieillard ;
Et, comme on voit l'humble poussière
Tourbillonner à la lumière
Qui la fascine à son insu,
Partout où ce beau front rayonne,
Un souffle d'amour environne
Celle par qui l'homme est conçu !

Un homme ! un fils, un roi de la nature entière !
Insecte né de boue, et qui vit de lumière !
Qui n'occupe qu'un point, qui n'a que deux instants,
Mais qui de l'infini par la pensée est maître,
Et, reculant sans fin les bornes de son être,
S'étend dans tout l'espace et vit dans tous les temps !

Il naît, et d'un coup d'œil il s'empare du monde,
Chacun de ses besoins soumet un élément,
Pour lui germe l'épi, pour lui s'épanche l'onde,
Et le feu, fils du jour, descend du firmament !

L'instinct de sa faiblesse est sa toute-puissance,
Pour lui l'insecte même est un objet d'effroi :

Mais le sceptre du globe est à l'intelligence;
L'homme s'unit à l'homme, et la terre a son roi!

Il regarde, et le jour se peint dans sa paupière;
Il pense, et l'univers dans son âme apparaît;
Il parle, et son accent, comme une autre lumière,
Va dans l'âme d'autrui se peindre trait pour trait.

Il se donne des sens qu'oublia la nature,
Jette un frein sur la vague au vent capricieux,
Lance la mort au but que son calcul mesure,
Sonde avec un cristal les abîmes des cieux.

Il écrit, et les vents emportent sa pensée
Qui va dans tous les cieux vivre et s'entretenir;
Et son âme invisible, en traits vivants tracée,
Écoute le passé qui parle à l'avenir!

Il fonde les cités, familles immortelles;
Et pour les soutenir il élève les lois,
Qui, de ces monuments colonnes éternelles,
Du temple social se divisent le poids.

Après avoir conquis la nature, il soupire;
Pour un plus noble prix sa vie a combattu;
Et son cœur vide encor, dédaignant son empire,
Pour s'égaler aux dieux inventa la vertu!

Il offre en souriant sa vie en sacrifice,
Il se confie au Dieu que son œil ne voit pas;

Coupable, a le remords qui venge la justice,
Vertueux, une voix qui l'applaudit tout bas !

Plus grand que son destin, plus grand que la nature,
Ses besoins satisfaits ne lui suffisent pas ;
Son âme a des destins qu'aucun œil ne mesure,
Et des regards portant plus loin que le trépas.

Il lui faut l'espérance, et l'empire et la gloire,
L'avenir à son nom, à sa foi des autels,
Des dieux à supplier, des vérités à croire,
Des cieux et des enfers, et des jours immortels !

*

Mais le temps tout à coup manque à sa vie usée,
L'horizon raccourci s'abaisse devant lui,
Il sent tarir ses jours comme une onde épuisée,
    Et son dernier soleil a lui !

Regardez-le mourir !... Assis sur le rivage
Que vient battre la vague où sa nef doit partir,
Le pilote qui sait le but de son voyage
D'un cœur plus rassuré n'attend pas le zéphyr.

On dirait que son œil, qu'éclaire l'espérance,
Voit l'immortalité luire sur l'autre bord :
Au delà du tombeau sa vertu le devance,
Et, certain du réveil, le jour baisse, il s'endort !

Et les astres n'ont plus d'assez pure lumière,
Et l'infini n'a plus d'assez vaste séjour,

Et les siècles divins d'assez longue carrière
Pour l'âme de celui qui n'était que poussière
  Et qui n'avait qu'un jour!

  Voilà cet instinct qui l'annonce
  Plus haut que l'aurore et la nuit;
  Voilà l'éternelle réponse
  Au doute qui se reproduit!
  Du grand livre de la nature
  Si la lettre, à vos yeux obscure,
  Ne le trahit pas en tout lieu,
  Ah! l'homme est le livre suprême!
  Dans les fibres de son cœur même
  Lisez, mortels : Il est un Dieu!

XII

L'IDÉE DE DIEU

SUITE DE JÉHOVAH

Heureux l'œil éclairé de ce jour sans nuage,
Qui partout ici-bas le contemple et le lit!
Heureux le cœur épris de cette grande image,
Toujours vide et trompé si Dieu ne le remplit!

Ah! pour celui-là seul la nature est sans ombre;
En vain le temps se voile et reculent les cieux,
Le ciel n'a point d'abîme et le temps point de nombre
      Qui le cache à ses yeux.

Pour qui ne l'y voit pas tout est nuit et mystères
Cet alphabet de feu dans le ciel répandu
Est semblable pour eux à ces vains caractères
Dont le sens, s'ils en ont, dans les temps s'est perdu.

Le savant sous ses mains les retourne et les brise,
Et dit : Ce n'est qu'un jeu d'un art capricieux.
Et cent fois, en tombant, ces lettres qu'il méprise
D'elles-même ont écrit le nom mystérieux!

Mais cette langue, en vain par les temps égarée,
    Se lit hier comme aujourd'hui ;
Car elle n'a qu'un nom sous sa lettre sacrée :
    Lui seul ! Lui partout ! toujours Lui !

    Qu'il est doux pour l'âme qui pense
    Et flotte dans l'immensité
    Entre le doute et l'espérance,
    La lumière et l'obscurité,
    De voir cette idée éternelle
    Luire sans cesse au-dessus d'elle
    Comme une étoile aux feux constants,
    La consoler sous ses nuages,
    Et lui montrer les deux rivages
    Blanchis de l'écume du temps !

    En vain les vagues des années
    Roulent dans leur flux et reflux
    Les croyances abandonnées
    Et les empires révolus ;
    En vain l'opinion qui lutte
    Dans son triomphe ou dans sa chute
    Entraîne un monde à son déclin ;
    Elle brille sur sa ruine,
    Et l'histoire qu'elle illumine
    Ravit son mystère au destin !

    Elle est la science du sage,
    Elle est la foi de la vertu,
    Le soutien du faible, et le gage

Pour qui le juste a combattu ;
En elle la vie a son juge
Et l'infortune son refuge,
Et la douleur se réjouit.
Unique clef du grand mystère,
Otez cette idée à la terre,
Et la raison s'évanouit !

Cependant le monde, qu'oublie
L'âme absorbée en son auteur,
Accuse sa foi de folie
Et lui reproche son bonheur :
Pareil à l'oiseau des ténèbres
Qui, charmé des lueurs funèbres,
Reproche à l'oiseau du matin
De croire au jour qui vient d'éclore
Et de planer devant l'aurore
Enivré du rayon divin.

Mais qu'importe à l'âme qu'inonde
Ce jour que rien ne peut voiler !
Elle laisse rouler le monde
Sans l'entendre et sans s'y mêler.
Telle une perle de rosée
Que fait jaillir l'onde brisée
Sur des rochers retentissants,
Y sèche pure et virginale,
Et seule dans les cieux s'exhale
Avec la lumière et l'encens.

Écrites à la même date et au même lieu : Florence, 1826.

XIII

SUR

DES ROSES SOUS LA NEIGE

Pourquoi, Seigneur, fais-tu fleurir ces pâles roses,
Quand déjà tout frissonne ou meurt dans nos climats?
Hélas! six mois plus tôt que n'étiez-vous écloses?
Pauvres fleurs, fermez-vous! voilà les blancs frimas!

Mais non, refleurissez! Le bonheur et les larmes
Dans nos cœurs (Dieu le veut) se rejoignent ainsi :
Si près de ces glaçons, ces fleurs ont plus de charmes;
Et si près de ces fleurs, l'hiver est plus transi.

Monceau, 1847.

XIV

SOUVENIR D'ENFANCE

ou

LA VIE CACHÉE

A M. P. G. DE B***

Quand la voix du passé résonnait dans son âme,
Les regards d'Ossian étincelaient de flamme,
Le vol de sa pensée agitait ses cheveux,
Sa harpe frémissait dans ses genoux nerveux,
Et ses accents, pareils aux murmures des ondes,
Coulaient à flots pressés de ses lèvres fécondes,
Comme un torrent d'hiver qu'on ne peut contenir ;
Le vieillard n'était plus que voix et souvenir.
O puissance de l'âme ! ô jeunesse éternelle
Qu'une douce mémoire en nos seins renouvelle !
Sur ma lyre, Ossian, je ne vois pas encor
Flotter mes cheveux blancs parmi ses cordes d'or,
Mon cœur est tiède encor des feux de ma jeunesse,
Je n'ai pas tes longs jours, j'ai déjà ta tristesse ;
Je parcours comme toi le champ de mes regrets.

Adorant comme toi les monts et les forêts,
J'aime à m'asseoir, aux bords des torrents de l'automne,
Sur le rocher battu par le flot monotone,
A suivre dans les airs la nue et l'aquilon,
A leur prêter des traits, un corps, une âme, un nom,
Et, d'êtres adorés m'en formant les images,
A dire aussi : mon âme est avec les nuages !
Mais je ne chante plus. Les hommes de nos jours
A ta harpe elle-même, hélas ! resteraient sourds :
Trop plein d'un avenir tout brillant de chimères,
Leurs yeux vers le passé ne se détournent guères.
Et si ma harpe encor, pour tromper mes ennuis,
Soupire pour moi seul dans l'ombre de mes nuits,
Ces chants dont ta douleur faisait son bien suprême
De leur écho plaintif m'importunent moi-même,
Et mon cœur redescend de cet oubli trop court,
Comme un poids soulevé qui retombe plus lourd.

Quel attrait cependant à ma lyre rebelle
Du fond de ma langueur aujourd'hui me rappelle ?
D'où vient qu'à mon insu, mariés à ma voix,
Les mots harmonieux s'enchaînent sous mes doigts,
Et qu'en mètres brillants ma verve cadencée
Comme un courant limpide emporte ma pensée ?
Ah ! c'est qu'une voix chère a retenti dans moi ;
C'est que le souvenir qui me rappelle à toi,
Écartant loin de lui les ombres des années,
Et déployant soudain ses ailes enchaînées
Au-dessus des douleurs, des dégoûts, fruits du temps,
Franchit d'un vol léger les jours, les mois, les ans,

Et m'emporte avec toi dans ce séjour champêtre,
Dans ces temps écoulés que ton nom fait renaître,
Jeune, heureux, le cœur plein d'ignorance et d'espoir,
Brillant comme un matin qui n'aurait point de soir,
Tel que notre amitié nous vit à son aurore,
Et qu'à sa douce voix je crois nous voir encore :
A son prisme divin le présent effacé
Se colore des feux dont brillait le passé.

O champs de Bienassis! maison, jardin, prairies,
Treilles qui fléchissaient sous leurs grappes mûries,
Ormes qui sur le seuil étendaient leurs rameaux,
Et d'où sortait le soir le chœur des passereaux,
Vergers où de l'été la teinte monotone
Pâlissait jour à jour aux rayons de l'automne,
Où la feuille en tombant sous les pleurs du matin
Dérobait à nos pieds le sentier incertain ;
Pas égarés au loin dans de frais paysages,
Heures tièdes du jour coulant sous des ombrages,
Sommeils rafraîchissants goûtés au bord des eaux,
Songes qui descendaient, qui remontaient si beaux ;
Pressentiments divins, intimes confidences,
Lectures, rêverie, entretiens, doux silences ;
Table riche des dons que l'automne étalait,
Où les fruits du jardin, où le miel et le lait,
Assaisonnés des soins d'une mère attentive,
De leur luxe champêtre enchantaient le convive ;
Silencieux réduit où des rayons de bois,
Par l'âge vermoulus et pliant sous le poids,
Nous offraient ces trésors de l'humaine sagesse

Où nos yeux altérés puisaient jusqu'à l'ivresse,
Où la lampe avec nous veillant jusqu'au matin
Nous guidait au hasard, comme un phare incertain,
De volume en volume; hélas! croyant encore
Que le livre savait ce que l'auteur ignore,
Et que la vérité, trésor mystérieux,
Pouvait être cherchée ailleurs que dans les cieux!
Scènes de notre enfance, après quinze ans rêvées,
Au plus pur de mon cœur impressions gravées,
Lieux, noms, demeures, et vous, aimables habitants,
Je vous revois encore après un si long temps,
Aussi présents à l'œil que le sont des rivages
A l'onde dont le cours reflète les images,
Aussi frais, aussi doux, que si jamais les pleurs
N'en avaient dans mes yeux altéré les couleurs;
Et vos riants tableaux sont à mon âme aimante
Ce qu'au navigateur battu par la tourmente
Sont les songes dorés qui lui montrent de loin
Le rivage chéri de son bonheur témoin,
L'ondoyante moisson que sa main a semée,
Et du toit paternel le seuil ou la fumée.

Tu n'as donc pas quitté ce port de ton bonheur!
Ce soleil du matin qui réjouit ton cœur,
Comme un arbre au rocher fixé par sa racine,
Te retrouve toujours sur la même colline;
Nul adieu n'attrista le seuil de ta maison;
Jamais, jamais tes yeux n'ont changé d'horizon!
L'arbre de ton aïeul, l'arbre qui t'a vu naître
N'a jamais reverdi sans ombrager son maître;

Jamais le voyageur, en voyant du chemin
Ta demeure fermée aux rayons du matin,
Trouvant l'herbe grandie ou le sentier plus rude,
N'a demandé, surpris de cette solitude,
Sur quels bords étrangers, dans quels lointains séjours,
Le vent de l'inconstance avait poussé tes jours.
Ton verger ne voit pas une main mercenaire
Cueillir ces fruits greffés par ta main tutélaire,
Et ton ruisseau, content de son lit de gazon,
Comme un hôte fidèle à la même maison,
Vient murmurer toujours au seuil de ta demeure,
Et de la même voix t'endort à la même heure !
Ainsi tu vieilliras sans que tes jours pareils
Soient comptés autrement que par leurs doux soleils,
Sans que les souvenirs de ton heureuse histoire
Laissent d'autres sillons gravés dans ta mémoire
Que le cercle inégal des diverses saisons,
Des printemps plus tardifs, de plus riches moissons,
Tes pampres moins chargés, tes ruches plus fécondes,
Ou ta source sevrant ton jardin de ses ondes ;
Sans avoir dissipé des jours trop tôt comptés,
Dans la poudre, ou le bruit, ou l'ombre des cités,
Et sans avoir semé, de distance en distance,
A tous les vents du ciel ta stérile espérance !
Ah ! rends grâce à ton sort de ce flot lent et doux
Qui te porte en silence où nous arrivons tous !
Et, comme ton destin si borné dans sa course,
Dans son lit ignoré s'endort près de sa source,
Ne porte point envie à ceux qu'un autre vent
Sur les routes du monde a conduits plus avant,

Même à ces noms frappés d'un peu de renommée !
Du feu qu'elle répand toute âme est consumée ;
Notre vie est semblable au fleuve de cristal
Qui sort, humble et sans nom, de son rocher natal ;
Tant qu'au fond du bassin que lui fit la nature
Il dort, comme au berceau, dans un lit sans murmure,
Toutes les fleurs des champs parfument son sentier,
Et l'azur d'un beau ciel y descend tout entier ;
Mais à peine échappé des bras de ses collines,
Ses flots s'épanchent-ils sur les plaines voisines,
Que, du limon des eaux dont il enfle son lit,
Son onde, en grossissant, se corrompt et pâlit ;
L'ombre qui les couvrait s'écarte de ses rives,
Le rocher nu contient ses vagues fugitives,
Il dédaigne de suivre, en se creusant son cours,
Des vallons paternels les gracieux détours,
Mais, fier de s'engouffrer sous des arches profondes,
Il y reçoit un nom bruyant comme ses ondes ;
Il emporte, en fuyant à bonds précipités,
Les barques, les rumeurs, les fanges des cités ;
Chaque ruisseau qui l'enfle est un flot qui l'altère,
Jusqu'au terme où, grossi de tant d'onde adultère,
Il va, grand, mais troublé, déposant un vain nom,
Rouler au sein des mers sa gloire et son limon !
Heureuse au fond des bois la source pauvre et pure !
Heureux le sort caché dans une vie obscure !

Nous parlions autrement à l'âge où l'avenir
Dans nos seins palpitants ne pouvait contenir,
Et débordait pour nous de la coupe de vie,

Comme un jus écumant d'une urne trop remplie.
A cet âge enivré, la gloire est à nos yeux
Ce qu'à l'œil des enfants qui regardent les cieux
Est l'astre de la nuit, dont l'orbe, près d'éclore,
Au sommet qu'il franchit semble toucher encore.
L'un d'eux, quittant ses jeux pour la douce splendeur,
Croit que pour s'emparer du disque tentateur,
Et pour se revêtir de la lueur divine,
Il n'a qu'à faire un pas sur la sombre colline :
Il s'avance, l'œil fixe et les bras entr'ouverts ;
Et le globe de feu suspendu dans les airs,
Comme pour prolonger sa crédule espérance,
A hauteur de la main un moment se balance.
Il monte ; mais déjà dans l'azur étoilé,
Quand il touche au sommet, l'astre s'est envolé,
Et, fuyant dans le ciel de nuage en nuage,
Est aussi loin déjà des monts que de la plage.
Confus de son erreur, il revient sur ses pas ;
Et les fils du hameau, qui sont restés en bas,
Occupés à choisir des fleurs au sein des plaines,
Ou des cailloux polis dans le lit des fontaines,
Sans songer à cet astre objet de ses regrets,
Au fond de la vallée en étaient aussi près !...

Mais quand ce feu céleste éblouirait ton âme,
Quand tu le poursuivrais sur un désir de flamme,
Dans ces vieux jours du monde avares de vertu,
Cette gloire rêvée, où la trouverais-tu ?
Crois-tu que ce reflet de la splendeur suprême,
Cette immortalité qui sort de la mort même,

Soit ce mot profané qui passe tour à tour
Du grand homme d'hier au grand homme du jour,
Monnaie au coin banal qu'un jour frappe, un jour use,
Que la vanité paie à l'orgueil qu'elle abuse?
Crois-tu que chaque siècle en ait reçu d'en haut
Toujours la même soif avec le même lot;
Et qu'enfin l'avenir, acceptant l'héritage,
Ratifie à jamais ce risible partage
Que les sots, éblouis des splendeurs de leur temps,
En font de siècle en siècle entre tous leurs enfants?

Non! tu ris avec moi de l'erreur où nous sommes :
Tu sais de quel linceul le temps couvre les hommes;
Tu sais que tôt ou tard, dans l'ombre de l'oubli,
Siècles, peuples, héros, tout dort enseveli;
Qu'à cette épaisse nuit qui descend d'âge en âge
A peine un nom par siècle obscurément surnage;
Que le reste, éclairé d'un moins haut souvenir,
Disparaît par étage à l'œil de l'avenir,
Comme, en quittant la rive, un navire à la voile,
A l'heure où de la nuit sort la première étoile,
Voit à ses yeux déçus disparaître d'abord
L'écume du rivage et le sable du port,
Puis les tours de la ville où l'airain se balance,
Puis les phares éteints qu'abaisse la distance,
Puis les premiers coteaux sur la plaine ondoyants,
Puis les monts escarpés sous l'horizon fuyants.
Bientôt il ne voit plus au loin qu'une ou deux cimes,
Dont l'éternel hiver blanchit les pics sublimes,
Refléter au-dessus de cette obscurité

Du jour qui va les fuir la dernière clarté,
Jusqu'à ce qu'abaissés de leur niveau céleste,
Ces sommets décroissants plongent comme le reste,
Et qu'étendue enfin sur la terre et les mers,
L'universelle nuit pèse sur l'univers.
De la gloire et du temps voilà l'image sombre.
Éloigne-toi d'un siècle, et tout rentre dans l'ombre ;
Laisse pour fuir l'oubli tant d'insensés courir !
Que sert un jour de plus à ce qui doit mourir ?

Tu voudrais cependant que sur un cénotaphe
La gloire t'inscrivît ta ligne d'épitaphe,
Et promît à ton nom, de temps en temps cité,
Ses heures de mémoire et d'immortalité,
Jusqu'à ce qu'un passant, brisant ton humble pierre,
Dispersât sous ses pieds ta gloire et ta poussière,
Et qu'un jour, en sifflant, le berger du vallon
Ne sût plus rassembler les lettres de ton nom.
Ah ! qu'à ces vains regrets ton âme soit fermée !
Le funèbre baiser dont une bouche aimée
Scelle au dernier adieu les lèvres du mourant,
Notre nom qu'un ami rappelle en soupirant,
Les larmes sans témoin dont un œil nous arrose,
Voilà notre épitaphe et notre apothéose,
A nous à qui le sort en naissant n'a promis
D'autre immortalité qu'aux cœurs de nos amis !
Que le sort nous la donne à notre heure suprême !
Le souvenir n'est doux que dans un cœur qui t'aime !

Si de ton nom pourtant tu veux l'entretenir,
Grave ces simples mots sur ton urne à venir :

« Là dort d'un doux sommeil, quoique sans mausolée,
Dans le sein de sa mère, un fils de la vallée.
Que t'importe, ô passant, s'il fut célèbre ou non?
En changeant de patrie il a changé de nom.
Tout près de son berceau sa tombe fut placée ;
Peu d'espace borna sa vie et sa pensée :
Content de son bonheur, il sut le renfermer
Autour des seuls objets qu'il eût besoin d'aimer,
Une mère, une femme, un ami, la nature ;
Et de ses vœux, en tout, son cœur fut la mesure.
Ses pas ni ses désirs n'ont jamais dépassé
Cet horizon étroit par ton œil embrassé,
Et pour lui l'univers s'étendait de la pente
Où sous ces peupliers son beau fleuve serpente,
Jusqu'à ces monts voisins d'où l'ombre qui descend
De l'haleine des bois rafraîchit le passant.
Il ne goûta jamais l'ivresse de la gloire,
Ce faux pressentiment d'une vaine mémoire ;
Jamais dans la tempête il n'éleva la voix,
Ou ne jeta son sort dans l'urne de nos lois ;
Jamais il ne força le lion populaire
A frémir à ses pieds d'amour ou de colère ;
Jamais de la victoire il ne vit les enfants
Incliner sur son front leurs drapeaux triomphants.
Il ne promena point sa vague inquiétude
De rivage en rivage et d'étude en étude ;
Il ne vit point son or, marchandant ses plaisirs,
Tarir entre ses mains plus tard que ses désirs ;
Il n'alla point chercher dans Rome ou dans la Grèce
Les mystères voilés de l'antique sagesse,

Ni du bleu firmament, pour enchanter ses yeux,
Voir des astres nouveaux levés sous d'autres cieux :
Mais il eut, sans goûter une science amère,
La loi de ses aïeux et le Dieu de sa mère,
Reçut, sans la peser à nos poids inconstants,
Dans un cœur simple et pur la sagesse des temps,
Comme des mains d'un père on prend son héritage
Avec l'eau qui l'arrose et l'arbre qui l'ombrage.
Il semait de ses mains le champ de ses aïeux,
Il ne se lassait pas du spectacle des cieux,
Il voyait chaque jour sur la terre arrosée
L'aurore se dissoudre en perles de rosée,
Les bois se revêtir de leurs manteaux flottants,
La sève remonter aux bourgeons du printemps,
Les fleurs, où le Très-Haut rassembla ses merveilles,
Livrer l'ambre liquide aux rayons des abeilles,
L'astre du jour mourant dans un couchant vermeil
De ses derniers regards inspirer le sommeil,
Où les feux dispersés dans des nuits embaumées,
Calculant sans compas leurs courbes enflammées,
Sous la voûte sans clef flottant de toutes parts,
Élever sa pensée autant que ses regards.
De l'amour dans son cœur fixé par l'innocence,
Même après sa jeunesse, on sentait la présence,
Comme on respire encor dans un vase exhalé
L'odeur d'un doux parfum après qu'il a brûlé ;
Comme, en quittant la terre, un soleil qui s'ombrage
Laisse encor sa chaleur et sa pourpre au nuage.
Les doux ressouvenirs, ces échos du bonheur,
Jusqu'à ses derniers jours réchauffèrent son cœur ;

Quand de ses jours nombreux la coupe fut remplie,
Il accueillit la mort en bénissant la vie.
Vous dont le nom sublime a volé sous les cieux,
Heureux, sages ou grands, qu'avez-vous eu de mieux ?
Dieu ne mesure pas nos sorts à l'étendue :
La goutte de rosée à l'herbe suspendue
Y réfléchit un ciel aussi vaste, aussi pur,
Que l'immense Océan dans ses plaines d'azur! »

COMMENTAIRE

Ces initiales G. de B*** désignent un de mes excellents et remarquables amis d'enfance et de jeunesse, Guichard de Bienassis. J'allais tous les ans, pendant les vacances, passer quelques jours doux et joyeux dans le petit château de sa mère, à Bienassis, auprès de Crémieu, en Dauphiné.

Je le perdis ensuite de vue pendant vingt ans. Un jour que ma pensée se reportait sur ces chères aurores de la vie, j'appris qu'il vivait obscur et heureux dans ces mêmes tourelles, sur ces mêmes terrasses, sous ces mêmes treilles qui l'avaient vu naître. Je comparais la placidité et la pérennité de cette vie cachée et dormante aux agitations, aux égarements, aux écumes de ma vie courante. J'adressai ce souvenir à son nom. Il le lut par hasard dans un recueil ou dans un de mes volumes, et il m'écrivit.

Un autre jour d'automne de 1840, j'étais à Saint-Point, revenant d'Italie, la maison pleine de visiteurs, d'électeurs, de voisins, d'amis. On m'annonça un étranger dont on ne savait pas le nom : j'allai au-devant de lui sur le seuil. Je vis un homme de taille moyenne, au costume presque rustique, un sac de voyage sous le bras gauche, un bâton dans la main droite, les souliers poudreux, les cheveux noirs et flottants à grandes boucles, le teint hâlé de l'homme des champs, les traits fins et gracieux, la tête un peu penchée en avant, comme quelqu'un qui a la vue basse et qui craint toujours de faire un faux pas. Je le regardais, attendant ce qu'il avait à me dire, et je pensais en moi-même : « Voilà un homme sensible, un homme d'imagination enfoui dans quelque recoin obscur de l'existence; que vient-il me demander ici? » Il me regardait lui-même avec une vive attention, et je voyais un imperceptible sourire poindre sur ses lèvres, bienveillantes cependant. « Eh quoi! me dit-il enfin, tu ne me reconnais pas? — Il me semble, lui répondis-je, que mon cœur vous reconnaît confusément; mais mon œil, non. Qui êtes-vous donc? — Je suis, me dit-il, Prosper Guichard de Bienassis, ton ami de collège, ton ami d'adolescence, et encore ton ami d'âge fait. » Nous nous embrassâmes. Je le fis conduire dans la meilleure chambre d'hôtes qu'il y eût au château; et, quand la journée d'affaires fut finie, la journée de l'amitié commença. Il passa la nuit à me raconter sa vie, à partir du point où nous nous étions quittés; son séjour sans interruption dans le foyer de ses pères; ses rêveries de célébrité, d'activité, de gloire, évaporées au soleil de son jardin; ses amours précoces avec une jeune et charmante cousine qu'il avait obtenue de ses parents à force de constance et qui faisait la joie de ses jours; la vieillesse et la mort de sa mère; ses occupations rurales; ses embellissements à la maison et aux champs, aux vergers, à la fontaine de Bienassis; les chasses et les promenades de ses étés; les recueillements de ses journées et de ses soirées d'hiver au coin de son foyer, sans enfants, en société des mêmes livres que nous dérobions à la bibliothèque de sa mère dans notre enfance; sa joie la première fois qu'il avait entendu retentir mon nom et mes vers jusque dans sa solitude; la réserve qui l'avait empêché de me donner signe de vie depuis tant d'années, dans la crainte que le vent de la renommée n'eût emporté son nom de mon cœur; enfin, tout.

Je crus rajeunir de vingt ans, et, depuis cette reconnaissance, il revint toutes les années dans la saison où les hirondelles s'envolent : ami plus sûr et plus fidèle que ces oiseaux, symbole de fidélité, car elles nous abandonnent quand le froid commence à faire frissonner les vitres et quand la neige commence à blanchir le toit. Et lui, il revient quand tout se retire ou quand tout se glace.... Que Dieu le bénisse du haut de son éternité, comme je l'ai béni dans ces vers éphémères! C'est un véritable ami.

XV

LE MONT BLANC

SUR UN PAYSAGE DE M. CALAME

Montagne à la cime voilée,
Pourquoi vas-tu chercher si haut,
Au fond de la voûte étoilée,
Des autans l'éternel assaut ?

Des sommets triste privilège !
Tu souffres les âpres climats,
Tu reçois la foudre et la neige,
Pendant que l'été germe en bas.

A tes pieds s'endort sous la feuille,
A l'ombre de tes vastes flancs,
La vallée où le lac recueille
L'onde des glaciers ruisselants.

Tu t'enveloppes de mystère,
Tu te tiens dans un demi-jour,
Comme un appas nu de la terre
Que couvre ton jaloux amour.

Ah ! c'est là l'image sublime
De tout ce que Dieu fit grandir :
Le génie à l'auguste cime
S'isole aussi pour resplendir.

Le bruit, le vent, le feu, la glace,
Le frappent éternellement,
Et sur son front gravent la trace
D'un froid et morne isolement.

Mais souvent, caché dans la nue,
Il enferme dans ses déserts,
Comme une vallée inconnue,
Un cœur qui lui vaut l'univers.

Ce sommet où la foudre gronde,
Où le jour se couche si tard,
Ne veut resplendir sur le monde
Que pour briller dans un regard !

En le voyant, nul ne se doute
Qu'il ne s'élance au fond des cieux,
Qu'il ne fend l'azur de sa voûte
Que pour être suivi des yeux ;

Et que de nuage en nuage
S'il monte si haut, c'est pour voir.
La nuit, son orageuse image
Luire, ô lac, dans ton beau miroir !

Paris, 26 mars 1849.

XVI

DÉSIR

Ah! si j'avais des paroles,
Des images, des symboles,
Pour peindre ce que je sens!
Si ma langue embarrassée
Pour révéler ma pensée
Pouvait créer des accents!

Loi sainte et mystérieuse!
Une âme mélodieuse
Anime tout l'univers;
Chaque être a son harmonie,
Chaque étoile son génie,
Chaque élément ses concerts.

Ils n'ont qu'une voix, mais pure,
Forte comme la nature,
Sublime comme son Dieu;
Et, quoique toujours la même,
Seigneur, cette voix suprême
Se fait entendre en tout lieu.

Quand les vents sifflent sur l'onde,
Quand la mer gémit ou gronde,
Quand la foudre retentit,
Tout ignorants que nous sommes,
Qui de nous, enfants des hommes,
Demande ce qu'ils ont dit?

L'un a dit : Magnificence!
L'autre : Immensité! puissance!
L'autre : Terreur et courroux!
L'un a fui devant sa face,
L'autre a dit : Son ombre passe :
Cieux et terre, taisez-vous!

Mais l'homme, ta créature,
Lui qui comprend la nature,
Pour parler n'a que des mots,
Des mots sans vie et sans aile,
De sa pensée immortelle
Trop périssables échos!

Son âme est comme l'orage
Qui gronde dans le nuage
Et qui ne peut éclater,
Comme la vague captive
Qui bat et blanchit sa rive,
Et ne peut la surmonter.

Elle s'use et se consume,
Comme un aiglon dont la plume

N'aurait pas encor grandi,
Dont l'œil aspire à sa sphère,
Et qui rampe sur la terre
Comme un reptile engourdi.

Ah! ce qu'aux anges j'envie
N'est pas l'éternelle vie,
Ni leur glorieux destin :
C'est la lyre, c'est l'organe
Par qui même un cœur profane
Peut chanter l'hymne sans fin!

Quelque chose en moi soupire,
Aussi doux que le zéphire
Que la nuit laisse exhaler,
Aussi sublime que l'onde,
Ou que la foudre qui gronde,
Et mon cœur ne peut parler!

Océan, qui sur tes rives
Épands tes vagues plaintives,
Rameaux murmurants des bois,
Foudre dont la nue est pleine,
Ruisseaux à la molle haleine,
Ah! si j'avais votre voix!

Si seulement, ô mon âme,
Ce Dieu dont l'amour t'enflamme
Comme le feu, l'aquilon,
Au zèle ardent qui t'embrase

Accordait, dans une extase,
Un mot pour dire son nom !

Son nom, tel que la nature
Sans parole le murmure,
Tel que le savent les cieux ;
Ce nom que l'aurore voile,
Et dont l'étoile à l'étoile
Est l'écho mélodieux :

Les ouragans, le tonnerre,
Les mers, les feux et la terre,
Se tairaient pour l'écouter ;
Les airs, ravis de l'entendre,
S'arrêteraient pour l'apprendre,
Les cieux pour le répéter.

Ce nom seul, redit sans cesse,
Soulèverait ma tristesse
Dans ce vallon de douleurs ;
Et je dirais, sans me plaindre :
Mon dernier jour peut s'éteindre,
J'ai dit sa gloire, et je meurs !

COMMENTAIRE

Cette harmonie fut écrite à Florence, en 1828. C'est l'époque de ma vie où ma pensée, sans désirs, sans soins et sans soucis sur la terre, se tourna le plus habituellement vers le ciel, et où tous mes chants étaient des hymnes. Il y a des âmes chez lesquelles la piété est un fruit des larmes; il y en a d'autres chez lesquelles l'adoration est un parfum d'été qui s'exhale dans les rayons de joie. Je suis de ces derniers. La douleur me crispe, et me rend silencieux et stérile; le bonheur me féconde et m'invite à me répandre en reconnaissance et en cantiques. J'étais heureux.

XVII

LE RETOUR

AU COMTE XAVIER DE MAISTRE

AUTEUR DU *LÉPREUX*

Salut au nom des cieux, des monts et des rivages
    Où s'écoulèrent tes beaux jours,
Voyageur fatigué qui reviens sur nos plages
Demander à tes champs leurs antiques ombrages,
    A ton cœur ses premiers amours !

Que de jours ont passé sur ces chères empreintes !
Que d'adieux éternels ! que de rêves déçus !
Que de liens brisés ! que d'amitiés éteintes !
Que d'échos assoupis qui ne répondent plus !
Moins de flots ont roulé sur les sables de Laisse[1],
Moins de rides d'azur ont sillonné son sein,
Et, des arbres vieillis qui couvraient ta jeunesse,
Moins de feuilles d'automne ont jonché le chemin.
Ah ! de nos jours mortels trop rapide est la course !

---

1. Nom d'un torrent de Savoie.

On regrette la vie avant d'avoir vécu ;
Et le flot, qui jamais ne remonte à sa source,
Ne revoit pas deux fois le doux bord qu'il a vu.

 Ah ! si du moins dans nos années
 Les jours perdus ne comptaient pas !
 Si les jalouses destinées
 Les oubliaient sous leur compas !
 Mais, hélas ! la mousse ou la lie
 Du calice étroit de la vie
 Comble également les contours :
 Quand il est tari, l'homme expire ;
 Les pleurs comptent pour le sourire,
 Les nuits d'exil pour de beaux jours.

 Je sais qu'après un long orage,
 Brisé d'efforts et de douleur,
 Tu fus recueilli sur la plage
 Par un peuple ami du malheur ;
 Qu'une juste reconnaissance,
 Comme une seconde naissance,
 T'apprit à bénir d'autres lieux ;
 Qu'au sein d'une épouse chérie,
 L'amour te fit une patrie
 Loin des tombeaux de tes aïeux.

Cependant il est doux de respirer encore
Cet air du ciel natal où l'on croit rajeunir,
Cet air qu'on respira dès sa première aurore,
Cet air tout embaumé d'antique souvenir !

Il est doux de le voir balancer le feuillage
Du chêne couronné qui prêta son ombrage
    A nos rêves au fond des bois,
Ou, comme un vieil ami dont on connaît la voix,
De l'entendre siffler sur l'herbe des collines,
Et prolonger le soir, à travers les ruines,
    Les sourds murmures d'autrefois!
Il est doux de s'asseoir au foyer de ses pères,
A ce foyer jadis de vertus couronné,
Et de dire, en montrant le siège abandonné :
« Ici chantait ma sœur, là méditaient mes frères,
Là ma mère allaitait son charmant nouveau-né;
Là le vieux serviteur nous contait l'aventure
Des deux jumeaux perdus dans la forêt obscure;
Là le fils de la veuve emportait notre pain;
Là, sur le seuil couvert de deux figuiers antiques,
A l'heure où les brebis rentraient aux toits rustiques,
Le chien du mendiant venait lécher ma main! »

Notre âme, en remontant à ses premières heures,
Ranime tour à tour ces fantômes chéris
Et s'attache aux débris de ces chères demeures,
    S'il en reste au moins un débris.

Ainsi, quand nous cherchons en vain dans nos pensées
D'un air qui nous charmait les traces effacées,
    Si quelque souffle harmonieux,
Effleurant au hasard la harpe détendue,
En tire seulement une note perdue,
    Des larmes roulent dans nos yeux;

D'un seul son retrouvé l'air entier se réveille,
Il rajeunit notre âme et remplit notre oreille
    D'un souvenir mélodieux.

O sensible exilé! tu les as retrouvées
Ces images de loin, toujours, toujours rêvées,
Et ces débris vivants de tes jours de bonheur :
Tes yeux ont contemplé tes montagnes si chères,
Et ton berceau champêtre et le toit de tes pères ;
Et des flots de tristesse ont monté dans ton cœur.
Nous passons! nous passons! Ce refrain monotone,
Hélas! est toujours neuf et toujours répété;
Tant l'homme, que toujours son inconstance étonne,
    Se sent fait pour l'éternité!
Nous passons; et déjà, dans la race nouvelle,
Ton œil sous les vieux noms voit des hommes nouveaux;
Ton cœur qui l'interroge est étranger pour elle,
Et tu connaîtrais mieux le peuple des tombeaux.

De ses longs souvenirs retrouvant quelque trace,
A peine un vieil ami qui s'éveille à ton nom
Demande si c'est là ce conteur plein de grâce
Qui, sous son prisme heureux multipliant l'espace,
Entre les quatre murs de son étroit donjon,
Voyageait si gaîment autour de sa prison.
Non, non, c'est le lépreux étranger sur la terre,
Qui, le soir, du sommet de sa tour solitaire,
Contemple en soupirant les fêtes du hameau,
Et, dans ce peuple heureux ne comptant plus de frères,

Plus d'amante ou de sœur dans toutes ces bergères,
Met la main sur ses yeux et demande un tombeau.

Cependant, du génie aimable privilège,
Ton front se couvre en vain de sa première neige,
L'infortune et l'exil, et la mort et le temps,
Ont en vain décimé tes amis de vingt ans :
Séduits par tes écrits, enchaînés par ta grâce,
Des amis inconnus viennent briguer leur place;
Ils renaîtront pour toi jusqu'à tes derniers jours.
Que dis-je! Quand la mort, sous un vert mausolée,
Rendant un peu de terre à ton ombre exilée,
Couvrira de gazon le fils de la vallée,
Des amis? ta mémoire en gardera toujours!
Ils y viendront pleurer et cette grâce attique,
Et cet accent naïf, tendre, mélancolique,
Qui sans les demander fait ruisseler nos pleurs;
De leurs jeunes vertus tu nourriras la flamme;
Et, se sentant meilleurs, ils diront : « C'est son âme
Qui de ses doux écrits a passé dans nos cœurs! »

« Mais quelle est, diras-tu, cette voix inconnue
Qui sous mon propre toit m'accueille et me salue?
Aux rives de mon lac cet ami m'est-il né?
A-t-il respiré l'air de ma tiède vallée,
Ou foulé sous ses pas l'herbe que j'ai foulée
Au pied du Nivolay[1] d'étoiles couronné?
De quel droit ose-t-il, étranger sur ces rives...? »

1. Montagne de Savoie.

... Étranger! j'en appelle à tes vagues plaintives,
Beau lac dont j'ai souvent recueilli les accords ;
Torrents aux flots glacés, j'en appelle à vos bords ;
A vous, vallons de paix ; à vous, simples demeures
Où l'hospitalité me fit bénir les heures,
Où ton nom, si souvent par les tiens répété,
Me donna sur ton cœur un droit de parenté !

J'habitai plus que toi ces fortunés rivages;
J'adorai, j'aime encor ces monts coiffés d'orages,
Où la simplicité des âmes et des mœurs
Garde aux vieilles vertus l'asile de vos cœurs ;
Où la jeune amitié m'accueillit dès l'aurore,
Où l'amitié plus mûre est aussi tendre encore,
Où l'amour disparu dans l'ombre du trépas
Laissa partout pour moi l'empreinte de ses pas,
Et colore à mes yeux vos flots et vos collines
Ou d'un deuil éternel ou de splendeurs divines ;
Où j'ai trouvé plus tard cet unique trésor
Plus rare que l'encens, plus précieux que l'or,
Charme, ornement, repos, colonne de la vie !
Enfin où d'une sœur dort la cendre chérie ;
Où mes neveux un jour, de ta gloire héritiers,
Trouveront nos deux noms unis dans leurs quartiers :
Voilà, voilà mes droits, plus chers que les tiens même.
On est toujours, crois-moi, du pays que l'on aime.
Mais si ton cœur jugeait ces titres mal acquis,
J'aimerais malgré toi la terre où tu naquis !...

COMMENTAIRE

Le comte Xavier de Maistre est le frère cadet du fameux comte de Maistre, le philosophe des *Soirées de Saint-Pétersbourg*. J'en ai parlé dans les *Confidences*, je n'ai rien à en dire ici ; c'est une renommée à débattre entre les philosophes des deux écoles. Comme écrivain, il est incontesté, car il *est* ce qui fait qu'on *est*, c'est-à-dire original.

Le comte Xavier, à qui s'adresse cette harmonie, est l'auteur de deux livres charmants, quoique de tons très divers : le *Voyage autour de ma chambre*, et *le Lépreux de la cité d'Aoste*. Le *Voyage* est un badinage ; *le Lépreux* est une larme, mais une larme qui coule toujours. Cet écrivain est le Sterne et le J.-J. Rousseau de la Savoie ; moins affecté que le premier, moins déclamateur que le second. C'est un génie familier, un causeur de coin du feu, un grillon du foyer champêtre. Je ne l'avais jamais vu. Les orages de la première révolution piémontaise l'avaient jeté en Russie ; il s'y était marié. Il revenait en Savoie après vingt-cinq ans d'absence. Allié de sa famille, ami de son neveu, j'appris son retour ; je lui adressai de Florence ce salut amical d'un inconnu.

Je l'ai vu depuis en 1842, en France, chez Mme de Marcellus, son amie et sa fille de cœur, digne d'une telle adoption. C'est un vieillard faible et gracieux, de quatre-vingts ans, sans aucun signe de découragement de la vie ou de décrépitude de corps. Finesse, sensibilité douce, sourire semi-sérieux et indulgent sur les choses humaines, tolérance qui vient de l'intelligence sur toutes les opinions honnêtes : voilà l'homme. Ajoutez-y un son de voix sonore et lointain comme un souvenir, et ces conversations à demi-voix où toutes les années écoulées repassent en anecdotes devant la mémoire, une modestie qui s'ignore elle-même, et un talent remarquable pour la peinture de paysage. C'est ce qu'on appelle, dans la langue française, un amateur en littérature et en tableaux ; mais un amateur immortel, grand artiste sans art, grand écrivain sans école ; la nature en tout, c'est-à-dire le souverain maître. Dans la littérature du cœur, *le Lépreux de la cité d'Aoste* tient sa place à côté de *Paul et Virginie*; il n'y a rien de supérieur dans la langue, car l'écrivain qui arrive aux larmes arrive à tout. Le pathétique est le sommet du génie ; le didactique n'est qu'une leçon ; l'épique n'est qu'un récit ; la polémique n'est que du raisonnement ; le lyrique n'est que l'enthousiasme ; mais le pathétique, c'est le cœur.

XVIII.

L'INSECTE AILÉ

Laisse-moi voler sur tes pas,
Retire ta main enfantine !
Charmant enfant, je ne suis pas
Ce que ta faiblesse imagine.

Je ressemble à ce papillon
Qui, sûr de ses métamorphoses,
Aime à jouer dans le vallon
Autour des enfants ou des roses.

Tu veux me saisir, mais en vain :
Tu saisirais plutôt la flamme.
En jouant j'échappe à ta main ;
Je viens du ciel, je suis une âme.

Je suis une âme à qui des dieux
Le prochain décret se dévoile.
Pour vêtir un corps en ces lieux,
Hier j'ai quitté mon étoile.

XIX

POUR

LE PREMIER JOUR DE L'ANNÉE

    Des moments les heures sont nées,
    Et les heures forment les jours,
    Et les jours forment les années
    Dont le siècle grossit son cours.

Mais toi seul, ô mon Dieu, par siècles tu mesures
Ce temps qui sous tes mains coule éternellement !
L'homme compte par jours ; tes courtes créatures
Pour naître et pour mourir ont assez d'un moment.

Combien de fois déjà les ai-je vus renaître,
Ces ans si prompts à fuir, si prompts à revenir !
Combien en compterai-je encore ? Un seul peut-être :
Plus le passé fut plein, plus vide est l'avenir.

Cependant les mortels avec indifférence
Laissent glisser les jours, les heures, les moments ;
    L'ombre seule marque en silence
Sur le cadran rempli les pas muets du temps.

On l'oublie; et voilà que les heures fidèles
　　Sur l'airain ont sonné minuit,
Et qu'une année entière a replié ses ailes
　　Dans l'ombre d'une seule nuit !

　　De toutes les heures qu'affronte
　　L'orgueilleux oubli du trépas,
　　Et qui sur l'airain qui les compte
　　En fuyant impriment leurs pas,
　　Aucune à l'oreille insensible
　　Ne sonne d'un glas plus terrible
　　Que ce dernier coup de minuit,
　　Qui, comme une borne fatale,
　　Marque d'un suprême intervalle
　　Le temps qui commence et qui fuit.

　　Les autres s'éloignent et glissent
　　Comme des pieds sur les gazons,
　　Sans que leurs bruits nous avertissent
　　Des pas nombreux que nous faisons ;
　　Mais cette minute accomplie
　　Jusqu'au cœur léger qui l'oublie
　　Porte le murmure et l'effroi ;
　　Elle frémit à notre oreille,
　　Et loin de l'homme qu'elle éveille
　　S'envole, et lui dit : « Compte-moi !

　　« Compte-moi ! car Dieu m'a comptée
　　Pour sa gloire et pour ton bonheur.
　　Compte-moi ! je te fus prêtée,

Et tu me devras au Seigneur.
Compte-moi! car l'heure sonnée
Emporte avec elle une année,
En amène une autre demain.
Compte-moi! car le temps me presse.
Compte-moi! car je fuis sans cesse,
Et ne reviens jamais en vain. »

Seigneur, père des temps, maître des destinées,
Qui comptes comme un jour nos mille et mille années,
Et qui vois du sommet de ton éternité
Les jours qui ne sont plus, ceux qui n'ont pas été;
Toi qui sais d'un regard, avant qu'il ait eu l'être,
Quel fruit porte en son sein le siècle qui va naître :
Que m'apporte, ô mon Dieu, dans ses douteuses mains,
Ce temps qui fait l'espoir ou l'effroi des humains?
A mes jours mélangés cette année ajoutée
Par la grâce et l'amour a-t-elle été comptée?
Faut-il la saluer comme un présent de toi,
Ou lui dire en tremblant : Passe et fuis loin de moi?
Les autres tour à tour ont passé les mains pleines
De désirs, de regrets, de larmes et de peines,
D'apparences sans corps trompant l'âme et les yeux,
De délices d'un jour et d'éternels adieux,
De fruits empoisonnés dont l'écorce perfide
Ne laissait dans mon cœur qu'une poussière aride;
Mon cœur leur demandait ce qu'elles n'avaient pas,
Et ma bouche à la fin disait toujours : « Hélas! »
Et qu'attendre de plus des siècles et du monde?
Je fondais sur le sable et je semais sur l'onde.

Il est temps, ô mon Dieu, que mon cœur détrompé,
Et de ta seule image à jamais occupé,
Te consacre à toi seul ces rapides années
Par mille autres désirs si longtemps profanées,
Et de tenter enfin si des jours pleins de toi,
Dont la lyre et l'autel seraient le seul emploi,
Dont l'étude et l'amour de tes saintes merveilles
Jusqu'au milieu des nuits prolongeraient les veilles,
Et dont l'humble prière, en marquant les instants,
Chargerait d'un soupir chacun des pas du temps,
S'enfuiront loin de moi d'un vol aussi rapide
Et laisseront mon âme aussi vaine, aussi vide,
Que ce temps qui ne laisse, en achevant son cours,
Rien qu'un chiffre de plus au nombre de mes jours!

  Bénis donc cette grande aurore
  Qui m'éclaire un nouveau chemin;
  Bénis, en la faisant éclore,
  L'heure que tu tiens dans ta main!
  Si nos ans ont aussi leur germe,
  Dans cette heure qui le renferme,
  Bénis la suite de mes ans,
  Comme sur tes tables propices
  Tu consacrais dans leurs prémices
  La terre et les fruits de nos champs!

  Que chaque instant, chaque minute,
  Te prie et te loue avec moi!
  Que le sablier dans sa chute
  Entraîne ma pensée à toi!

Qu'un soupir, à chaque seconde,
De mon cœur s'élève et réponde !
Que chaque aurore en remontant,
Chaque nuit en pliant son aile,
Te dise : « Toute heure est fidèle,
Compte ta gloire en les comptant ! »

Mais si des jours que tu fais naître
Chaque instant me reporte à toi,
Toi, dont la pensée est mon être,
Souviens-toi sans cesse de moi !
Donne-moi ce que le pilote
Sur l'abîme où sa barque flotte
Te demande pour aujourd'hui :
Un flot calme, un vent dans sa voile,
Toujours sur sa tête une étoile,
Une espérance devant lui !

Presse à ton gré, ralentis l'ombre
Qui mesure nos courts instants !
Ajoute ou retranche le nombre
Que ton doigt impose à nos ans !
Ne l'augmente pas d'une aurore !
Le grain sait quand il doit éclore,
L'épi sait quand il faut mûrir :
Un jour le flétrirait peut-être.
Seul tu savais l'heure de naître,
Seul tu sais l'heure de mourir !

Qu'enfin sur l'éternelle plage
Où l'on comprend le mot Toujours,

Je touche, porté sans orage
Par le flux expirant des jours,
Comme un homme que le flot pousse
Vient d'un pied toucher sans secousse
La marche solide du port,
Et de l'autre, loin de la rive,
Repousse à l'onde qui dérive
L'esquif qui l'a conduit au bord !

XX

ÉTERNITÉ DE LA NATURE

BRIÈVETÉ DE L'HOMME

CANTIQUE

Roulez dans vos sentiers de flamme,
Astres, rois de l'immensité!
Insultez, écrasez mon âme
Par votre presque éternité!
Et vous, comètes vagabondes,
Du divin océan des mondes
Débordement prodigieux,
Sortez des limites tracées,
Et révélez d'autres pensées
De Celui qui pensa les cieux!

Triomphe, immortelle nature,
A qui la main pleine de jours
Prête des forces sans mesure,
Des temps qui renaissent toujours!
La mort retrempe ta puissance;
Donne, ravis, rends l'existence

A tout ce qui la puise en toi !
Insecte éclos de ton sourire,
Je nais, je regarde et j'expire :
Marche et ne pense plus à moi !

Vieil Océan, dans tes rivages
Flotte comme un ciel écumant,
Plus orageux que les nuages,
Plus lumineux qu'un firmament !
Pendant que les empires naissent,
Grandissent, tombent, disparaissent
Avec leurs générations,
Dresse tes bouillonnantes crêtes,
Bats ta rive, et dis aux tempêtes :
« Où sont les nids des nations ? »

Toi qui n'es pas lasse d'éclore
Depuis la naissance des jours,
Lève-toi, rayonnante aurore,
Couche-toi, lève-toi toujours !
Réfléchissez ses feux sublimes,
Neiges éclatantes des cimes,
Où le jour descend comme un roi !
Brillez, brillez pour me confondre,
Vous qu'un rayon du jour peut fondre,
Vous subsisterez plus que moi !

Et toi qui t'abaisse et t'élève
Comme la poudre des chemins,
Comme les vagues sur la grève,

Race innombrable des humains,
Survis au temps qui me consume,
Engloutis-moi dans ton écume :
Je sens moi-même mon néant.
Dans ton sein qu'est-ce qu'une vie ?
Ce qu'est une goutte de pluie
Dans les bassins de l'Océan.

Vous mourrez pour renaître encore
Vous fourmillez dans vos sillons·
Un souffle du soir à l'aurore
Renouvelle vos tourbillons ;
Une existence évanouie
Ne fait pas baisser d'une vie
Le flot de l'être toujours plein ;
Il ne vous manque, quand j'expire,
Pas plus qu'à l'homme qui respire
Ne manque un souffle de son sein.

Vous allez balayer ma cendre ;
L'homme ou l'insecte en renaîtra.
Mon nom brûlant de se répandre
Dans le nom commun se perdra.
Il fut ! voilà tout. Bientôt même
L'oubli couvre ce mot suprême,
Un siècle ou deux l'auront vaincu ;
Mais vous ne pouvez, ô nature,
Effacer une créature.
Je meurs ; qu'importe ? j'ai vécu !

Dieu m'a vu ! le regard de vie
S'est abaissé sur mon néant ;
Votre existence rajeunie
A des siècles, j'eus mon instant !
Mais dans la minute qui passe
L'infini de temps et d'espace
Dans mon regard s'est répété,
Et j'ai vu dans ce point de l'être
La même image m'apparaître
Que vous dans votre immensité !

Distances incommensurables,
Abîmes des monts et des cieux,
Vos mystères inépuisables
Se sont révélés à mes yeux :
J'ai roulé dans mes vœux sublimes
Plus de vagues que tes abîmes
N'en roulent, ô mer en courroux !
Et vous, soleils aux yeux de flamme,
Le regard brûlant de mon âme
S'est élevé plus haut que vous !

De l'Être universel, unique,
La splendeur dans mon ombre a lui,
Et j'ai bourdonné mon cantique
De joie et d'amour devant lui ;
Et sa rayonnante pensée
Dans la mienne s'est retracée,
Et sa parole m'a connu ;
Et j'ai monté devant sa face,

Et la nature m'a dit : « Passe ;
Ton sort est sublime, il t'a vu ! »

Vivez donc vos jours sans mesure,
Terre et ciel, céleste flambeau,
Montagnes, mers ! et toi, nature,
Souris longtemps sur mon tombeau !
Effacé du livre de vie,
Que le néant même m'oublie !
J'admire et ne suis point jaloux.
Ma pensée a vécu d'avance,
Et meurt avec une espérance
Plus impérissable que vous !

COMMENTAIRE

C'est un chant ou plutôt un cri de pieux enthousiasme échappé de mon âme à Florence, en 1828. C'est une des poésies de ma jeunesse qui me rappellent le plus à moi-même le modèle idéal du lyrisme, dont j'aurais voulu approcher.

LIVRE TROISIÈME

I

ENCORE UN HYMNE

Encore un hymne, ô ma lyre !
Un hymne pour le Seigneur,
Un hymne dans mon délire,
Un hymne dans mon bonheur !

Oh ! qui me prêtera le regard de l'aurore,
Les ailes de l'oiseau, le vol de l'aquilon ?
Pourquoi ? — Pour te trouver, toi que mon âme adore,
Toi qui n'as ni séjour, ni symbole, ni nom !

Qu'ils sont heureux les sons qui partent de ma lyre !
D'un vol mélodieux ils s'élèvent vers toi ;
Ils remontent d'eux-même au Dieu qui les inspire :
  Et moi, Seigneur, et moi,
Je reste où je languis, je reste où je soupire !

Encore un hymne, ô ma lyre !
Un hymne pour le Seigneur,
Un hymne dans mon délire,
Un hymne dans mon bonheur !

Esprits qui balancez les astres sur nos têtes,
Vous qui vivez de feu comme nous vivons d'air,
Anges qui respirez le tonnerre et l'éclair,
Soleil, foudres, rayons, cieux étoilés, tempêtes,
  Parlez : est-il où vous êtes ?
  Dans tes abîmes, ô mer ?

J'étais né pour briller où vous brillez vous-même,
Pour respirer là-haut ce que vous respirez,
Pour m'enivrer du jour dont vous vous enivrez,
Pour voir et réfléchir cette beauté suprême
Dont les yeux ici-bas sont en vain altérés !
Mon âme a l'œil de l'aigle, et mes fortes pensées,
Au but de leurs désirs volant comme des traits,
Chaque fois que mon sein respire, plus pressées
  Que les colombes des forêts,
Montent, montent toujours, par d'autres remplacées,
  Et ne redescendent jamais.

Les reverrai-je un jour ? mon Dieu ! reviendront-elles,
Ainsi que le ramier qui traversa les flots,
M'apporter un rameau des palmes immortelles
Et me dire : Là-haut est un nid pour nos ailes,
  Une terre, un lieu de repos ?

Encore un hymne, ô ma lyre!
Un hymne pour le Seigneur,
Un hymne dans mon délire,
Un hymne dans mon bonheur!

Mon âme est un torrent qui descend des montagnes,
Et qui roule sans fin ses vagues sans repos,
A travers les vallons, les plaines, les campagnes,
    Où leur pente entraîne ses flots.
Il fuit quand le jour meurt, il fuit quand naît l'aurore;
La nuit revient, il fuit; le jour, il fuit encore;
Rien ne peut ni tarir ni suspendre son cours,
Jusqu'à ce qu'à la mer, où ses ondes sont nées,
Il rende en murmurant ses vagues déchaînées,
Et se repose enfin, en elle, et pour toujours!

Mon âme est un vent de l'aurore,
Qui s'élève avec le matin,
Qui brûle, renverse, dévore
Tout ce qu'il trouve en son chemin.
Rien n'entrave son vol rapide :
Il fait trembler la tour comme la feuille aride,
Et le mât du vaisseau comme un roseau pliant;
Il roule en plis de feu le tonnerre et la nue,
Et, quand il a passé, laisse la terre nue
    Comme la main du mendiant;
Jusqu'à ce qu'épuisé de sa fuite éternelle,
Et comme un doux ramier de sa course lassé,
    Il vienne fermer son aile
    Dans la main qui l'a lancé.

Toi qui donnes sa pente au torrent des collines,
Toi qui prêtes son aile au vent pour s'exhaler,
Où donc es-tu, Seigneur? Parle : où faut-il aller?
    N'est-il pas des ailes divines,
Pour que mon âme aussi puisse enfin s'envoler?

    Encore un hymne, ô ma lyre!
    Un hymne pour le Seigneur,
    Un hymne dans mon délire,
    Un hymne dans mon bonheur!

    Je voudrais être la poussière
    Que le vent dérobe au sillon,
La feuille que l'automne enlève en tourbillon,
    L'atome flottant de lumière
Qui remonte le soir aux bords de l'horizon,
    Le premier reflet de l'aurore,
    Le son lointain qui s'évapore,
    L'éclair, le regard, le rayon,
L'étoile qui se perd dans ce ciel diaphane,
    Ou l'aigle qui va le braver,
Tout ce qui monte, enfin, ou vole, ou flotte, ou plane,
Pour me perdre, Seigneur, me perdre, ou te trouver!

    Encore un hymne, ô ma lyre!
    Encore un hymne au Seigneur,
    Un hymne dans mon délire,
    Un hymne dans mon bonheur!

COMMENTAIRE

Écrite à Florence en 1828. A l'heure où la chancellerie de l'ambassade se fermait, après les dépêches écrites, je montais à cheval sur le quai de l'Arno; je sortais de la ville par une de ces belles portes antiques qui conduisent aux campagnes voisines; j'errais seul entre les haies de figuiers, d'oliviers, de cyprès, qui revêtent ces collines d'une draperie un peu pâle, mais douce aux yeux, et j'écoutais en moi les inspirations fugitives, mais presque toujours pieuses, qui me montaient de cette terre au cœur. Le soleil couché, je rentrais par les longues rues sombres, pavées de dalles retentissantes et tout embaumées par l'odeur de résine qui s'exhale des charpentes des maisons et des palais de Florence, faites de bois de cyprès. J'écrivais alors, de temps en temps, quelques-unes des inspirations qui m'étaient restées dans la mémoire; puis j'allais au théâtre assoupir mon âme et laisser ravir mes sens aux sons de la poésie de Rossini, ce cantique sans paroles, dont une seule note vaut tous nos vers.

J'avais connu Rossini en 1820, à Naples, pendant la révolution, chez la jeune duchesse d'Albe. Il était alors pauvre et obscur, deviné plutôt que célèbre par quelques âmes pressentantes qui avaient entendu ses premières mélodies à San-Carlo. J'étais du nombre, mais je ne connaissais de lui que son nom.

Un soir, en entrant dans le salon plein de foule de la duchesse d'Albe, un beau jeune homme au visage mâle, à l'œil mélancolique, mais ferme comme celui d'un homme qui a la conscience que sa tristesse est un génie, s'avança vers moi sans être présenté. Il me tendit une main fraternelle avec un geste à la fois hardi et bienveillant ; puis, d'une voix sonore, concentrée, tragique, mais avec un accent légèrement transalpin, il me récita quelques strophes de la méditation intitulée *Le Désespoir*, qui venait de paraître à Paris, et qui finit ainsi :

> Jusqu'à ce que la mort, ouvrant son aile immense,
> Engloutisse à jamais dans l'éternel silence
>   L'éternelle douleur !

Puis il se nomma.

Je fus bien fier d'entendre mes propres accents dans la bouche de celui qui remplissait des siens mon oreille et l'oreille de l'Europe. Nous causâmes ; il me confia que ses sublimes ouvrages, payés seulement d'enthousiasme sur les théâtres d'Italie, laissaient sa mère et lui dans un état de fortune insuffisant et précaire. Je l'engageai à aller à Paris et à Londres, centres du monde artistique, d'où sa renommée retentirait bien mieux que de l'extrémité de l'Italie. Malheureusement il m'écouta. Je me reprocherai toujours ce conseil : c'était l'engager à sacrifier aux barbares. Il y trouva la fortune, il y popularisa son génie ; mais il altéra peut-être ce génie par la nécessité de complaire au goût bien plus dramatique que musical de la France. Les vagues de la mer de Naples, les brises des pins sur les collines de Rome, les pêcheurs de Sorrente ou de Gaëte, les jeunes filles des îles et les bergers des montagnes baignées du soleil de la Méditerranée, chantent bien autrement que les vagues de la Seine, les boues de Paris, les pluies de Londres. C'était enlever l'arbre à son sol, l'insecte au soleil de son bourdonnement, le génie local à son inspiration naturelle et continue. Ce conseil a coûté, je n'en doute pas, de bien suaves mélodies au monde des sons.

Rossini, comme le rossignol, a cessé de chanter dans son été ; il s'est retiré dans sa force et dans sa gloire ; il a toujours monté, et n'a pas voulu descendre : mais qui sait combien il avait encore à monter? il y a de la sagesse, mais il y a aussi de la recherche dans ce repos prématuré. L'instrument de Dieu doit résonner jusqu'à ce qu'il se brise; ce n'est pas à lui de dire : « C'est assez! » c'est au Maître divin.

Maintenant Rossini vit heureux, riche et indifférent, à Bologne; et moi j'essuie encore les ondées, les orages et les poussières du chemin de la vie! S'il lit jamais ces lignes, qu'il donne un souvenir au jeune étranger du salon de la duchesse d'Albe, comme j'envoie un perpétuel hommage au plus délicieux génie du temps.

MILLY

ou

LA TERRE NATALE

Pourquoi le prononcer ce nom de la patrie ?
Dans son brillant exil mon cœur en a frémi ;
Il résonne de loin dans mon âme attendrie,
Comme les pas connus ou la voix d'un ami.

Montagnes que voilait le brouillard de l'automne,
Vallons que tapissait le givre du matin,
Saules dont l'émondeur effeuillait la couronne,
Vieilles tours que le soir dorait dans le lointain,

Murs noircis par les ans, coteaux, sentier rapide,
Fontaine où les pasteurs accroupis tour à tour
Attendaient goutte à goutte une eau rare et limpide,
Et, leur urne à la main, s'entretenaient du jour,

Chaumière où du foyer étincelait la flamme,
Toit que le pèlerin aimait à voir fumer,

Objets inanimés, avez-vous donc une âme
Qui s'attache à notre âme et la force d'aimer?

J'ai vu des cieux d'azur, où la nuit est sans voiles,
Dorés jusqu'au matin sous les pieds des étoiles,
Arrondir sur mon front dans leur arc infini
Leur dôme de cristal qu'aucun vent n'a terni;
J'ai vu des monts voilés de citrons et d'olives
Réfléchir dans les flots leurs ombres fugitives,
Et dans leurs frais vallons, au souffle du zéphyr,
Bercer sur l'épi mûr le cep prêt à mûrir;
Sur des bords où les mers ont à peine un murmure,
J'ai vu des flots brillants l'onduleuse ceinture
Presser et relâcher dans l'azur de ses plis
De leurs caps dentelés les contours assouplis,
S'étendre dans le golfe en nappes de lumière,
Blanchir l'écueil fumant de gerbes de poussière.
Porter dans le lointain d'un occident vermeil
Des îles qui semblaient le lit d'or du soleil,
Ou, s'ouvrant devant moi sans rideau, sans limite,
Me montrer l'infini que le mystère habite;
J'ai vu ces fiers sommets, pyramides des airs,
Où l'été repliait le manteau des hivers,
Jusqu'au sein des vallons descendant par étages,
Entrecouper leurs flancs de hameaux et d'ombrages,
De pics et de rochers ici se hérisser,
En pentes de gazon plus loin fuir et glisser,
Lancer en arcs fumants, avec un bruit de foudre,
Leurs torrents en écume et leurs fleuves en poudre,
Sur leurs flancs éclairés, obscurcis tour à tour,

Former des vagues d'ombre et des îles de jour,
Creuser de frais vallons que la pensée adore,
Remonter, redescendre, et remonter encore,
Puis des derniers degrés de leurs vastes remparts,
A travers les sapins et les chênes épars,
Dans le miroir des lacs qui dorment sous leur ombre
Jeter leurs reflets verts ou leur image sombre,
Et sur le tiède azur de ces limpides eaux
Faire onduler leur neige et flotter leurs coteaux ;
J'ai visité ces bords et ce divin asile
Qu'a choisis pour dormir l'ombre du doux Virgile,
Ces champs que la Sibylle à ses yeux déroula,
Et Cume, et l'Élysée : et mon cœur n'est pas là!...

Mais il est sur la terre une montagne aride
Qui ne porte en ses flancs ni bois ni flot limpide,
Dont par l'effort des ans l'humble sommet miné,
Et sous son propre poids jour par jour incliné,
Dépouillé de son sol fuyant dans les ravines,
Garde à peine un buis sec qui montre ses racines,
Et se couvre partout de rocs prêts à crouler
Que sous son pied léger le chevreau fait rouler.
Ces débris par leur chute ont formé d'âge en âge
Un coteau qui décroît et, d'étage en étage,
Porte, à l'abri des murs dont ils sont étayés,
Quelques avares champs de nos sueurs payés,
Quelques ceps dont les bras, cherchant en vain l'érable,
Serpentent sur la terre ou rampent sur le sable,
Quelques buissons de ronce, où l'enfant des hameaux
Cueille un fruit oublié qu'il dispute aux oiseaux,

Où la maigre brebis des chaumières voisines
Broute en laissant sa laine en tribut aux épines :
Lieux que ni le doux bruit des eaux pendant l'été,
Ni le frémissement du feuillage agité,
Ni l'hymne aérien du rossignol qui veille,
Ne rappellent au cœur, n'enchantent pour l'oreille,
Mais que, sous les rayons d'un ciel toujours d'airain,
La cigale assourdit de son cri souterrain.
Il est dans ces déserts un toit rustique et sombre
Que la montagne seule abrite de son ombre,
Et dont les murs, battus par la pluie et les vents,
Portent leur âge écrit sous la mousse des ans.
Sur le seuil désuni de trois marches de pierre
Le hasard a planté les racines d'un lierre
Qui, redoublant cent fois ses nœuds entrelacés,
Cache l'affront du temps sous ses bras élancés,
Et, recourbant en arc sa volute rustique,
Fait le seul ornement du champêtre portique
Un jardin qui descend au revers d'un coteau
Y présente au couchant son sable altéré d'eau ;
La pierre sans ciment, que l'hiver a noircie,
En borne tristement l'enceinte rétrécie ;
La terre, que la bêche ouvre à chaque saison,
Y montre à nu son sein sans ombre et sans gazon ;
Ni tapis émaillés, ni cintres de verdure,
Ni ruisseau sous des bois, ni fraîcheur, ni murmure ;
Seulement sept tilleuls par le soc oubliés,
Protégeant un peu d'herbe étendue à leurs pieds,
Y versent dans l'automne une ombre tiède et rare,
D'autant plus douce au front sous un ciel plus avare ;

Arbres dont le sommeil et des songes si beaux
Dans mon heureuse enfance habitaient les rameaux !
Dans le champêtre enclos qui soupire après l'onde,
Un puits dans le rocher cache son eau profonde,
Où le vieillard qui puise, après de longs efforts,
Dépose en gémissant son urne sur les bords ;
Une aire où le fléau sur l'argile étendue
Bat à coups cadencés la gerbe répandue,
Où la blanche colombe et l'humble passereau
Se disputent l'épi qu'oublia le râteau ;
Et sur la terre épars des instruments rustiques,
Des jougs rompus, des chars dormant sous les portiques,
Des essieux dont l'ornière a brisé les rayons,
Et des socs émoussés qu'ont usés les sillons.

Rien n'y console l'œil de sa prison stérile,
Ni les dômes dorés d'une superbe ville,
Ni le chemin poudreux, ni le fleuve lointain,
Ni les toits blanchissants aux clartés du matin :
Seulement, répandus de distance en distance,
De sauvages abris qu'habite l'indigence,
Le long d'étroits sentiers en désordre semés,
Montrent leur toit de chaume et leurs murs enfumés,
Où le vieillard, assis au seuil de sa demeure,
Dans son berceau de jonc endort l'enfant qui pleure ;
Enfin un sol sans ombre et des cieux sans couleur,
Et des vallons sans ondes ! — Et c'est là qu'est mon cœur !
Ce sont là les séjours, les sites, les rivages,
Dont mon âme attendrie évoque les images,

Et dont pendant les nuits mes songes les plus beaux
Pour enchanter mes yeux composent leurs tableaux !

Là chaque heure du jour, chaque aspect des montagnes,
Chaque son qui le soir s'élève des campagnes,
Chaque mois qui revient, comme un pas des saisons,
Reverdir ou faner les bois ou les gazons,
La lune qui décroît ou s'arrondit dans l'ombre,
L'étoile qui gravit sur la colline sombre,
Les troupeaux des hauts lieux chassés par les frimas,
Des coteaux aux vallons descendant pas à pas,
Le vent, l'épine en fleur, l'herbe verte ou flétrie,
Le soc dans le sillon, l'onde dans la prairie,
Tout m'y parle une langue aux intimes accents,
Dont les mots, entendus dans l'âme et dans les sens,
Sont des bruits, des parfums, des foudres, des orages,
Des rochers, des torrents, et ces douces images,
Et ces vieux souvenirs dormant au fond de nous,
Qu'un site nous conserve et qu'il nous rend plus doux.
Là mon cœur en tout lieu se retrouve lui-même ;
Tout s'y souvient de moi, tout m'y connaît, tout m'aime.
Mon œil trouve un ami dans tout cet horizon,
Chaque arbre a son histoire et chaque pierre un nom.
Qu'importe que ce nom, comme Thèbe ou Palmyre,
Ne nous rappelle pas les fastes d'un empire,
Le sang humain versé pour le choix des tyrans,
Ou ces fléaux de Dieu que l'homme appelle grands !
Ce site où la pensée a rattaché sa trame,
Ces lieux encor tout pleins des fastes de notre âme,
Sont aussi grands pour nous que ces champs du destin

Où naquit, où tomba quelque empire incertain :
Rien n'est vil! rien n'est grand! l'âme en est la mesure.
Un cœur palpite au nom de quelque humble masure,
Et sous les monuments des héros et des dieux
Le pasteur passe et siffle en détournant les yeux.

Voilà le banc rustique où s'asseyait mon père,
La salle où résonnait sa voix mâle et sévère,
Quand les pasteurs, assis sur leurs socs renversés,
Lui comptaient les sillons par chaque heure tracés,
Ou qu'encor palpitant des scènes de sa gloire,
De l'échafaud des rois il nous disait l'histoire,
Et, plein du grand combat qu'il avait combattu,
En racontant sa vie enseignait la vertu.
Voilà la place vide où ma mère à toute heure,
Au plus léger soupir, sortait de sa demeure,
Et, nous faisant porter ou la laine ou le pain,
Vêtissait l'indigence ou nourrissait la faim ;
Voilà les toits de chaume où sa main attentive
Versait sur la blessure ou le miel ou l'olive,
Ouvrait près du chevet des vieillards expirants
Ce livre où l'espérance est permise aux mourants,
Recueillait leurs soupirs sur leur bouche oppressée,
Faisait tourner vers Dieu leur dernière pensée,
Et, tenant par la main les plus jeunes de nous,
A la veuve, à l'enfant, qui tombaient à genoux,
Disait, en essuyant les pleurs de leurs paupières :
« Je vous donne un peu d'or, rendez-leur vos prières »
Voilà le seuil, à l'ombre, où son pied nous berçait,
La branche du figuier que sa main abaissait ;

Voici l'étroit sentier où, quand l'airain sonore
Dans le temple lointain vibrait avec l'aurore,
Nous montions sur sa trace à l'autel du Seigneur
Offrir deux purs encens, innocence et bonheur!
C'est ici que sa voix pieuse et solennelle
Nous expliquait un Dieu que nous sentions en elle,
Et, nous montrant l'épi dans son germe enfermé,
La grappe distillant son breuvage embaumé,
La génisse en lait pur changeant le suc des plantes,
Le rocher qui s'entr'ouvre aux sources ruisselantes,
La laine des brebis dérobée aux rameaux
Servant à tapisser les doux nids des oiseaux,
Et le soleil exact à ses douze demeures
Partageant aux climats les saisons et les heures,
Et ces astres des nuits que Dieu seul peut compter,
Mondes où la pensée ose à peine monter,
Nous enseignait la foi par la reconnaissance,
Et faisait admirer à notre simple enfance
Comment l'astre et l'insecte invisible à nos yeux
Avaient, ainsi que nous, leur père dans les cieux!
Ces bruyères, ces champs, ces vignes, ces prairies,
Ont tous leurs souvenirs et leurs ombres chéries.
Là mes sœurs folâtraient, et le vent dans leurs jeux
Les suivait en jouant avec leurs blonds cheveux;
Là, guidant les bergers aux sommets des collines,
J'allumais des bûchers de bois mort et d'épines,
Et mes yeux, suspendus aux flammes du foyer,
Passaient heure après heure à les voir ondoyer.
Là, contre la fureur de l'aquilon rapide,
Le saule caverneux nous prêtait son tronc vide,

Et j'écoutais siffler dans son feuillage mort
Des brises dont mon âme a retenu l'accord.
Voilà le peuplier qui, penché sur l'abîme,
Dans la saison des nids nous berçait sur sa cime,
Le ruisseau dans les prés, dont les dormantes eaux
Submergeaient lentement nos barques de roseaux,
Le chêne, le rocher, le moulin monotone,
Et le mur au soleil où, dans les jours d'automne,
Je venais, sur la pierre assis près des vieillards,
Suivre le jour qui meurt de mes derniers regards.
Tout est encor debout; tout renaît à sa place;
De nos pas sur le sable on suit encor la trace;
Rien ne manque à ces lieux qu'un cœur pour en jouir :
Mais, hélas ! l'heure baisse et va s'évanouir.

La vie a dispersé, comme l'épi sur l'aire,
Loin du champ paternel les enfants et la mère,
Et ce foyer chéri ressemble aux nids déserts
D'où l'hirondelle a fui pendant de longs hivers.
Déjà l'herbe qui croît sur les dalles antiques
Efface autour des murs les sentiers domestiques,
Et le lierre, flottant comme un manteau de deuil,
Couvre à demi la porte et rampe sur le seuil;
Bientôt peut-être.... Écarte, ô mon Dieu, ce présage !
Bientôt un étranger, inconnu du village,
Viendra, l'or à la main, s'emparer de ces lieux
Qu'habite encor pour nous l'ombre de nos aïeux,
Et d'où nos souvenirs des berceaux et des tombes
S'enfuiront à sa voix, comme un nid de colombes

Dont la hache a fauché l'arbre dans les forêts,
Et qui ne savent plus où se poser après!

Ne permets pas, Seigneur, ce deuil et cet outrage!
Ne souffre pas, mon Dieu, que notre humble héritage
Passe de mains en mains troqué contre un vil prix,
Comme le toit du vice ou le champ des proscrits;
Qu'un avide étranger vienne d'un pied superbe
Fouler l'humble sillon de nos berceaux sur l'herbe,
Dépouiller l'orphelin, grossir, compter son or
Aux lieux où l'indigence avait seule un trésor,
Et blasphémer ton nom sous ces mêmes portiques
Où ma mère à nos voix enseignait tes cantiques!
Ah! que plutôt cent fois, aux vents abandonné,
Le toit pende en lambeaux sur le mur incliné;
Que les fleurs du tombeau, les mauves, les épines,
Sur les parvis brisés germent dans les ruines;
Que le lézard dormant s'y réchauffe au soleil,
Que Philomèle y chante aux heures du sommeil,
Que l'humble passereau, les colombes fidèles,
Y rassemblent en paix leurs petits sous leurs ailes,
Et que l'oiseau du ciel vienne bâtir son nid
Aux lieux où l'innocence eut autrefois son lit!

Ah! si le nombre écrit sous l'œil des destinées
Jusqu'aux cheveux blanchis prolonge mes années,
Puissé-je, heureux vieillard, y voir baisser mes jours
Parmi ces monuments de mes simples amours,
Et, quand ces toits bénis et ces tristes décombres
Ne seront plus pour moi peuplés que par des ombres,

Y retrouver au moins dans les noms, dans les lieux,
Tant d'êtres adorés disparus de mes yeux !
Et vous, qui survivrez à ma cendre glacée,
Si vous voulez charmer ma dernière pensée,
Un jour, élevez-moi.... Non, ne m'élevez rien ;
Mais, près des lieux où dort l'humble espoir du chrétien
Creusez-moi dans ces champs la couche que j'envie
Et ce dernier sillon où germe une autre vie !
Étendez sur ma tête un lit d'herbes des champs
Que l'agneau du hameau broute encore au printemps,
Où l'oiseau dont mes sœurs ont peuplé ces asiles
Vienne aimer et chanter durant mes nuits tranquilles,
Là, pour marquer la place où vous m'allez coucher,
Roulez de la montagne un fragment de rocher ;
Que nul ciseau surtout ne le taille et n'efface
La mousse des vieux jours qui brunit sa surface
Et, d'hiver en hiver incrustée à ses flancs,
Donne en lettre vivante une date à ses ans.
Point de siècle ou de nom sur cette agreste page !
Devant l'éternité tout siècle est du même âge,
Et celui dont la voix réveille le trépas
Au défaut d'un vain nom ne nous oublira pas.
Là, sous des cieux connus, sous les collines sombres
Qui couvrirent jadis mon berceau de leurs ombres,
Plus près du sol natal, de l'air et du soleil,
D'un sommeil plus léger j'attendrai le réveil.
Là ma cendre, mêlée à la terre qui m'aime,
Retrouvera la vie avant mon esprit même,
Verdira dans les prés, fleurira dans les fleurs,
Boira des nuits d'été les parfums et les pleurs ;

Et, quand du jour sans soir la première étincelle
Viendra m'y réveiller pour l'aurore éternelle,
En ouvrant mes regards je reverrai des lieux
Adorés de mon cœur et connus de mes yeux,
Les pierres du hameau, le clocher, la montagne,
Le lit sec du torrent et l'aride campagne;
Et, rassemblant de l'œil tous les êtres chéris
Dont l'ombre près de moi dormait sous ces débris,
Avec des sœurs, un père et l'âme d'une mère,
Ne laissant plus de cendre en dépôt à la terre,
Comme le passager qui des vagues descend
Jette encore au navire un œil reconnaissant,
Nos voix diront ensemble à ces lieux pleins de charmes
L'adieu, le seul adieu qui n'aura point de larmes!

COMMENTAIRE

C'est dans les *Confidences* qu'on retrouvera tout ce qui concerne cette harmonie. J'y ai oublié seulement un trait. Le voici : il n'a d'intérêt qu'en famille.

Quand j'écrivis cette harmonie, j'étais en Italie. Je l'envoyai à ma mère : elle vit que j'avais parlé d'un lierre qui tapissait, au nord, le mur humide et froid de la maison. C'était une erreur, le lierre n'existait pas; il n'y avait que de la mousse, des vignes vierges, des pariétaires. Ma mère, qui était la sincérité jusqu'au scrupule, souffrit de ce petit mensonge poétique. Elle ne voulut pas que son fils eût menti, même pour donner une couleur de plus à un tableau imaginaire ; elle planta de ses propres mains un lierre à l'endroit où il manquait. Sans doute que Dieu bénit ce petit plant et que les pluies d'hiver l'arrosèrent ; car, en peu d'années, il habilla complètement le mur. Ma mère mourut ; le lierre grandit toujours ; et maintenant il est devenu si vigoureux, si ramifié, si touffu, si usurpateur de toute la maison, qu'il fait une corniche verte et flottante au toit, et qu'il gêne les persiennes du côté du nord. Les étrangers et les paysans en coupent parfois des branches, en mémoire de ma mère ; mais il en repousse suffisamment pour couvrir tout un champ des morts.

En écrivant cette note, je ne puis m'empêcher de faire un triste retour sur les vicissitudes de la vie. Le lierre restera attaché à cette maison, et les enfants seront forcés de la quitter pour jamais. Milly sera sans doute vendu dans peu de jours.

Chose étrange ! le jour où j'écris cette note (24 octobre 1849), j'ouvre un journal et j'y lis ceci : « La Porte-Ottomane fait une concession immense de terrain en Asie à M. de Lamartine, pour un établissement agricole. » Si cela est vrai, j'irai ; j'y bâtirai un toit, je l'appellerai Milly ; j'y emporterai un rejet de ce lierre, je le planterai dans ce sol, et je retrouverai dans ses feuilles cette sève des larmes du cœur de ma mère, le faux Simoïs de Virgile !

III

INVOCATION

Au nom sacré du Père, et du Fils, son image,
Descends, Esprit des deux, Esprit qui d'âge en âge,
Des harpes de Jessé chérissant les concerts,
Par la voix de la lyre instruisis l'univers :
Soit que, te balançant sur l'aile des tempêtes,
Tu lances tes éclairs dans les yeux des prophètes ;
Soit qu'aux bords du Jourdain, à l'ombre du palmier,
Tu viennes sous les traits du tranquille ramier,
Te posant sur le pied des lyres immortelles,
A leur souffle sacré laisser frémir tes ailes ;
Soit qu'en langues de feu, dans les airs suspendu,
Sur le front de l'apôtre en secret descendu,
Tu perces tout à coup, comme un jour sans aurore,
De tes rayons divins son cœur qui doute encore !
Descends, je dois chanter ! Mais que puis-je sans toi,
O langue des esprits ? Parle toi-même en moi !
Chante ces grands secrets que ton œil seul éclaire,
L'enfance, la vieillesse et la fin de la terre,
Et les destins de l'âme, et cet arrêt fatal
Qui va finir la lutte et du bien et du mal !
Qu'importe à tes regards la distance ou l'espace ?

Au signe de tes yeux le temps naît ou s'efface,
Et l'avenir tremblant, à ta voix enfanté,
Passe derrière toi comme un siècle compté.
Je tremble en commençant que ma bouche profane,
De ton divin délire indigne ou faible organe,
N'altère en les rendant tes célestes accords.
J'ai préparé pourtant et mon âme et mon corps ;
Et, pour orner l'asile où tu devais descendre,
J'ai jeûné, j'ai prié, j'ai veillé sous la cendre.
Tant que les songes faux par ton souffle écartés
Ont bercé ma jeunesse au sein des vanités,
Et qu'encore amoureux d'une molle harmonie,
Par l'ombre du péché mon âme fut ternie,
Attendant dans l'effroi l'heure de ton retour,
Désirant et tremblant de voir naître ce jour,
Tout plein du grand objet que ta grâce m'inspire,
De peur de la souiller j'ai respecté ma lyre.
Mais maintenant qu'assis au milieu de mes jours
J'en vois une moitié s'éclipser pour toujours,
Et l'autre, se hâtant sous le temps qui la presse,
De ses derniers festons dépouiller ma jeunesse,
Il est temps ! hâtons-nous de ravir à la mort
Ce chant mystérieux qui sur ma harpe dort !
Que ce feu dont la flamme éclaire et purifie,
Ce charbon qui brûla les lèvres d'Isaïe,
D'une bouche mortelle épure les accents,
Et que mes chants vers Dieu montent comme l'encens.

  Montculot, 25 décembre 1823.

IV

LE CRI DE L'AME

Quand le souffle divin qui flotte sur le monde
S'arrête sur mon âme ouverte au moindre vent,
Et la fait tout à coup frissonner comme une onde
Où le cygne s'abat dans un cercle mouvant;

Quand mon regard se plonge au rayonnant abîme
Où luisent ces trésors du riche firmament,
Ces perles de la nuit que son souffle ranime,
Des sentiers du Seigneur innombrable ornement;

Quand d'un ciel de printemps l'aurore qui ruisselle
Se brise et rejaillit en gerbes de chaleur,
Que chaque atome d'air roule son étincelle,
Et que tout sous mes pas devient lumière ou fleur;

Quand tout chante ou gazouille, ou roucoule ou bourdonne,
Que d'immortalité tout semble se nourrir,
Et que l'homme, ébloui de cet air qui rayonne,
Croit qu'un jour si vivant ne pourra plus mourir;

Quand je roule en mon sein mille pensers sublimes,
Et que mon faible esprit, ne pouvant les porter,

S'arrête en frissonnant sur les derniers abîmes,
Et, faute d'un appui, va s'y précipiter;

Quand, dans le ciel d'amour où mon âme est ravie,
Je presse sur mon cœur un fantôme adoré,
Et que je cherche en vain des paroles de vie
Pour l'embraser du feu dont je suis dévoré;

Quand je sens qu'un soupir de mon âme oppressée
Pourrait créer un monde en son brûlant essor,
Que ma vie userait le temps, que ma pensée
En remplissant le ciel déborderait encor :

Jéhovah! Jéhovah! ton nom seul me soulage,
Il est le seul écho qui réponde à mon cœur;
Ou plutôt ces élans, ces transports sans langage,
Sont eux-même un écho de ta propre grandeur.

Tu ne dors pas souvent dans mon sein, nom sublime!
Tu ne dors pas souvent sur mes lèvres de feu :
Mais chaque impression t'y trouve et t'y ranime,
Et le cri de mon âme est toujours toi, mon Dieu!

V

HYMNE AU CHRIST

A M. MANZONI

Verbe incréé, source féconde
De justice et de liberté ;
Parole qui guéris le monde,
Rayon vivant de vérité,
Est-il vrai que ta voix d'âge en âge entendue,
Pareille au bruit lointain qui meurt dans l'étendue,
N'a plus pour nous guider que des sons impuissants,
 Et qu'une voix plus souveraine,
 La voix de la parole humaine,
Étouffe à jamais tes accents ?

Mais la raison c'est toi ; mais cette raison même
Qu'était-elle avant l'heure où tu vins l'éclairer ?
Nuage, obscurité, doute, combat, système,
Flambeau que notre orgueil portait pour s'égarer.

*

 Le monde n'était que ténèbres,
Les doctrines sans foi luttaient comme des flots,

Et trompé, détrompé de leurs clartés funèbres,
L'esprit humain flottait noyé dans ce chaos ;
L'espérance ou la peur, au gré de leurs caprices,
Ravageaient tour à tour et repeuplaient les cieux ;
La fourbe s'engraissait du sang des sacrifices,
Mille dieux attestaient l'ignorance des dieux.
    Fouillez les cendres de Palmyre,
    Fouillez les limons d'Osiris
    Et ces panthéons où respire
L'ombre fétide encor de tous ces dieux proscrits ;
    Tirez de la fange ou de l'herbe,
Tirez ces dieux moulés, fondus, taillés, pétris,
Ces monstres mutilés, ces symboles flétris,
Et dites ce qu'était cette raison superbe
    Quand elle adorait ces débris !

Ne sachant plus nommer les exploits ou les crimes,
Les noms tombaient du sort comme au hasard jetés ;
La gloire suffisait aux âmes magnanimes,
    Et les vertus les plus sublimes
    N'étaient que des vices dorés.

    Tu parais ! ton verbe vole,
    Comme autrefois la parole
    Qu'entendit le noir chaos
    De la nuit tira l'aurore,
    Des cieux sépara les flots,
    Et du nombre fit éclore
    L'harmonie et le repos.
    Ta parole créatrice

Sépare vertus et vice,
Mensonges et vérité;
Le maître apprend la justice,
L'esclave la liberté,
L'indigent le sacrifice,
Le riche la charité!
Un Dieu créateur et père,
En qui l'innocence espère,
S'abaisse jusqu'aux mortels;
La prière qu'il appelle
S'élève à lui libre et belle,
Sans jamais souiller son aile
Des holocaustes cruels.
Nos iniquités, nos crimes,
Nos désirs illégitimes,
Voilà les seules victimes
Qu'on immole à ses autels!
L'immortalité se lève
Et brille au delà des temps;
L'espérance, divin rêve,
De l'exil que l'homme achève
Abrège les courts instants;
L'amour céleste soulève
Nos fardeaux les plus pesants;
Le siècle éternel commence,
Le juste a sa conscience,
Le remords son innocence;
L'humble foi fait la science
Des sages et des enfants;
Et l'homme qu'elle console

Dans cette seule parole
Se repose deux mille ans!

Et l'esprit, éclairé par tes lois immortelles,
Dans la sphère morale où tu guidas nos yeux
Découvrit tout à coup plus de vertus nouvelles
Que, le jour où d'Herschell le verre audacieux
Porta l'œil étonné dans les célestes routes,
Le regard qui des nuits interroge les voûtes
Ne vit d'astres nouveaux pulluler dans les cieux!

※

Non, jamais de ces feux qui roulent sur nos têtes,
Jamais de ce Sina qu'embrasaient les tempêtes,
Jamais de cet Horeb, trône de Jéhova,
    Aux yeux des siècles n'éclata
Un foyer de clarté plus vive et plus féconde
Que cette vérité qui jaillit sur le monde
    Des collines de Golgotha!

L'astre qu'à ton berceau le mage vit éclore,
L'étoile qui guida les bergers de l'aurore
Vers le Dieu couronné d'indigence et d'affront,
Répandit sur la terre un jour qui luit encore,
Que chaque âge à son tour reçoit, bénit, adore,
Qui dans la nuit des temps jamais ne s'évapore,
Et ne s'éteindra pas quand les cieux s'éteindront!

※

Ils disent cependant que cet astre se voile,
Que les clartés du ciel ont vaincu cette étoile;

Que ce monde vieilli n'a plus besoin de toi ;
Que la raison est seule immortelle et divine ;
Que la rouille des temps a rongé ta doctrine,
Et que de jour en jour de ton temple en ruine
Quelque pierre en tombant déracine ta foi.

O Christ, il est trop vrai, ton éclipse est bien sombre ;
La terre sur ton astre a projeté son ombre ;
Nous marchons dans un siècle où tout tombe à grand bruit :
Vingt siècles écroulés y mêlent leur poussière ;
Fables et vérités, ténèbres et lumière,
Flottent confusément devant notre paupière,
Et l'un dit : C'est le jour ! et l'autre : C'est la nuit !

Comme un rayon du ciel qui perce les nuages,
En traversant la fange et la nuit des vieux âges,
Ta parole a subi nos profanations :
L'œil impur des mortels souillerait le jour même !
L'imposture a terni la vérité suprême,
Et les tyrans, prenant ta foi pour diadème,
Ont doré de ton nom le joug des nations !

Mais, pareille à l'éclair qui, tombant sur la terre,
Remonte au firmament sans qu'une ombre l'altère,
L'homme n'a pu souiller ta loi de vérité.
L'ignorance a terni tes lumières sublimes,
La haine a confondu tes vertus et nos crimes,
Les flatteurs aux tyrans ont vendu tes maximes :
Elle est encor justice, amour et liberté.

Et l'aveugle raison demande quels miracles
De cette loi vieillie attestent les oracles!
Ah! le miracle est là permanent et sans fin,
Que cette vérité par ces flots d'impostures,
Que ce flambeau brillant par tant d'ombres obscures,
Que ce verbe incréé par nos lèvres impures
Ait passé deux mille ans et soit encor divin!

Que d'ombres! dites-vous. — Mais, ô flambeau des âges,
Tu n'avais pas promis des astres sans nuages!
L'œil humain n'est pas fait pour la pure clarté :
Point de jour ici-bas qu'un peu d'ombre n'altère;
De sa propre splendeur Dieu se voile à la terre,
Et ce n'est qu'à travers la nuit et le mystère
Que l'œil peut voir le jour, l'homme la vérité.

Un siècle naît et parle, un cri d'espoir s'élève;
Le genre humain déçu voit lutter rêve et rêve,
Système, opinions, dogmes, flux et reflux;
Cent ans passent; le temps, comme un nuage vide,
Les roule avec l'oubli sous son aile rapide.
Quand il a balayé cette poussière aride,
Que reste-t-il du siècle? Un mensonge de plus!

Mais l'ère où tu naquis, toujours, toujours nouvelle,
Luit au-dessus de nous comme une ère éternelle;
Une moitié des temps pâlit à ce flambeau,
L'autre moitié s'éclaire au jour de tes symboles;
Deux mille ans, épuisant leurs sagesses frivoles,

N'ont pas pu démentir une de tes paroles,
Et toute vérité date de ton berceau.

※

Et c'est en vain que l'homme, ingrat et las de croire,
De ses autels brisés et de son souvenir
Comme un songe importun veut enfin te bannir :
Tu règnes malgré lui jusque dans sa mémoire,
Et, du haut d'un passé rayonnant de ta gloire,
Tu jettes ta splendeur au dernier avenir.
Lumière des esprits, tu pâlis, ils pâlissent!
Fondement des États, tu fléchis, ils fléchissent!
Sève du genre humain, il tarit si tu meurs!
Racine de nos lois dans le sol enfoncée,
Partout où tu languis on voit languir les mœurs;
Chaque fibre à ton nom s'émeut dans tous les cœurs,
Et tu revis partout, jusque dans la pensée,
  Jusque dans la haine insensée
  De tes ingrats blasphémateurs!

  Phare élevé sur des rivages
  Que le temps n'a pu foudroyer,
  Les lumières de tous les âges
  Se concentrent dans ton foyer.
  Consacrant l'humaine mémoire,
  Tu guides les yeux de l'histoire
  Jusqu'à la source d'où tout sort :
  Les sept jours n'ont plus de mystère,
  Et l'homme sait pourquoi la terre
  Lutte entre la vie et la mort!

Ton pouvoir n'est plus le caprice
Des démagogues ou des rois;
Il est l'éternelle justice
Qui se réfléchit dans nos lois.
Ta vertu n'est plus ce problème,
Rêve qui se nourrit soi-même
D'orgueil et d'immortalité :
Elle est l'holocauste sublime
D'une volonté magnanime
A l'éternelle volonté.

Ta vérité n'est plus ce prisme
Où des temps chaque erreur a lui,
L'éclair qui jaillit du sophisme
Et s'évanouit avec lui :
Rayon de l'aurore éternelle,
Pure, féconde, universelle,
Elle éclaire tous les vivants;
Sublime égalité des âmes,
Pour les sages foudres et flammes,
Ombre et voile à l'œil des enfants!

Aliment qui contient la vie,
Chaleur dont le foyer est Dieu,
Germe qui croît et fructifie,
Ton verbe la sème en tout lieu.
Vérité palpable et pratique,
L'amour divin la communique
De l'œil à l'œil, du cœur au cœur;
Et, sans proférer de paroles,

Des actions sont ses symboles,
Et des vertus sont sa splendeur!

Chaque instinct à ton joug nous lie;
L'homme naît, vit, meurt avec toi :
Chacun des anneaux de sa vie,
O Christ, est rivé par ta foi!
Souffrant, ses pleurs sont une offrande,
Heureux, son bonheur te demande
De bénir sa prospérité;
Et le mourant que tu consoles
Franchit, armé de tes paroles,
L'ombre de l'immortalité!

Tu gardes, quand l'homme succombe,
Sa mémoire après le trépas,
Et tu rattaches à la tombe
Les liens brisés ici-bas;
Les pleurs tombés de la paupière
Ne mouillent plus la froide pierre;
Mais, de ces larmes s'abreuvant,
La prière, union suprême,
Porte la paix au mort qu'elle aime,
Rapporte l'espoir au vivant!

Prix divin de tout sacrifice,
Tout bien se nourrit de ta foi :
De quelque mal qu'elle gémisse,
L'humanité se tourne à toi.
Si je demande à chaque obole,

A chaque larme qui console,
A chaque généreux pardon,
A chaque vertu qu'on me nomme :
« En quel nom consolez-vous l'homme ? »
Ils me répondent : « En son nom ! »

C'est toi dont la pitié plus tendre
Verse l'aumône à pleines mains,
Guide l'aveugle, et vient attendre
Le voyageur sur les chemins ;
C'est toi qui, dans l'asile immonde
Où les déshérités du monde
Viennent pour pleurer et souffrir,
Donne au vieillard de saintes filles
A l'enfant sans nom des familles,
Au malade un lit pour mourir.

Tu vis dans toutes les reliques :
Temple debout et renversé,
Autels, colonnes, basiliques,
Tout est à toi dans le passé !
Tout ce que l'homme élève encore,
Toute demeure où l'on adore,
Tout est à toi dans l'avenir !
Les siècles n'ont pas de poussière,
Les collines n'ont pas de pierre
Qui ne porte ton souvenir.

Enfin, vaste et puissante idée,
Plus forte que l'esprit humain,
Toute âme est pleine, est obsédée

De ton nom qu'elle évoque en vain.
Préférant ses doutes funèbres,
L'homme amasse en vain les ténèbres :
Partout ta splendeur le poursuit,
Et, comme au jour qui nous éclaire,
Le monde ne peut s'y soustraire
Qu'en se replongeant dans la nuit!

Et tu meurs? Et ta foi dans un lit de nuages
S'enfonce pour jamais sous l'horizon des âges,
Comme un de ces soleils que le ciel a perdus,
Dont l'astronome dit : « C'était là qu'il n'est plus! »
Et les fils de nos fils, dans les lointaines ères,
Feraient aussi leur fable avec tes saints mystères,
Et parleraient un jour de l'homme de la croix
Comme des dieux menteurs disparus à ta voix,
De ces porteurs de foudre ou du vil caducée,
Rêves dont au réveil a rougi la pensée?
Mais tous ces dieux, ô Christ, n'avaient rien apporté
Qu'une ombre plus épaisse à notre obscurité;
Mais, du délire humain lâche et honteux symbole,
Ils croulèrent d'eux-même au bruit de ta parole;
Mais tu venais asseoir sur leur trône abattu
Le Dieu de vérité, de grâce et de vertu!
Leurs lois se trahissaient devant les lois chrétiennes!
Mais où sont les vertus qui démentent les tiennes?
Pour éclipser ton jour quel jour nouveau paraît?
Toi qui les remplaças, qui te remplacerait?

Ah! qui sait si cette ombre où pâlit ta doctrine
Est une décadence — ou quelque nuit divine,
Quelque nuage faux prêt à se déchirer,
Où ta foi va monter et se transfigurer,
Comme aux jours de ta vie humaine et méconnue
Tu te transfiguras toi-même dans la nue,
Quand, ta divinité reprenant son essor,
Un jour sorti de toi revêtit le Thabor,
Dans ton vol glorieux te balança sans ailes,
Éblouit les regards des disciples fidèles,
Et, pour les consoler de ton prochain adieu,
Homme prêt à mourir, te montra déjà Dieu?

Oui, de quelque faux nom que l'avenir te nomme,
Nous te saluons Dieu! car tu n'es pas un homme.
L'homme n'eût pas trouvé dans notre infirmité
Ce germe tout divin de l'immortalité,
La clarté dans la nuit, la vertu dans le vice,
Dans l'égoïsme étroit la soif du sacrifice,
Dans la lutte la paix, l'espoir dans la douleur,
Dans l'orgueil révolté l'humilité du cœur,
Dans la haine l'amour, le pardon dans l'offense,
Et dans le repentir la seconde innocence!
Notre encens à ce prix ne saurait s'égarer,
Et j'en crois des vertus qui se font adorer.

Repos de notre ignorance,
Tes dogmes mystérieux

Sont un temple à l'espérance
Montant de la terre aux cieux ;
Ta morale chaste et sainte
Embaume sa pure enceinte
De paix, de grâce et d'amour,
Et l'air que l'âme y respire
A le parfum du zéphire
Qu'Éden exhalait un jour.

Dès que l'humaine nature
Se plie au joug de ta foi,
Elle s'élève et s'épure
Et se divinise en toi.
Toutes ses vaines pensées
Montent du cœur, élancées
Aussi haut que son destin ;
L'homme revient en arrière,
Fils égaré de lumière
Qui retrouve son chemin.

Les troubles du cœur s'apaisent,
L'âme n'est qu'un long soupir ;
Tous les vains désirs se taisent
Dans un immense désir.
La paix, volupté nouvelle,
Sens de la vie éternelle,
En a la sérénité ;
Du chrétien la vie entière
N'est qu'une longue prière,
Un hymne en action à l'immortalité.

Et les vertus les plus rudes
Du stoïque triomphant
Sont les humbles habitudes
De la femme et de l'enfant;
Et la terre transformée
N'est qu'une route semée
D'ombrages délicieux,
Où l'homme en l'homme a son frère,
Où l'homme à Dieu dit : « Mon père! »
Où chaque pas mène aux cieux !

O toi qui fis lever cette seconde aurore,
Dont un second chaos vit l'harmonie éclore,
Parole qui portais, avec la vérité,
Justice et tolérance, amour et liberté :
Règne à jamais, ô Christ, sur la raison humaine,
Et de l'homme à son Dieu sois la divine chaîne !
Illumine sans fin de tes feux éclatants
Les siècles endormis dans le berceau des temps;
Et que ton nom, légué pour unique héritage,
De la mère à l'enfant descende d'âge en âge,
Tant que l'œil dans la nuit aura soif de clarté,
Et le cœur d'espérance et d'immortalité;
Tant que l'humanité plaintive et désolée
Arrosera de pleurs sa terrestre vallée,
Et tant que les vertus garderont leurs autels,
Ou n'auront pas changé de nom chez les mortels !

Pour moi, soit que ton nom ressuscite ou succombe,
O Dieu de mon berceau, sois le Dieu de ma tombe !

Plus la nuit est obscure, et plus mes faibles yeux
S'attachent au flambeau qui pâlit dans les cieux;
Et quand l'autel brisé que la foule abandonne
S'écroulerait sur moi.... temple que je chéris,
Temple où j'ai tout reçu, temple où j'ai tout appris,
J'embrasserais encor ta dernière colonne,
Dussé-je être écrasé sous tes sacrés débris !

COMMENTAIRE

J'ai adressé cette harmonie, en 1829, à Manzoni, dans une des phases religieuses de ma pensée. Je chantais la vérité, par ce besoin d'adoration qui est en nous. Je ne dirai rien ici du sujet, mais je dirai un mot de Manzoni.

Je l'avais connu quelques mois auparavant, à Florence, où il avait passé un hiver. J'avais lu autrefois ses tragédies, puis ses romans, avec admiration, mais sans enthousiasme. Je venais de lire ses poésies lyriques, où le grand poète éclate tout entier. Qui ne sait par cœur sa cantate sur la tombe de Bonaparte?

Manzoni m'avait intéressé plus encore par sa personne que par ses œuvres. C'est un génie souffrant, un accent de douleur incarné dans un homme sensible; c'est en même temps un génie pieux. Sa figure porte tous ces caractères. Sa stature est frêle, son visage doux et triste, son regard tourné vers les regrets, sa parole lente, faible, découragée. Il avait alors autour de lui une charmante famille d'enfants. Sa fille, âgée de dix-huit ans, et qui devait si tôt mourir en entraînant sa mère dans la tombe, était un des plus beaux jets de la beauté italienne qu'on pût contempler de l'autre côté des Alpes. Elle portait sur le front des rayons visibles d'âme, de splendeur et d'intelligence. Elle se gravait dans les yeux comme une poésie chantée dans l'oreille. Statue de la jeunesse immortelle, à côté du génie affaissé.

Manzoni était, quoique libéral, de l'école chrétienne et catholique de Silvio Pellico. C'est ce qui me fit penser à mettre cette harmonie sous son nom.

VI

LE
TROPHÉE D'ARMES ORIENTALES

Sur le sable du Nil où gisaient ces armures,
Mon pied poudreux heurtait des ossements humains ;
Le vent y modulait de sinistres murmures,
Le chacal déterrait des crânes et des mains.

Le bras s'est desséché, le sable brille encore :
Voyez comme avec l'or l'acier se mariant
Dessine en clous d'azur, sur le fer qu'il décore,
L'arabesque émaillé du splendide Orient !

Pourquoi vous étonner de ces rubans de moire,
Des éclairs serpentant sur ces lames de feu ?
Les héros d'autrefois se paraient pour la gloire ;
Le fer était leur joie, et le combat leur jeu.

Ce sont là les bijoux dont l'homme des batailles,
Excitant du clairon son coursier hennissant,
Avant de l'embrasser fête ses fiançailles
Avec la belle mort qu'il cherche au lit de sang.

VII

ÉPÎTRE A M. SAINTE-BEUVE

EN RÉPONSE A DES VERS ADRESSÉS PAR LUI A L'AUTEUR

ou

CONVERSATION

Oui, mon cœur s'en souvient, de cette heure tranquille
Qu'à l'ombre d'un tilleul, loin des toits de la ville,
Nous passâmes ensemble au jardin des Chartreux ;
Je vois encor d'ici le tronc large et noueux,
Et les mots qu'à ses pieds, de mon bâton d'érable,
En t'écoutant rêver, je traçais sur le sable.
Nous parlâmes du cœur, comme deux vieux amis
Au foyer l'un de l'autre, à la campagne, admis,
Heureux, après dix ans, du soir qui les rassemble,
A table, sans témoins, s'entretiennent ensemble,
Tandis que le flambeau par les heures rongé
S'use pour éclairer l'entretien prolongé,
Et qu'un vin goutte à goutte épuisé dans le verre
Rougit encor le fond de la coupe sincère.

J'avais pourtant noté d'un doigt réprobateur
Tes vers trop tôt ravis à l'amour de l'auteur,
Tes vers où l'hyperbole, effort de la faiblesse,
Enflait d'un sens forcé le vide ou la mollesse ;
Tes vers, fruits imparfaits d'un arbre trop hâté
Qui les laisse tomber au souffle de l'été,
Mais à qui sa racine étendue et profonde,
Et ce ciel amoureux qui lui prodigue l'onde,
Assurent, pour orner ses rameaux paternels,
Une sève plus forte et des jours éternels.
Ces vers, en vain frappés d'un pénible anathème,
Mon cœur plus indulgent les excuse et les aime ;
Sous ces mètres rompus qui boitent en marchant,
Sous ces fausses couleurs au contraste tranchant,
Sous ce vernis trop vif qui fatigue la vue,
Sous cette vérité trop rampante ou trop nue,
On y sent ce qu'à l'art l'homme demande en vain,
Ce foyer créateur où couve un feu divin,
Feu dont les passions alimentent la flamme,
Chaleur que l'âme exhale et communique à l'âme[1].
Devant le sentiment le goût est désarmé,
Et mon cœur ne retient que ce qui l'a charmé :
Comme au sein d'une nuit où tout regard expire,
Si quelque feu lointain sur un mont vient à luire,
L'œil, volant de lui-même à la vive clarté,
Franchit, sans y toucher, des champs d'obscurité,

---

1. M. Sainte-Beuve n'avait pas encore publié les *Consolations*, qui ont justifié les espérances des amis de son talent si intime et si original.

Et, s'attachant dans l'ombre au seul point qui rayonne,
Oublie, en l'admirant, la nuit qui l'environne.

Et tu veux aujourd'hui qu'ouvrant mon cœur au tien
Je renoue en ces vers notre intime entretien?
Tu demandes de moi les haltes de ma vie,
Le compte de mes jours?... Mes jours! je les oublie,
Comme le voyageur, quand il a dénoué
Sa ceinture de cuir, et qu'il a secoué
De ses souliers poudreux la boue et la poussière,
Redoutant de porter un regard en arrière,
Dédaigne de compter tous les pas qu'il a faits
Pour arriver enfin à son foyer de paix.
Ainsi dans mon esprit ma route est effacée;
Je n'en rappelle rien à ma triste pensée
Que la source où j'ai bu dans le creux de ma main,
L'arbre qui répandit l'ombre sur mon chemin,
La fleur que sur ses bords ma main avait choisie,
Afin d'en respirer jusqu'au soir l'ambroisie,
Et qui, dès le matin, cédant à la chaleur,
Se pencha languissante et mourut sur mon cœur!

Et de ma vie obscure, hélas! qu'aurais-je à dire?
Elle fut... ce qu'elle est pour tout ce qui respire :
Un rêve du matin, qui commence éclatant
Par de divins amours dans un palais flottant,
Se poursuit dans le ciel, et finit sur la terre
Par du pain et des pleurs sur un lit de misère.
Ami, voilà la vie universelle, hélas!
Et la mienne; et pourtant je ne l'accuse pas.

Juste envers le destin dont la coupe est diverse,
Je le bénis du miel que dans la mienne il verse.
D'autres n'ont que l'absinthe ; et moi, grâce au Seigneur,
J'ai ce que leur misère appelle le bonheur :
Un toit large et brillant sur un champ plein de gerbes
Des prés où l'aquilon fait ondoyer mes herbes,
Des bois dont le murmure et l'ombre sont à moi,
Des troupeaux mugissants qui paissent sous ma loi,
Une femme, un enfant, trésors dont je m'enivre,
L'une par qui l'on vit, l'autre qui fait revivre !
Un foyer où jamais l'indigent éconduit
N'entre sans déposer son bâton pour la nuit,
Où l'hospitalité, la main ouverte et pleine,
Peut donner sans peser le pain de la semaine,
Ou verser à l'ami qui visite mon toit
Un vin qui réjouit la lèvre qui le boit.
Que dirai-je de plus ? la douce solitude,
Le jour semblable au jour lié par l'habitude,
Une harpe, humble écho d'espérance et de foi,
Et qui chante au dehors quand mon cœur chante en moi ;
Le repos, la prière, un cœur exempt d'alarmes,
Et la paix du Seigneur, joyeuse dans les larmes.
D'un seul de tous ces dons qui ne serait jaloux ?
Mais combien manque-t-il à qui les reçut tous !
De quelque jus divin que Dieu nous la remplisse,
Toute l'eau de la vie a le goût du calice ;
La joie a son ennui, le plaisir sa langueur :
L'erreur du malheureux c'est de croire au bonheur.
Que sert de jeter l'ancre et de dire à sa barque :
« Arrêtons-nous, voilà le port que je te marque !

Tu dormiras ici comme une île des mers
Que ne peut soulever l'effort des flots amers! »
Tandis que nous parlons, une vague éternelle
S'enfle sous le navire et l'emporte avec elle;
Sur les mers de ce monde il n'est jamais de port,
Et le naufrage seul nous jette sur le bord!
Jeune encor j'ai sondé ces ténèbres profondes :
La vie est un degré de l'échelle des mondes
Que nous devons franchir pour arriver ailleurs.
Souvent, les pieds meurtris, le front blanc de sueurs,
Comme un homme essoufflé qui monte un sentier rude
Se repose un moment, vaincu de lassitude,
Sur cette marche même, hélas! qu'il faut franchir
Ou pour reprendre haleine ou pour se rafraîchir,
On s'arrête, on s'assied, on voit passer la foule
Qui sur l'étroit degré se coudoie et se foule;
On reconnaît de l'œil et du cœur ses amis,
Les uns par le courage et l'espoir affermis,
Montant d'un pas léger que rien ne peut suspendre,
Les autres chancelants et prêts à redescendre.
C'est parmi ces derniers que mon œil te trouva;
Tu tombais, je criai : le Seigneur te sauva.
Tu repris ton élan vers la céleste porte.
Honneur en soit rendu, non à cette voix morte,
Mais au Dieu qui donna la vie à mes accents,
Qui met le trait sur l'arc et la flamme à l'encens,
Fait un écho vivant de nos lèvres muettes,
Et dans nos cœurs fêlés verse ses eaux parfaites!
Ton cœur était l'or pur caché dans le filon,
Qui n'attend pour briller que l'heure et le rayon;

La perle au fond des mers sous l'écaille captive,
Qu'un pêcheur dans ses rets amène sur la rive.
L'or ne doit point de grâce aux sondes du mineur,
Ni la perle aux filets ; mais tous deux au Seigneur,
Dont le regard divin scrute la terre et l'onde,
Et dirige lui seul le filet ou la sonde.
Ainsi la vérité t'attendait à son jour,
Et sa voix dans ta voix va parler à son tour.

Oui, dût un froid mépris répondre à notre lyre,
Dût notre vérité se nommer un délire,
Dût notre âge, enivré des seuls soins d'ici-bas,
Sourire en nous disant : « Je ne vous connais pas ! »
Semblables devant l'homme à ces hardis prophètes
Que la dérision conviait à ses fêtes,
Et qui, sur leurs tyrans lançant l'esprit divin,
Gravaient trois mots obscurs sur les murs du festin,
Répétons-lui toujours que l'univers est vide,
Que la vie est un flot que chasse un vent rapide,
Et qui doit nous porter à l'immortalité
Ou se fondre en écume, en bruit, en vanité ;
Que tout but ici-bas est trompeur ou fragile,
Tout espoir abusé, tout mouvement stérile ;
Que les rêves de l'homme et ses ambitions,
La sagesse, les arts, le bras des nations,
Les efforts réunis des siècles et du monde,
Ne peuvent retarder la mort d'une seconde,
Faire avancer le jour d'une heure dans les airs,
Ou rebrousser le vent et l'écume des mers ;
Que l'homme n'a reçu du seul Maître suprême

De puissance et d'empire ici que sur lui-même,
Et qu'en dépit du siècle il n'a dans ce bas lieu
Qu'une œuvre : la vertu ; qu'une espérance : Dieu !
Ce sort est assez beau pour un peu de poussière ;
Il devrait consoler même un fils de lumière
De ne pouvoir changer les sentiers radieux
De ces astres lointains, poussière aussi des cieux.

Et puisse alors Celui que notre langue adore,
Comme un souffle vivant anime un bois sonore,
Prêtant l'âme et la vie à nos pieux concerts,
De son souffle incréé diviniser nos vers,
Nos vers morts, et formés de syllabes muettes,
Si Dieu ne retentit dans la voix des poètes !
Leur donner ce qu'il a, puissance et vérité,
Et ce que l'homme entend par immortalité,
C'est-à-dire un écho qui dure une seconde
Sur cet atome obscur que nous nommons un monde,
Semblable, hélas ! à peine au retentissement
Qui le soir sous les bois se prolonge un moment,
Quand, le pâtre brisant son chalumeau sonore,
Du son qu'il n'entend plus l'air ému vibre encore !
Et même de ce prix ne soyons point jaloux :
Chantons pour soulager ce qui gémit en nous !
Quand la source à la mer a versé son eau pure,
Qu'importe si l'abîme étouffe son murmure ?
Qu'importe si les vents dispersent sur les mers
Le cri qu'a jeté l'aigle en traversant les airs,
Quand l'oiseau s'élevant des rochers du rivage,
Plane dans le rayon au-dessus du nuage,

Qu'il n'entend plus la vague, et qu'il voit sous ses yeux
Ces abîmes d'azur qui sont pour nous les cieux !

COMMENTAIRE

C'était en 1829.

J'aimais alors beaucoup un jeune homme pâle, blond, frêle, sensible jusqu'à la maladie, poète jusqu'aux larmes, ayant une grande analogie avec Novalis en Allemagne, avec les poètes intimes qu'on nomme les *Lakistes* en Angleterre : il s'appelait M. Sainte-Beuve. Il vivait à Paris avec une mère âgée, sereine, absorbée en lui, dans une petite maison sur un jardin retiré, dans le quartier du Luxembourg. Il venait souvent chez moi, j'allais chez lui avec bonheur aussi. Ce recueillement, cette mère, cette retraite, ce jardin, ces colombes, me plaisaient, à moi trop emporté dans le courant littéraire, mondain et politique de l'existence. Cela me rappelait les presbytères et les aimables curés de campagne que j'avais tant aimés dans mon enfance.

M. Sainte-Beuve écrivit le poème des *Consolations*. On ne l'apprécia pas à sa valeur. C'était une note nouvelle dans notre poésie d'imitation. J'en fus enthousiaste : j'adressai ces vers à l'auteur. Je crois qu'il ne les comprit pas, et qu'il crut trouver dans quelques critiques trop amicalement articulées un dénigrement de son talent. C'était une erreur. J'admirais extrêmement cette œuvre. La froideur injuste du public découragea trop ce jeune poète des vers. Il ne faut céder au public qu'en mourant. M. Sainte-Beuve, en persévérant, l'aurait forcé à comprendre et soumis à admirer.

Depuis ce temps, à mon grand regret, il s'éloigna de moi, qui l'aimais d'une prédilection forte et constante. Il se jeta dans le roman philosophique, genre inférieur à son talent, et dans la critique, puissance des impuissants. Il me traita en général avec une indulgence où je sentais le souvenir de l'amitié dans le jugement du juge; quelquefois avec sévérité : mais jamais je n'en eus le moindre ressentiment. Je regrette M. Sainte-Beuve pour la poésie, je le regrette pour l'amitié. Je le suis d'un œil attentif dans sa carrière d'écrivain. C'est un de ces hommes qui, en s'éloignant, emportent toujours un morceau du cœur : ils ne vous deviennent jamais étrangers, fussent-ils même ennemis.

VIII

A UNE FIANCÉE DE QUINZE ANS

MÉLODIE

Sur ton front, Laurence,
Laisse-moi poser
De l'indifférence
Le chaste baiser.
Si je le prolonge,
Oh! ne rougis pas!
On s'attache au songe
Qui fuit de nos bras.

Ma lèvre dérange,
Sur tes blonds cheveux,
Le bouquet d'orange
Embaumé de vœux;
Ta main est promise,
Et l'autel est prêt :
Viens, que je te dise
Mon dernier secret!

J'ai deux fois ton âge,
Ta joue est en fleur;

Mais ta jeune image
Rajeunit mon cœur.
Toi dans ma paupière,
J'avais dit au Temps :
« Je la vois derrière,
Marche ; moi j'attends ».

Les mots de caresse
Que tu m'épelais,
Ces noms de tendresse
Dont je t'appelais,
Ennui dans l'absence
Et joie au retour,
C'était l'innocence,
Mais c'était l'amour.

Le bonheur qu'on sème,
Hélas ! n'éclôt pas.
Un plus heureux t'aime :
Va, cours dans ses bras.
Cette larme pure
Qui brûle ton front,
O triste parure !
Ses doigts la boiront.

Au rayon d'automne
Trop prompt à fleurir,
L'amandier couronne
Son front, pour mourir.

Tu fus, ô mon rêve,
Ce printemps d'un jour :
Mon cœur, c'est la sève;
La fleur, mon amour!

IX

LE TOMBEAU D'UNE MÈRE

Un jour, les yeux lassés de veilles et de larmes,
Comme un lutteur vaincu prêt à jeter ses armes,
Je disais à l'aurore : « En vain tu vas briller ;
La nature trahit nos yeux par ses merveilles,
Et le ciel coloré de ses teintes vermeilles
     Ne sourit que pour nous railler.

« Rien n'est vrai, rien n'est faux ; tout est songe et men-
Illusion du cœur qu'un vain espoir prolonge.   [songe,
Nos seules vérités, hommes, sont nos douleurs.
Cet éclair dans nos yeux que nous nommons la vie
Brille à peine un moment à notre âme éblouie,
     Qu'il s'éteint et s'allume ailleurs.

« Plus nous ouvrons les yeux, plus la nuit est profonde ;
Dieu n'est qu'un mot rêvé pour expliquer le monde,
Un plus obscur abîme où l'esprit s'est lancé ;
Et tout flotte et tout tombe, ainsi que la poussière
Que fait en tourbillons dans l'aride carrière
     Lever le pied d'un insensé. »

Je disais; et mes yeux voyaient avec envie
Tout ce qui n'a reçu qu'une insensible vie
Et dont nul rêve au moins n'agite le sommeil ;
Au sillon, au rocher j'attachais ma paupière,
Et ce regard disait : « A la brute, à la pierre,
  Au moins que ne suis-je pareil ? »

Et ce regard, errant comme l'œil du pilote
Qui demande sa route à l'abîme qui flotte,
S'arrêta tout à coup fixé sur un tombeau;
Tombeau, cher entretien d'une douleur amère,
Où le gazon sacré qui recouvre ma mère
  Grandit sous les pleurs du hameau !

Là, quand l'ange voilé sous les traits d'une femme
Dans le Dieu sa lumière eut exhalé son âme,
Comme on souffle une lampe à l'approche du jour,
A l'ombre des autels qu'elle aimait à toute heure,
Je lui creusai moi-même une étroite demeure,
  Une porte à l'autre séjour.

Là dort dans son espoir celle dont le sourire
Cherchait encor mes yeux à l'heure où tout expire,
Ce cœur, source du mien, ce sein qui m'a conçu,
Ce sein qui m'allaita de lait et de tendresses,
Ces bras qui n'ont été qu'un berceau de caresses,
  Ces lèvres dont j'ai tout reçu !

Là dorment soixante ans d'une seule pensée,
D'une vie à bien faire uniquement passée,

D'innocence, d'amour, d'espoir, de pureté,
Tant d'aspirations vers son Dieu répétées,
Tant de foi dans la mort, tant de vertus jetées
    En gage à l'immortalité !

Tant de nuits sans sommeil pour veiller la souffrance,
Tant de pain retranché pour nourrir l'indigence,
Tant de pleurs toujours prêts à s'unir à des pleurs,
Tant de soupirs brûlants vers une autre patrie,
Et tant de patience à porter une vie
    Dont la couronne était ailleurs !

Et tout cela pourquoi ? Pour qu'un creux dans le sable
Absorbât pour jamais cet être intarissable !
Pour que ces vils sillons en fussent engraissés !
Pour que l'herbe des morts dont sa tombe est couverte
Grandît, là, sous mes pieds, plus épaisse et plus verte !
    Un peu de cendre était assez.

Non, non ; pour éclairer trois pas sur la poussière
Dieu n'aurait pas créé cette immense lumière,
Cette âme au long regard, à l'héroïque effort !
Sur cette froide pierre en vain le regard tombe,
O vertu ! ton aspect est plus fort que la tombe,
    Et plus évident que la mort !

Et mon œil, convaincu de ce grand témoignage,
Se releva de terre et sortit du nuage,
Et mon cœur ténébreux recouvra son flambeau.
Heureux l'homme à qui Dieu donne une sainte mère !

En vain la vie est dure et la mort est amère,
Qui peut douter sur son tombeau?

―――

COMMENTAIRE

Ma mère a été la plus grande, la plus douce et la plus permanente occupation de ma pensée. J'espérais la conserver jusqu'à mes jours les plus avancés. La jeunesse perpétuelle de son âme se communiquait à son visage. Les années n'avaient laissé aucune trace sur ses traits : à soixante-six ans, on la confondait avec ses filles. Elle était conservée par l'atmosphère de résignation, de piété et de paix intérieure, dans laquelle elle s'enveloppait, comme ces parfums fugitifs ou comme ces fleurs rares qu'on empêche de s'évaporer ou de se flétrir en les préservant du contact de l'air terrestre. Les circonstances de sa mort ajoutèrent pour moi à la douleur de sa perte.

Je l'avais laissée pour quelques jours, rayonnante de bonheur, d'espérance et de vie. J'étais à Paris. Un matin, en entrant dans le bain, elle trouva l'eau trop froide; elle était seule; elle ouvrit le conduit d'eau chaude, l'eau bouillante la frappa d'un jet qui jaillit jusqu'à sa poitrine : elle s'évanouit. On accourut à son cri, il était trop tard. On la reporta dans son lit; elle reprit connaissance, souffrit deux jours, pria constamment, se réjouit de ce que je n'étais pas là, pour m'éviter, disait-elle, le spectacle de sa fin, et mourut en prononçant mon nom dans son agonie. Ma femme, qui la veillait seule, me dit qu'elle répétait sans cesse, dans cette dernière nuit, ces mots : *Que je suis heureuse! que je suis heureuse!* On lui demanda de quoi. Elle répondit : « De mourir résignée et purifiée ». Un de mes amis m'annonça cette perte inattendue, à Paris. Je crus que la terre manquait sous moi. Je partis, j'arrivai : il était trop tard ; elle reposait déjà dans le cimetière de la ville. J'obtins la permission de la faire exhumer et de transporter ses restes à Saint-Point. Je revis son visage, aussi serein que dans un sommeil. Les paysans, qui l'adoraient, vinrent une nuit prendre le cercueil, et le portèrent, en se relevant, sur leurs épaules, pendant huit lieues. Je marchais à pied derrière eux. Au lever du soleil, nous arrivâmes au pied des montagnes qu'il faut traverser pour descendre dans la vallée de Saint-Point. Elles étaient couvertes de six pieds de neige. Nous étions obligés de faire creuser un sentier entre deux murailles blanches devant le cercueil. Quelle marche! quel cortège! quelle arrivée!

Le tombeau que je lui destinais n'était pas encore élevé. Je déposai le cercueil dans le caveau souterrain de l'église ; je restai seul quelques jours à pleurer ma mère dans ce pays qu'elle avait tant aimé, et dans cette demeure pleine d'elle. Le printemps suivant, je bâtis une chapelle entre l'église et le jardin. Elle y repose, mais elle n'y repose déjà plus seule. Il n'y a qu'une inscription en lettres de bronze incrustées dans la corniche de l'ogive qui sert de portique à la mort :

SPERAVIT ANIMA MEA.

Elle a toujours espéré, en effet, jusque dans la mort. On le voit par ses dernières paroles. Son âme n'était qu'une aspiration.

Maintenant, quand je m'approche de son tombeau, je

dérange souvent de pauvres femmes des villages voisins, qui viennent prier sur sa tombe comme sur les reliques d'un saint, et je trouve toujours sur les dalles quelques bouquets de fleurs sauvages qu'elles y ont jetés à travers les barrreaux de la grille.

X

LE CADRE

A MADAME DE LA CH***

Quel visage oserait se mirer dans la glace
Dont ce cadre embaumé festonne le contour?
Est-il un front de vierge ou d'ange, que n'efface
La fraîcheur de ces lis qui n'ont vécu qu'un jour?

Toi seule, oh! rien que toi! soit que d'un blanc nuage
La dentelle à ton front colle les plis soyeux,
Soit que tes blonds cheveux encadrent ton visage,
Ou qu'un bleuet fané s'effeuille sur tes yeux.

Brise devant tes traits ton miroir de Venise,
Qui sait les retracer sans pouvoir s'animer;
Mire-toi dans une âme où l'amour t'éternise :
Pour un miroir vivant, réfléchir c'est aimer!

Mon cœur nourrit aussi de sa sève une chose
Qui fait rêver du ciel, et qui fait dire : Hélas!...
A chaque heure du temps une larme l'arrose :   [pas!
Quel est son nom? — Soupir! — Qu'embaume-t-il? — Tes

XI

LE GÉNIE DANS L'OBSCURITÉ

A M. REBOUL, A NIMES

Le souffle inspirateur qui fait de l'âme humaine
    Un instrument mélodieux
Dédaigne des palais la pompe souveraine :
Que sont la pourpre et l'or à qui descend à peine
    Des palais rayonnants des cieux ?

Il s'abat au hasard sur l'arbre solitaire,
    Sur la cabane des pasteurs,
Sous le chaume indigent des pauvres de la terre,
Et couve en souriant un glorieux mystère
    Dans un berceau mouillé de pleurs.

C'est Homère endormi, qu'une esclave sans maître
    Réchauffe de son seul amour ;
C'est un enfant chassé de l'ombre de son hêtre,
Qui pleure les chevreaux que ses pas menaient paître,
    Et qui sera Virgile un jour !

C'est Moïse flottant dans un berceau fragile
    Sur l'onde, au hasard des courants,

Que l'éclair du Sina visite entre cent mille,
Pendant qu'il fend le marbre ou qu'il pétrit l'argile
    Pour la tombe de ses tyrans!

Ainsi l'instinct caché dans la nature entière
    Mûrit pour l'immortalité :
La perle au fond des mers, l'or au sein de la pierre,
Le diamant dans l'ombre où languit sa lumière,
    La gloire dans l'obscurité ;

La gloire, oiseau divin, phénix né de lui-même,
    Qui vient tous les cent ans, nouveau,
Se poser sur la terre et sur un nom qu'il aime,
Et qu'on y voit mourir ainsi que son emblème,
    Mais dont nul ne sait le berceau !

Ne t'étonne donc pas qu'un ange d'harmonie
    Vienne d'en haut te réveiller :
Souviens-toi de Jacob! Les songes du génie
Descendent sur des fronts qui n'ont dans l'insomnie
    Qu'une pierre pour oreiller.

Moi-même, plein des biens dont l'opulence abonde,
    Que je changerais volontiers
Cet or dont la fortune avec dédain m'inonde,
Pour une heure du temps où je n'avais au monde
    Que ma vigne et que mes figuiers ;

Pour ces songes divins qui chantaient dans mon âme,
    Et que nul or ne peut payer,

Pendant que le soleil baissait, et que la flamme
Que ma mère allumait, ainsi qu'une humble femme,
   Éclairait son étroit foyer ;

Et qu'assis autour d'elle à la table de hêtre
   Que nous préparait son amour,
Nous rendions grâce à Dieu de ce repas champêtre,
Riche des simples fruits que le champ faisait naître,
   Et d'un pain qui suffit au jour !

COMMENTAIRE

On connaît le génie poétique et sensible de M. Reboul, poète et ouvrier, si antique de pensée, si noble de sentiment. Le travail ne déroge pas. On connaît moins sa vie : je l'ignorais moi-même. Un jour, passant à Nîmes, je voulus, avant de visiter les Arènes, visiter ce frère en poésie. Un pauvre homme que je rencontrai dans la rue me conduisit à la porte d'une petite maison noire, sur le seuil de laquelle on respirait cette délicieuse odeur de pain cuit sortant du four. J'entrai : un jeune homme en manches de chemise, les cheveux noirs légèrement cendrés de farine, était au comptoir, vendant du pain à de pauvres femmes. Je me nommai, il ne rougit pas ; il passa sa veste, et me conduisit, par un escalier de bois, dans sa chambre de travail, au-dessus de sa boutique. Il y avait le lit de sa femme, une table à écrire, quelques livres et quelques vers commencés sur des feuilles éparses. Nous causâmes de notre métier commun. Il me lut des vers admirables, et des scènes de tragédie antique qui respirent la mâle sévérité du génie romain. On sentait que cet homme avait fréquenté les souvenirs vivants de Rome, et que son âme était une pierre détachée de ces monuments au pied desquels il avait grandi, un lierre ou un laurier sauvage du pont du Gard ou des Arènes.

Depuis, j'ai revu Reboul à l'Assemblée constituante. Ame libre, et née pour une république ; cœur simple et pur, comme il en faudrait tant au peuple pour lui faire conserver et honorer la liberté qu'il a conquise, et qu'il perdra s'il ne sait ni la modérer par la justice ni la sanctifier par la vertu.

XII

POURQUOI
MON AME EST-ELLE TRISTE ?

Pourquoi gémis-tu sans cesse,
O mon âme? réponds-moi.
D'où vient ce poids de tristesse
Qui pèse aujourd'hui sur toi?
Au tombeau qui nous dévore,
Pleurant, tu n'as pas encore
Conduit tes derniers amis;
L'astre serein de ta vie
S'élève encore; et l'envie
Cherche pourquoi tu gémis.

La terre encore a des plages,
Le ciel encore a des jours,
La gloire encor des orages,
Le cœur encor des amours;
La nature offre à tes veilles
Des mystères, des merveilles,
Qu'aucun œil n'a profané;
Et, flétrissant tout d'avance,

Dans les champs de l'espérance
　　　Ta main n'a pas tout glané.

Et qu'est-ce que la terre? Une prison flottante,
Une demeure étroite, un navire, une tente
Que son Dieu dans l'espace éleva pour un jour,
Et dont le vent du ciel en trois pas fait le tour;
Des plaines, des vallons, des mers et des collines
Où tout sort de la poudre et retourne en ruines,
Et dont la masse à peine est à l'immensité
Ce que l'heure qui sonne est à l'éternité :
Fange en palais pétrie, hélas! mais toujours fange,
Où tout est monotone et cependant tout change!

Et qu'est-ce que la vie? Un réveil d'un moment,
De naître et de mourir un court étonnement,
Un mot qu'avec mépris l'Etre éternel prononce :
Labyrinthe sans clef, question sans réponse,
Songe qui s'évapore, étincelle qui fuit,
Éclair qui sort de l'ombre et rentre dans la nuit,
Minute que le temps prête et retire à l'homme,
Chose qui ne vaut pas le mot dont on la nomme!

Et qu'est-ce que la gloire? Un vain son répété,
Une dérision de notre vanité,
Un nom qui retentit sur des lèvres mortelles,
Vain, trompeur, inconstant, périssable comme elles,
Et qui, tantôt croissant et tantôt affaibli,
Passe de bouche en bouche à l'éternel oubli :

Nectar empoisonné dont notre orgueil s'enivre,
Qui fait mourir deux fois ce qui veut toujours vivre !

Et qu'est-ce que l'amour ? Ah ! prêt à le nommer,
Ma bouche en le niant craindrait de blasphémer !
Lui seul est au-dessus de tout mot qui l'exprime
Éclair brillant et pur du feu qui nous anime,
Étincelle ravie au grand foyer des cieux,
Char de feu qui, vivants, nous porte au rang des dieux,
Rayon, foudre des sens, inextinguible flamme
Qui fond deux cœurs mortels et n'en fait plus qu'une âme,
Il est... il serait tout, s'il ne devait finir,
Si le cœur d'un mortel le pouvait contenir,
Ou si, semblable au feu dont Dieu fit son emblème,
Sa flamme en s'exhalant ne l'étouffait lui-même !

    Mais, quand ces biens que l'homme envie
    Déborderaient dans un seul cœur,
    La mort seule au bout de la vie
    Fait un supplice du bonheur :
    Le flot du temps qui nous entraîne
    N'attend pas que la joie humaine
    Fleurisse longtemps sur son cours.
    Race éphémère et fugitive,
    Que peux-tu semer sur la rive
    De ce torrent qui fuit toujours ?

    Il fuit, et ses rives fanées
    M'annoncent déjà qu'il est tard ;
    Il fuit, et mes vertes années

Disparaissent de mon regard !
Chaque projet, chaque espérance
Ressemble à ce liège qu'on lance
Sur la trace des matelots,
Qui ne s'éloigne et ne surnage
Que pour mesurer le sillage
Du navire qui fend les flots.

Où suis-je ? Est-ce moi ? Je m'éveille
D'un songe qui n'est pas fini :
Tout était promesse et merveille
Dans un avenir infini.
J'étais jeune…. Hélas ! mes années
Sur ma tête tombent fanées,
Et ne refleuriront jamais !
Mon cœur était plein… il est vide !
Mon sein fécond… il est aride !
J'aimais .. où sont ceux que j'aimais ?

Mes jours, que le deuil décolore,
Glissent avant d'être comptés ;
Mon cœur, hélas ! palpite encore
De ses dernières voluptés.
Sous mes pas la terre est couverte
De plus d'une palme encor verte,
Mais qui survit à mes désirs ;
Tant d'objets chers à ma paupière
Sont encor là, sur la poussière,
Tièdes de mes brûlants soupirs !

Je vois passer, je vois sourire
La femme aux perfides appas
Qui m'enivra d'un long délire,
Dont mes lèvres baisaient les pas!
Ses blonds cheveux flottent encore,
Les fraîches couleurs de l'aurore
Teignent toujours son front charmant,
Et dans l'azur de sa paupière
Brille encore assez de lumière
Pour fasciner l'œil d'un amant.

La foule, qui s'ouvre à mesure,
La flatte encor d'un long coup d'œil,
Et la poursuit d'un doux murmure
Dont s'enivre son jeune orgueil.
Et moi, je souris et je passe,
Sans effort de mon cœur j'efface
Ce songe de félicité,
Et je dis, la pitié dans l'âme :
« Amour! se peut-il que ta flamme
Meure encore avant la beauté?

Hélas! dans une longue vie
Que reste-t-il après l'amour?
Dans notre paupière éblouie
Ce qu'il reste après un beau jour;
Ce qu'il reste à la voile vide,
Quand le dernier vent qui la ride
S'abat sur le flot assoupi;
Ce qu'il reste au chaume sauvage,

Lorsque les ailes de l'orage
Sur la terre ont vidé l'épi.

Et pourtant il faut vivre encore,
Dormir, s'éveiller tour à tour,
Et traîner d'aurore en aurore
Ce fardeau renaissant du jour !
Quand on a bu jusqu'à la lie
La coupe écumante de vie,
Ah ! la briser serait un bien !
Espérer, attendre, c'est vivre !
Que sert de compter et de suivre
Des jours qui n'apportent plus rien ?

Voilà pourquoi mon âme est lasse
Du vide affreux qui la remplit,
Pourquoi mon cœur change de place
Comme un malade dans son lit ;
Pourquoi mon errante pensée,
Comme une colombe blessée,
Ne se repose en aucun lieu ;
Pourquoi j'ai détourné la vue
De cette terre ingrate et nue,
Et j'ai dit à la fin : « Mon Dieu ! »

Comme un souffle d'un vent d'orage
Soulevant l'humble passereau
L'emporte au-dessus du nuage,
Loin du toit qui fut son berceau ;
Sans même que son aile tremble,

L'aquilon le soutient; il semble
Bercé sur les vagues des airs :
Ainsi cette seule pensée
Emporta mon âme oppressée
Jusqu'à la source des éclairs.

C'est Dieu, pensais-je, qui m'emporte,
L'infini s'ouvre sous mes pas !
Que mon aile naissante est forte !
Quels cieux ne tenterons-nous pas ?
La foi même, un pied sur la terre,
Monte de mystère en mystère
Jusqu'où l'on monte sans mourir :
J'irai, plein de sa soif sublime,
Me désaltérer dans l'abîme
Que je ne verrai plus tarir !

J'ai cherché le Dieu que j'adore
Partout où l'instinct m'a conduit,
Sous les voiles d'or de l'aurore,
Chez les étoiles de la nuit ;
Le firmament n'a point de voûtes,
Les feux, les vents n'ont point de routes
Où mon œil n'ait plongé cent fois ;
Toujours présent à ma mémoire,
Partout où se montrait sa gloire,
Il entendait monter ma voix.

Je l'ai cherché dans les merveilles,
Œuvre parlante de ses mains,

Dans la solitude et les veilles,
Et dans les songes des humains.
L'épi, le brin d'herbe, l'insecte,
Me disaient : « Adore et respecte !
Sa sagesse a passé par là. »
Et ces catastrophes fatales
Dont l'histoire enfle ses annales
Me criaient plus haut : « Le voilà ! »

A chaque éclair, à chaque étoile
Que je découvrais dans les cieux,
Je croyais voir tomber le voile
Qui le dérobait à mes yeux ;
Je disais : « Un mystère encore !
Voici son ombre, son aurore,
Mon âme ! il va paraître enfin ! »
Et toujours, ô triste pensée !
Toujours quelque lettre effacée
Manquait, hélas ! au nom divin.

Et maintenant, dans ma misère,
Je n'en sais pas plus que l'enfant
Qui balbutie après sa mère
Ce nom sublime et triomphant ;
Je n'en sais pas plus que l'aurore
Qui de son regard vient d'éclore,
Et le cherche en vain en tout lieu ;
Pas plus que toute la nature
Qui le raconte et le murmure,
Et demande : « Où donc est mon Dieu ? »

Voilà pourquoi mon âme est triste,
Comme une mer brisant la nuit sur un écueil,
    Comme la harpe du Psalmiste,
    Quand il pleure au bord d'un cercueil,
Comme l'Horeb voilé sous un nuage sombre,
Comme un ciel sans étoile, ou comme un jour sans ombre,
Ou comme ce vieillard qu'on ne put consoler,
Qui, le cœur débordant d'une douleur farouche,
Ne pouvait plus tarir la plainte sur sa bouche,
    Et disait : « Laissez-moi parler[1] ! »

Mais que dis-je ? Est-ce toi, vérité, jour suprême,
    Qui te caches sous ta splendeur ?
Ou n'est-ce pas mon œil qui s'est voilé lui-même
    Sous les nuages de mon cœur ?

Ces enfants prosternés aux marches de ton temple,
    Ces humbles femmes, ces vieillards,
Leur âme te possède et leur œil te contemple,
    Ta gloire éclate à leurs regards !

Et moi, je plonge en vain sous tant d'ombres funèbres,
    Ta splendeur te dérobe à moi !
Ah ! le regard qui cherche a donc plus de ténèbres
    Que l'œil abaissé devant toi ?

    Dieu de la lumière,
    Entends ma prière,

---

[1]. Job, ch. XXI.

Frappe ma paupière
Comme le rocher !
Que le jour se fasse,
Car mon âme est lasse,
Seigneur, de chercher !
Astre que j'adore,
Ce jour que j'implore
N'est point dans l'aurore,
N'est pas dans les cieux :
Vérité suprême,
Jour mystérieux,
De l'heure où l'on t'aime,
Il est en nous-même,
Il est dans nos yeux !

Il n'y a pas de commentaire à une impression : il faudrait analyser toute une nature et raconter toute une vie pour faire comprendre un vers.

XIII

LA RETRAITE

RÉPONSE A M. VICTOR HUGO

Je sommeillais sans rêve,
Comme Écho dans mes bois :
Mais qu'une voix s'élève,
Soudain la mienne achève ;
Un son me rend la voix.

Que celle qui m'éveille
A de touchants concerts !
Jamais à mon oreille
Harpe ou lyre pareille
N'enchanta ces déserts,

Depuis l'heure charmante
Où le servant d'amour,
Sa harpe sous sa mante,
Venait pour une amante
Soupirer sous la tour.

C'est la voix fraîche et pure
D'un enfant des cités,

Qui, las de leur murmure,
Demande à la nature
Des jours plus abrités;

Un toit où se repose
L'ombre des bois épais,
Un ruisseau qui l'arrose,
Et le buisson de rose
Où l'oiseau chante auprès;

L'uniforme habitude
Qui lie au jour le jour,
Point de gloire ou d'étude,
Rien que la solitude,
La prière et l'amour.

Ah! ton rêve est un rêve,
Ami; ce rien est tout!
Ta vie a trop de sève;
Mais attends, l'âge enlève
L'ivresse et le dégoût.

Plus, hélas! sur la terre
L'homme compte de jours,
Plus la route est sévère,
Et plus le cœur resserre
Sa vie et ses amours.

Fuis ces champs de bataille
Où l'insecte pensant

S'agite et se travaille
Autour d'un brin de paille
Qu'écrase le passant !

Je sais sur la colline
Une blanche maison ;
Un rocher la domine,
Un buisson d'aubépine
Est tout son horizon.

Là jamais ne s'élève
Bruit qui fasse penser ;
Jusqu'à ce qu'il s'achève
On peut mener son rêve
Et le recommencer.

Le clocher du village
Surmonte ce séjour ;
Sa voix, comme un hommage,
Monte au premier nuage
Que colore le jour.

Signal de la prière,
Elle part du saint lieu,
Appelant la première
L'enfant de la chaumière
A la maison de Dieu.

Aux sons que l'écho roule
Le long des églantiers,

Vous voyez l'humble foule
Qui serpente et s'écoule
Dans les pieux sentiers :

C'est la pauvre orpheline
Pour qui le jour est court,
Qui déroule et termine,
Pendant qu'elle chemine,
Son fuseau déjà lourd ;

C'est l'aveugle que guide
Le mur accoutumé,
Le mendiant timide,
Et dont la main dévide
Son rosaire enfumé ;

C'est l'enfant qui caresse
En passant chaque fleur,
Le vieillard qui se presse :
L'enfance et la vieillesse
Sont amis du Seigneur !

La fenêtre est tournée
Vers le champ des tombeaux,
Où l'herbe moutonnée
Couvre, après la journée,
Le sommeil des hameaux.

Plus d'une fleur nuance
Ce voile du sommeil ;

Là tout fut innocence,
Là tout dit : Espérance !
Tout parle de réveil.

Mon œil, quand il y tombe,
Voit l'amoureux oiseau
Voler de tombe en tombe,
Ainsi que la colombe
Qui porta le rameau ;

Ou quelque pauvre veuve,
Aux longs rayons du soir,
Sur une pierre neuve,
Signe de son épreuve,
S'agenouiller, s'asseoir,

Et, l'espoir sur la bouche,
Contempler du tombeau,
Sous les cyprès qu'il touche,
Le soleil qui se couche
Pour se lever plus beau.

Paix et mélancolie
Veillent là près des morts,
Et l'âme recueillie
Des vagues de la vie
Croit y toucher les bords.

COMMENTAIRE

Je ne sais quel jour de quelle année, vers 1824, je vis arriver Victor Hugo à Saint-Point, accompagné de sa femme, alors dans la première fleur de sa beauté, d'un petit enfant, et de Charles Nodier, qui commençait déjà à vieillir, et sa fille. Ils allaient en Suisse ou en Italie. Ils s'arrêtèrent quelques jours dans ma retraite. Victor Hugo, Nodier et moi, nous passâmes le temps à errer dans les montagnes. Mes deux hôtes laissèrent à Saint-Point un parfum de poésie et d'amitié.

Depuis lors Nodier, plante alpestre du haut Jura, qui n'a jamais pu se bien acclimater à Paris, est mort. La nature fait peu d'hommes si charmants et si divers. Il y avait du paysan, du gentilhomme, de l'émigré, du républicain, du chevalier, de l'homme de lettres, du savant, du poète, du paresseux surtout, en lui. Débauche d'esprit et de caractère de la Nature, dans un jour de caprice et de luxe. On aurait pu faire dix hommes de Nodier, et il n'y en avait pas un tout entier en lui; mais les fragments étaient admirables. Victor Hugo a vécu, grandi, et grandit encore. Nous sommes restés amis; nous le serons, je crois, toujours. Il n'y a point de petitesses dans sa nature. Les rivalités sont des petitesses : Hugo ne les connaît pas. C'est un grand signe pour lui.

XIV

CANTATE

POUR LES ENFANTS D'UNE MAISON DE CHARITÉ

RÉCITATIF

Le temple de Sion était dans le silence ;
Les saints hymnes dormaient sur les harpes de Dieu ;
Les foyers odorants que l'encensoir balance
S'éteignaient ; et l'encens, comme un nuage immense,
S'élevait en rampant sur les murs du saint lieu.

Les docteurs de la loi, les chefs de la prière,
    Étaient assis dans leur orgueil ;
Sous leurs sourcils pensifs ils cachaient leur paupière,
Ou lançaient sur la foule un superbe coup d'œil ;
Leur voix interrogeait la timide jeunesse,
Les rides de leur front témoignaient leur sagesse ;
Respirant du Sina l'antique majesté,
De leurs cheveux blanchis, de leur barbe touffue,
On croyait voir glisser sur leur poitrine nue
    La lumière et la charité,
    Comme des neiges des montagnes

Descendent, ô Sâron, sur tes humbles campagnes
    Le jour et la fertilité !

Un enfant devant eux s'avança, plein de grâce ;
La foule, en l'admirant, devant ses pas s'ouvrait,
    Puis se refermait sur sa trace ;
    Il semblait éclairer l'espace
D'un jour surnaturel que lui seul ignorait.

    Des ombres de sa chevelure
    Son front sortait, comme un rayon
    Échappé de la nue obscure
    Éclaire un sévère horizon.

    Ce front pur et mélancolique
    S'avançait sur l'œil inspiré,
    Tel qu'un mystérieux portique
    S'avance sur un seuil sacré.

    L'éclair céleste de son âme
    S'adoucissait dans son œil pur,
    Comme une étoile dont la flamme
    Sort plus douce des flots d'azur.

    Il parla ; les sages doutèrent
    De leur orgueilleuse raison,
    Et les colonnes l'écoutèrent,
    Les colonnes de Salomon !

PREMIÈRE VOIX.

O merveilleuse histoire ! ô prodiges étranges
Que la mère à ses fils se plaît à raconter !

DEUXIÈME VOIX.

Que disait cet enfant?
PREMIÈRE VOIX.

Interrogez les anges,
Eux seuls pourraient le répéter.
DEUXIÈME VOIX.

D'où sortait ce Joas?
PREMIÈRE VOIX.

De l'ombre de la vie
De l'exil, du silence et de la pauvreté.
DEUXIÈME VOIX.

Comment disparut-il de la foule ravie?
PREMIÈRE VOIX.

Il rentra dans l'obscurité.
Dans les humbles travaux d'une vie inconnue,
Comme l'aurore sous la nue,
Il se cacha vingt ans dans son humilité;
On ne le revit plus qu'à la fin du mystère,
Enseignant le ciel à la terre,
Sur le sable ou sur l'eau semant la vérité;
Puis, traînant son supplice au sommet du Calvaire,
De l'homme qu'il aimait, victime volontaire,
Revêtir l'iniquité,
Arroser de son sang sa semence prospère,
Et payer à son Père
Le monde racheté.

LE CHOEUR.

Du sage et de l'enfant c'est le maître sublime,
C'est le flambeau qui nous luit,

C'est l'âme qui nous anime,
Le chemin qui nous conduit !

PREMIÈRE VOIX.

Il disait à celui dont la main nous repousse :
« Laissez-les venir à moi ! »

DEUXIÈME VOIX.

Et voilà qu'une main mystérieuse et douce
Tout petits jusqu'à lui nous mène par la foi !

PREMIÈRE VOIX.

Il disait : « Faites-vous des trésors que la rouille
Ne puisse pas ronger sous d'impuissants verrous ! »

DEUXIÈME VOIX.

Et voilà que des mains que ce seul mot dépouille
S'ouvrent devant lui seul et s'épanchent sur nous !

PREMIÈRE VOIX.

Il disait : « Espérez ! et fiez-vous au Père !
L'hirondelle n'a point de palais sur la terre,
Elle trouve au sommet de la tour solitaire
    Une tuile pour ses petits ;
Le passereau n'a pas semé la graine amère ;
Mais de tous ses enfants la Providence est mère :
L'une a le toit du riche et l'autre a ses épis. »

LE CHŒUR.

Nous sommes l'hirondelle errante et sans asile,
Le toit de l'étranger nous prête ses abris ;
    Le passereau de l'Évangile,
Nous ne moissonnons pas, et nous sommes nourris !

DEUXIÈME VOIX.

Que disait-il encor ?

PREMIÈRE VOIX.
« Voyez sur la verdure
Éclater le lis du vallon!
Pour se composer sa parure
Il n'a filé de lin ni tissu de toison;
Et pourtant sa tunique est plus riche et plus pure
Que les robes de Salomon! »

LE CHOEUR.
Nous sommes les lis des vallées;
Les tièdes laines des brebis
Par nous n'ont point été filées,
Et la main invisible a tissé nos habits!

DEUXIÈME VOIX.
Et nous, enfants, que peut notre reconnaissance?
Nos toits sont sans trésor, et notre âge impuissant;
Nous n'avons que nos mains à lever en silence
Vers cette Providence
D'où vient la récompense,
D'où le bienfait descend!

PREMIÈRE VOIX.
Et que pourraient de plus les rois et leur puissance?
Pour nos modestes bienfaiteurs
Priez donc, élevez la voix de l'innocence :
La prière s'épure en passant par vos cœurs.

DEUXIÈME VOIX.
Heureux l'homme pour qui la prière attendrie
S'élève des lèvres d'autrui!
Il obtient, par la voix de l'orphelin qui prie,
Plus qu'il n'a fait pour lui.

PREMIÈRE VOIX.

La prière est le don sans tache et sans souillure
    Que devant l'autel du Très-Haut
L'homme doit présenter dans une argile pure
    Et dans des vases sans défaut.
Comment offrir ce don dans ce métal profane
    Que sa sainteté nous défend?
Du cristal ou de l'or que notre encens émane,
Le vase le plus pur est le cœur d'un enfant.

DEUXIÈME VOIX.

Le vœu souvent perdu de nos cœurs s'évapore;
Mais ce vœu de nos cœurs, par d'autres présenté,
Est comme un faible son dans un temple sonore,
Qui, d'échos en échos croissant et répété,
S'élève et retentit jusqu'à l'éternité.

PREMIÈRE VOIX.

Prions donc! élevons la voix de l'innocence,
La prière s'épure en passant par nos cœurs.
Les anges porteront à la Toute-Puissance
Nos bénédictions et l'encens de nos pleurs.
Prions donc! élevons la voix de l'innocence,
La prière s'épure en passant par nos cœurs.

PRIÈRE

O toi dont l'oreille s'incline
    Au nid du pauvre passereau,
Au brin d'herbe de la colline
    Qui soupire après un peu d'eau;

Providence qui les console,
Toi qui sais de quelle humble main
S'échappe la secrète obole
Dont le pauvre achète son pain;

Toi qui tiens dans ta main diverse
L'abondance et la nudité,
Afin que de leur doux commerce
Naissent justice et charité,

Charge-toi seule, ô Providence,
De connaître nos bienfaiteurs,
Et de puiser leur récompense
Dans les trésors de tes faveurs!

Notre cœur, qui pour eux t'implore,
A l'ignorance est condamné;
Car toujours leur main gauche ignore
Ce que leur main droite a donné.

Mais que le bienfait qui se cache
Sous l'humble manteau de la foi
A leurs mains pieuses s'attache,
Et les trahisse devant toi!

Qu'un vœu qui dans leur cœur commence,
Que leurs soupirs les plus voilés,
Soient exaucés dans ta clémence
Avant de t'être révélés!

Que leurs mères, dans leur vieillesse,
Ne meurent qu'après des jours pleins !
Et que les fils de leur jeunesse
Ne restent jamais orphelins !

Mais que leur race se succède
Comme les chênes de Membré,
Dont aux ans le vieux tronc ne cède
Que quand le jeune a prospéré ;

Ou comme ces eaux toujours pleines,
Dans les sources de Siloé,
Où nul flot ne sort des fontaines
Qu'après que d'autres ont coulé !

LIVRE QUATRIÈME

I

HYMNE DE LA MORT

Élève-toi, mon âme, au-dessus de toi-même,
    Voici l'épreuve de ta foi !
Que l'impie assistant à ton heure suprême
Ne dise pas : « Voyez, il tremble comme moi ! »

    La voilà, cette heure suivie
    Par l'aube de l'éternité,
    Cette heure qui juge la vie
    Et sonne l'immortalité !
    Et tu pâlirais devant elle,
    Ame à l'espérance infidèle !
    Tu démentirais tant de jours,
    Tant de nuits, passés à te dire :
    « Je vis, je languis, je soupire ;
    Ah ! mourons pour vivre toujours ! »

Oui, tu meurs! déjà ta dépouille
De la terre subit les lois,
Et de la fange qui te souille
Déjà tu ne sens plus le poids.
Sentir ce vil poids, c'était vivre ;
Et le moment qui te délivre
Les hommes l'appellent mourir !
Tel un esclave, libre à peine,
Croit qu'on emporte avec sa chaîne
Ses bras qu'il ne sent plus souffrir.

Ah! laisse aux sens, à la matière,
Ces illusions du tombeau !
Toi, crois-en à ta vie entière,
A la foi qui fut ton flambeau ;
Crois-en à cette soif sublime,
A ce pressentiment intime
Qui se sent survivre après toi ;
Meurs, mon âme, avec assurance !
L'amour, la vertu, l'espérance,
En savent plus qu'un jour d'effroi.

Qu'était-ce que ta vie ? Exil, ennui, souffrance,
    Un holocauste à l'espérance,
Un long acte de foi chaque jour répété.
Tandis que l'insensé buvait à plein calice,
Tu versais à tes pieds ta coupe en sacrifice,
Et tu disais : « J'ai soif, mais d'immortalité ! »

    Tu vas boire à la source vive
    D'où coulent les temps et les jours,

Océan sans fond et sans rive,
Toujours plein, débordant toujours.
L'astre que tu vas voir éclore
Ne mesure plus par aurore
La vie, hélas! prête à tarir,
Comme l'astre de nos demeures,
Qui n'ajoute au présent des heures
Qu'en retranchant à l'avenir.

Oublie un monde qui s'efface,
Oublie une obscure prison!
Que ton regard privé d'espace
Découvre enfin son horizon!
Vois-tu ces voûtes azurées
Dont les arches démesurées
S'entr'ouvrent pour s'étendre encor?
Bientôt leur courbe incalculable
Te sera ce qu'un grain de sable
Est au vol brûlant du condor.

Tu vas voir la céleste armée
Déployer ses orbes sans fin,
Comme une poussière animée
Qu'agite le souffle divin.
Ces doux soleils dont ta paupière
Devinait de loin la lumière
Vont s'épanouir sous tes yeux,
Et chacun d'eux dans son langage
Va te saluer, au passage,
Du grand nom que chantent les cieux!

Tu leur demanderas les rêves
Que ton cœur élançait vers eux,
Pendant ces nuits où tu te lèves
Pour te pénétrer de leurs feux ;
Tu leur demanderas les traces
Des êtres chéris dont les places
Restèrent vides ici-bas,
Et tu sauras sur quelle flamme
Leur âme arrachée à ton âme
En montant imprima ses pas !

Tu verras quels êtres habitent
Ces palais flottants de l'éther,
Qui nagent, volent ou palpitent,
Enfants de la flamme et de l'air,
Chœurs qui chantent, voix qui bénissent,
Miroirs de feu qui réfléchissent,
Ailes qui voilent Jéhovah ;
Poudre vivante de ce temple,
Dont chaque atome le contemple,
L'adore et lui crie : Hosannah !

Dans ce pur océan de vie
Bouillonnant de joie et d'amour,
La mort va te plonger ravie
Comme une étincelle au grand jour ;
Son flux vers l'éternelle aurore
Va te porter, obscure encore,
Jusqu'à l'astre qui toujours luit,
Comme un flot que la mer soulève

Roule, aux bords où le jour se lève,
Sa brillante écume, et s'enfuit!

Détestais-tu la tyrannie?
Adorais-tu la liberté?
De l'oppression impunie
Ton œil était-il révolté?
Avais-tu soif de la justice,
Horreur du mal, honte du vice?
Versais-tu des larmes de sang
Quand l'imposture ou la bassesse
Livraient l'innocente faiblesse
Aux serres du crime puissant?

Sentais-tu la lutte éternelle
Du bonheur et de la vertu,
Et la lutte encor plus cruelle
Du cœur par le cœur combattu?
Rougissais-tu de ce nom d'homme
Dont le ciel rit, quand l'orgueil nomme
Cette machine à deux ressorts,
L'un de boue et l'autre de flamme,
Trop avili s'il n'est qu'une âme,
Trop sublime s'il n'est qu'un corps

Pleurais-tu quand la calomnie
Souillait la gloire de poison,
Ou quand les ailes du génie
Se brisaient contre sa prison?
Pleurais-tu lorsque Philomèle,

Couvant ses petits sous son aile,
Tombait sous l'ongle du vautour ;
Quand la faux tranchait une rose,
Ou que la vierge à peine éclose
Mourait à son premier amour ?

Et sentais-tu ce vide immense,
Et cet inexorable ennui,
Et ce néant de l'existence,
Cercle étroit qui tourne sur lui ?
Même en t'enivrant de délices,
Buvais-tu le fond des calices ?
Heureuse encor, n'avais-tu pas
Et ces amertumes sans causes,
Et ces désirs brûlants de choses
Qui n'ont que leurs noms ici-bas ?

Triomphe donc, âme exilée !
Tu vas dans un monde meilleur,
Où toute larme est consolée,
Où tout désir est le bonheur ;
Où l'être qui se purifie
N'emporte rien de cette vie
Que ce qu'il a d'égal aux dieux,
Comme la cime encore obscure
Dont l'ombre décroît, à mesure
Que le jour monte dans les cieux.

Là sont tant de larmes versées
Pendant ton exil sous les cieux,

Tant de prières élancées
Du fond d'un cœur tendre et pieux ;
Là tant de soupirs de tristesse,
Tant de beaux songes de jeunesse !
Là les amis qui t'ont quitté,
Épiant ta dernière haleine,
Te tendent leur main déjà pleine
Des dons de l'immortalité !

Ne vois-tu pas des étincelles
Dans les ombres poindre et flotter ?
N'entends-tu pas frémir les ailes
De l'esprit qui va t'emporter ?
Bientôt, nageant de nue en nue,
Tu vas te sentir revêtue
Des rayons du divin séjour,
Comme une onde qui s'évapore
Contracte, en montant vers l'aurore,
La chaleur et l'éclat du jour.

Encore une heure de souffrance,
Encore un douloureux adieu ;
Puis endors-toi dans l'espérance,
Pour te réveiller dans ton Dieu !
Tel, sur la foi de ses étoiles,
Le pilote pliant ses voiles
Pressent la terre sans la voir,
S'endort en rêvant les rivages,
Et trouve, en s'éveillant, des plages
Plus sereines que son espoir.

COMMENTAIRE

Cette harmonie a été écrite à Paris, en 1830, quelques mois avant la révolution de Juillet. J'étais en congé.

II

LA FLEUR DES EAUX

A VALENTINE

Dans les climats d'où vient la myrrhe,
Loin des rivages, sur les flots,
Il naît une fleur qu'on admire,
Et dont l'odeur, quand on l'aspire,
Donne l'extase aux matelots.

Savez-vous son nom ?
Le flot le soupire,
Il meurt sans le dire.
Savez-vous son nom ?
Oh non !

Fleur tout prodige et tout mystère,
L'abîme amer est son berceau ;
Nul fil ne l'attache à la terre,
Nulle main ne la désaltère,
Nulle ancre ne la tient sous l'eau.

Savez-vous son nom ?
Le flot le soupire,
Il fuit sans le dire.
Savez-vous son nom ?
   Oh non !

Elle est pâle comme une joue
Dont l'amour a bu les couleurs ;
Et, quand la vague la secoue,
De son bouton qui se dénoue
Il pleut une sève de pleurs.

  Savez-vous son nom ?
  Le flot le soupire,
  Il fuit sans le dire.
  Savez-vous son nom ?
     Oh non !

Les cygnes noirs nagent en troupe
Pour voir de près fleurir ses yeux ;
Le pêcheur, penché sur sa poupe,
Croit qu'une étoile du saint groupe
Est tombée, en dormant, des cieux.

  Savez-vous son nom ?
  Le flot le soupire,
  Il fuit sans le dire.
  Savez-vous son nom ?
     Oh non !

Elle ondoie avec la surface
Du courant qui croit l'entraîner ;
Mais le jour ou le flot qui passe
La retrouve à la même place
Où notre œil semble l'enchaîner.

   Savez-vous son nom ?
   Le flot le soupire,
   Il fuit sans le dire.
   Savez-vous son nom ?
     Oh non !

Le marin dit : « Comment prend-elle
Sa douce vie au flot amer ?
Plante unique et surnaturelle,
Pour puiser sa sève immortelle,
Plonge-t-elle au fond de la mer ? »

   Savez-vous son nom ?
   Le flot le soupire,
   Il fuit sans le dire.
   Savez-vous son nom ?
     Oh non !

Le secret de la fleur marine,
Je le sais par une autre fleur :
Plante sans tige et sans racine,
Chacun cherche et nul ne devine
Que sa sève sort d'un seul cœur.

Savez-vous son nom ?
Le flot le soupire,
Il fuit sans le dire.
Savez-vous son nom ?
    Oh non !

III

INVOCATION POUR LES GRECS

1826

N'es-tu plus le Dieu des armées ?
N'es-tu plus le Dieu des combats ?
Ils périssent, Seigneur, si tu ne réponds pas !
L'ombre du cimeterre est déjà sur leurs pas.
Aux livides lueurs des cités enflammées,
Vois-tu ces bandes désarmées,
Ces enfants, ces vieillards, ces vierges alarmées ?
Ils flottent, au hasard, de l'outrage au trépas,
Ils regardent la mer, ils te tendent les bras :
N'es-tu plus le Dieu des armées ?
N'es-tu plus le Dieu des combats ?

Jadis tu te levais ! tes tribus palpitantes
Criaient : « Seigneur ! Seigneur ! ou jamais, ou demain ! »
Tu sortais tout armé, tu combattais ! soudain
L'Assyrien frappé tombait sans voir ta main,
D'un souffle de ta peur tu balayais ses tentes,
Ses ossements blanchis nous traçaient le chemin !
Où sont-ils ? où sont-ils ces sublimes spectacles

Qu'ont vus les flots de Gad et les monts de Séirs ?
  Eh quoi ! la terre a des martyrs,
  Et le ciel n'a plus de miracles ?
Cependant tout un peuple a crié : « Sauve-moi ;
Nous tombons en ton nom, nous périssons pour toi ! »

Les monts l'ont entendu : les échos de l'Attique
De caverne en caverne ont répété ses cris ;
Athène a tressailli sous sa poussière antique,
Sparte les a roulés de débris en débris.
Les mers l'ont entendu ; les vagues sur leurs plages,
Les vaisseaux qui passaient, les mâts, l'ont entendu ;
Le lion sur l'Œta, l'aigle au sein des nuages ;
Et toi seul, ô mon Dieu, tu n'as pas répondu !

Ils t'ont prié, Seigneur, de la nuit à l'aurore,
Sous tous les noms divins où l'univers t'adore ;
Ils ont brisé pour toi leurs dieux, ces dieux mortels ;
Ils ont pétri, Seigneur, avec l'eau des collines,
La poudre des tombeaux, les cendres des ruines,
  Pour te fabriquer des autels.

Des autels à Délos ! des autels sur Égine !
Des autels à Platée, à Leuctre, à Marathon !
Des autels sur la grève où pleure Salamine !
Des autels sur le cap où méditait Platon !

Les prêtres ont conduit le long de leurs rivages
Des femmes, des vieillards, qui t'invoquaient en chœurs,
  Des enfants jetant des fleurs

Devant les saintes images,
Et des veuves en deuil qui cachaient leurs visages
　　　Dans leurs mains pleines de pleurs !

Le bois de leurs vaisseaux, leurs rochers, leurs murailles,
Les ont livrés vivants à leurs persécuteurs ;
Leurs têtes ont roulé sous les pieds des vainqueurs
Comme des boulets morts sur les champs de batailles ;
Les bourreaux ont plongé la main dans leurs entrailles ;
Mais ni le fer brûlant, Seigneur, ni les tenailles,
　　　N'ont pu t'arracher de leurs cœurs !

Et que disent, Seigneur, ces nations armées
Contre ce nom sacré que tu ne venges pas ?
　　« Tu n'es plus le Dieu des armées !
　　Tu n'es plus le Dieu des combats ! »

VI

LA VOIX HUMAINE

A MADAME DE B***

    Oui, je le crois quand je t'écoute,
    L'harmonie est l'âme des cieux !
Et ces mondes flottants où s'élancent nos yeux
Sont suspendus sans chaîne à leur brillante voûte,
Réglés dans leur mesure et guidés dans leur route
    Par des accords mélodieux.

L'antiquité l'a dit, et souvent son génie
Entendit dans la nuit leur lointaine harmonie
Je l'entends près de toi ; ces astres du matin,
Qui sèment de leurs lis les sentiers de l'aurore,
Saturne, enveloppé de son anneau lointain,
Vénus, que sous leurs pas les ombres font éclore,
Ces phases, ces aspects, ces chœurs, ces nœuds divers,
Ces globes attirés, ces sphères cadencées,
Ces évolutions des soleils dans les airs,
Sont les notes de feu, par Dieu même tracées,
    De ces mystérieux concerts.

Et pourquoi l'harmonie à ces globes de flamme
Ne peut-elle imposer ses ravissantes lois?
Quand tu peux à ton gré, d'un accord de ta voix,
Ralentir ou presser les mouvements de l'âme,
Comme la corde d'or qui vibre sous tes doigts!

Quand tes chants, dans les airs s'exhalant en mesure,
    Coulent de soupir en soupir,
Comme des flots brillants d'une urne qui murmure,
    Sans s'altérer et sans tarir!

Quand tes accords, liés en notes accouplées,
Comme une chaîne d'or par ses chaînons égaux,
Se déroulent sans fin en cadences perlées,
Sans qu'on puisse en briser les flexibles anneaux;

Quand tes accords, vibrés en sons courts et rapides,
    Tombent de tes lèvres limpides
    Comme autant de grains de cristal,
    Ou comme des perles solides
    Qui résonnent sur le métal!

    Quand l'amour dans ta voix soupire,
Quand la haine y gémit des coups qu'elle a frappés,
Quand frémit le courroux, quand la langueur expire,
Quand la douleur s'y brise en sons entrecoupés,
Quand ta voix s'amollit et lutte avec la lyre,
Ou que l'enthousiasme, empruntant tes accents,
Emporte jusqu'aux cieux, sur l'aile du délire,
    Mille âmes qui n'ont plus qu'un sens!

Notre oreille, enchaînée au son qui la captive,
Voudrait éterniser la note fugitive;
Et l'âme palpitante, asservie à tes chants,
Cette âme que ta voix possède tout entière,
    T'obéit comme la poussière
Obéit, dans l'orage, aux caprices des vents.

Comment l'air modulé par la fibre sonore
Peut-il créer en nous ces sublimes transports?
Pourquoi le cœur suit-il un son qui s'évapore?
Ah! c'est qu'il est une âme au fond de ces accords!
    C'est que cette âme répandue
Dans chacun des accents par ta voix modulé,
Par la voix de nos cœurs est soudain répondue
Avant que le doux son soit encore écoulé,
Et que, semblable au son qui dans un temple éveille
Mille échos assoupis qui parlent à la fois,
Ton âme, dont l'écho vibre dans chaque oreille,
    Va créer une âme pareille
    Partout où retentit ta voix!

Ah! quand des nuits d'été l'ombre enfin rembrunie
Vient assoupir l'oreille et reposer les yeux,
Lorsque le rossignol enivré d'harmonie
Dort et rend le silence aux bois mélodieux;
Quand des astres du ciel, seul et fuyant la foule,
L'astre qui fait rêver se dégage à demi,
Et que l'œil amoureux suit le fleuve qui roule
Un disque renversé dans son flot endormi;
Viens chanter sous le dôme où le cygne prélude,

Viens chanter aux lueurs des célestes flambeaux,
    Viens chanter pour la solitude :
Consacrés à la nuit, tes chants seront plus beaux!
Pour la foule et le jour ta voix est trop sublime;
Réserve à la douleur tes airs les plus touchants,
N'exhale qu'à ton Dieu le souffle qui t'anime :
La plainte et la prière ont inventé les chants.

A ces sons plus puissants que la froide parole,
Dans l'œil humide encor tu vois les pleurs tarir;
Le regret s'attendrit, la douleur se console,
L'espérance descend, l'amertume s'envole,
Le cœur longtemps fermé s'ouvre par un soupir;
L'athée à son insu soulève sa paupière,
La bouche d'où jamais ne jaillit la prière
Murmure un nom divin pour la première fois,
Et des anges des nuits les voix mystérieuses,
Et les brûlants soupirs de ces âmes pieuses
Qu'ici-bas de la vie enchaîne encore le poids,
    Sur des ailes mélodieuses
Au ciel qu'ouvrent tes chants montent avec la voix!

COMMENTAIRE

Mme de B*** veut dire ici Mme la comtesse Ida de Bombelles, ambassadrice d'Autriche à Florence, à Naples, etc. Mme de Bombelles, née en Danemark, je crois, fille de Mme Brown, écrivain célèbre dans son pays, paraissait être une erreur de la nature. Sa beauté était grecque, son génie italien, sa voix céleste. Par le talent elle égalait les premières cantatrices de son temps.

Elle avait créé d'inspiration, dans son enfance, l'art nouveau des attitudes. Elle représentait d'une pose, d'un geste, d'une draperie, les personnages des grandes scènes historiques. Elle faisait vivre et palpiter les statues. Sa merveilleuse beauté aidait au prestige. C'était la poésie muette Quand elle parlait, c'était surtout la bonté.

Il y a peu de temps que le malheur l'a frappée à son tour. Elle a perdu son mari, son rang, sa fortune, sa splendeur. Elle vit obscure et en deuil dans une petite ville d'Allemagne. Elle n'a plus cette cour d'admirateurs passionnés dont nous l'entourions tous les soirs dans son beau palais de l'Arno ; mais, comme elle n'avait point de vanité, elle a peu perdu en perdant les applaudissements. Les cœurs lui restent.

V

POUR UNE QUÊTE

L'or qu'au plaisir le riche apporte
Ne fait que glisser dans sa main ;
Le pauvre qui veille à la porte
Attend les miettes de ce pain.

Aux sons de nos harpes de fêtes,
Anges, unissez vos accents,
Car tous nos luxes sont des quêtes
Où l'art sollicite les sens.

Jouissez, heureux de la terre
Dans ce temple à la charité !
Le plaisir est une prière,
Et l'aumône une volupté.

VI

LA TRISTESSE

L'âme triste est pareille
Au doux ciel de la nuit,
Quand l'astre qui sommeille
De la voûte vermeille
A fait tomber le bruit.

Plus pure et plus sonore,
On y voit sur ses pas
Mille étoiles éclore,
Qu'à l'éclatante aurore
On n'y soupçonnait pas ;

Des îles de lumière
Plus brillante qu'ici,
Et des mondes derrière,
Et des flots de poussière
Qui sont mondes aussi.

On entend dans l'espace
Les chœurs mystérieux
Ou du ciel qui rend grâce,

Ou de l'ange qui passe,
Ou de l'homme pieux ;

Et, pures étincelles
De nos âmes de feu,
Les prières mortelles
Sur leurs brûlantes ailes
Nous soulèvent un peu.

Tristesse qui m'inonde,
Coule donc de mes yeux ;
Coule comme cette onde
Où la terre féconde
Voit un présent des cieux !

Et n'accuse point l'heure
Qui te ramène à Dieu !
Soit qu'il naisse ou qu'il meure,
Il faut que l'homme pleure
Ou l'exil, ou l'adieu.

VII

SOUVENIR

A LA PRINCESSE D'ORANGE

Il creusait dans la mer son sillage d'écume,
Le navire grondant qui respire le feu ;
Nous suivions cette côte où le Vésuve fume :
Les cyprès étaient noirs, l'eau verte, le ciel bleu.

Une vague enjouée, en poursuivant la poupe,
Des perles de la mer aspergeait le bateau,
Comme le buis bénit qu'on trempe dans la coupe
Sur le front des passants jette le sel et l'eau.

La nuit d'été, semblable à l'éternelle aurore,
Nous regardait d'en haut avec ses milliers d'yeux ;
Les étoiles, ces fleurs que minuit fait éclore,
Naissaient sous notre doigt dans les jardins des cieux.

Le vaste pont roulait, charmant berceau de femmes ;
On voyait pour dormir leur front se renverser,
Quand, sous leurs coudes blancs, le lit des grandes lames
S'enflait et se creusait, comme pour les bercer.

Le vent sonore et chaud qui soufflait des rivages,
Invisible contact de l'invisible amant,
Écartait les cheveux de ces pâles visages
Que la lune baisait du haut du firmament.

Les unes retenaient leurs muettes haleines ;
Les autres, par des chants, cherchaient à s'assoupir ;
Les plus jeunes pleuraient d'ivresse, urnes trop pleines
Où la tendresse écume et déborde en soupir.

Parmi ce blond essaim de figures pensives,
Mes yeux en suivaient une, accoudée à l'écart,
Dont le front se marbrait de pâleurs fugitives,
Qui sondait plus d'espace et d'éther d'un regard.

L'extase contenue abaissait ses paupières
Sur ses yeux inondés de sa félicité ;
Ses lèvres semblaient dire au Dieu de ses prières :
« Ah ! fais-moi de cette heure une immortalité ! »

Et moi, ce qui gravait ces nuits dans ma mémoire,
Ce n'était pas l'odeur du vent de ces climats,
Les astres, les cyprès, les flots d'or et de moire,
Les groupes de beautés jouant au pied des mâts,

C'était ce front pensif et ce regard sans flamme,
Plus profond que l'abîme, hélas ! et plus amer,
Et ce léger soupir qui soulevait une âme
Pure comme le ciel, grande comme la mer !

VIII

AU ROSSIGNOL

Quand ta voix céleste prélude
Aux silences des belles nuits,
Barde ailé de ma solitude,
Tu ne sais pas que je te suis !

Tu ne sais pas que mon oreille,
Suspendue à ta douce voix,
De l'harmonieuse merveille
S'enivre longtemps sous les bois !

Tu ne sais pas que mon haleine
Sur mes lèvres n'ose passer,
Que mon pied muet foule à peine
La feuille qu'il craint de froisser !

Et qu'enfin un autre poète,
Dont la lyre a moins de secrets,
Dans son âme envie et répète
Ton hymne nocturne aux forêts !

Mais si l'astre des nuits se penche
Aux bords des monts pour t'écouter,

Tu te caches de branche en branche
Au rayon qui vient y flotter;

Et si la source qui repousse
L'humble caillou qui l'arrêtait
Élève une voix sous la mousse,
La tienne se trouble et se tait.

Ah! ta voix touchante ou sublime
Est trop pure pour ce bas lieu :
Cette musique qui t'anime
Est un instinct qui monte à Dieu!

Tes gazouillements, ton murmure,
Sont un mélange harmonieux
Des plus doux bruits de la nature,
Des plus vagues soupirs des cieux.

Ta voix, qui peut-être s'ignore,
Est la voix du bleu firmament,
De l'arbre, de l'antre sonore,
Du vallon sous l'ombre dormant.

Tu prends les sons que tu recueilles
Dans les gazouillements des flots,
Dans les frémissements des feuilles,
Dans les bruits mourants des échos,

Dans l'eau qui filtre goutte à goutte
Du rocher nu dans le bassin,

Et qui résonne sous sa voûte
En ridant l'azur de son sein,

Dans les voluptueuses plaintes
Qui sortent la nuit des rameaux,
Dans les voix des vagues éteintes
Sur le sable ou dans les roseaux ;

Et de ces doux sons, où se mêle
L'instinct céleste qui t'instruit,
Dieu fit ta voix, ô Philomèle,
Et tu fais ton hymne à la nuit.

Ah! ces douces scènes nocturnes,
Ces pieux mystères du soir,
Et ces fleurs qui penchent leurs urnes
Comme l'urne d'un encensoir,

Ces feuilles où tremblent des larmes,
Ces fraîches haleines des bois,
O nature, avaient trop de charmes
Pour n'avoir pas aussi leur voix !

Et cette voix mystérieuse
Qu'écoutent les anges et moi,
Ce soupir de la nuit pieuse,
Oiseau mélodieux, c'est toi !

Oh! mêle ta voix à la mienne!
La même oreille nous entend ;

Mais ta prière aérienne
Monte mieux au ciel qui l'attend.

Elle est l'écho d'une nature
Qui n'est qu'amour et pureté,
Le brûlant et divin murmure,
L'hymne flottant des nuits d'été.

Et nous, dans cette voix sans charmes
Qui gémit en sortant du cœur,
On sent toujours trembler des larmes
Ou retentir une douleur!

COMMENTAIRE

Ces strophes au rossignol ont été écrites à Saint-Point, dans le petit bois de haute futaie dont il ne reste que trente-deux arbres, auprès de la source et du bassin.

Depuis que la nécessité m'a contraint à vendre presque tous les beaux arbres, les rossignols ne viennent plus. C'est là aussi que j'ai écrit le premier volume de *Jocelyn*; le second volume, sur le pont de mon navire et sous les cèdres du mont Liban.

IX

UNE FLEUR

MÉLODIE

Cette fleur est pour moi la date d'une année
Que le fleuve du temps a noyée en son cours ;
Vingt fois la même fleur s'est rouverte et fanée
Depuis.... Mais celle-là me fait rêver toujours.

C'était un de ces jours que jamais on n'oublie,
Jour de bonheur suprême, hélas ! sans lendemain.
Celle que j'adorais, et qui l'avait cueillie,
Quand le soir fut venu l'effeuilla dans ma main.

« Le soleil est couché ; mais gardons, me dit-elle,
Quelque chose du moins du jour évanoui.
L'heure qui vit s'ouvrir cette fleur sous son aile
Est la même qui vit mon cœur épanoui.

« Nous ne pouvons, hélas ! enchaîner à la rive
Un seul des flots du temps, qu'il soit amer ou doux;
Mais nous pouvons semer sur l'onde fugitive
Nos débris de bonheur en mémoire de nous ! »

L'homme heureux de Samos[1] aux flots jeta sa bague,
Pour éprouver les dieux et tenter son bonheur ;
Le flot la lui rendit.... Nous, jetons à la vague,
A la vague du temps, ce jour et cette fleur !

Et si Dieu nous les rend, même dans l'autre monde,
Rendons grâce à la vie, et disons : « Gloire à lui ! »
Le chemin est bien long, la nuit est bien profonde ;
Mais le ciel n'est pas loin, car l'amour nous a lui !

1. Polycrate.

X

HYMNE DE L'ANGE DE LA TERRE

APRÈS LA DESTRUCTION DU GLOBE

La terre n'était plus qu'une tombe fermée ;
Masse informe et muette, éteinte, inanimée,
Elle flottait au rang qu'elle avait occupé :
Comme un vaisseau muet, que la foudre a frappé,
Quand la main qui le guide est tombée en poussière,
Suit encore un moment sa rapide carrière,
Puis chancelle et s'arrête, et de ses flancs déserts
Ne rend plus qu'un son creux au sourd roulis des mers.
La vie, en remontant à sa source suprême,
La vie avait quitté jusqu'aux éléments même ;
Le dernier des vivants, d'où son souffle avait fui,
Était mort ; et la terre était morte avec lui,
Morte avec tous ses fruits, morte avec tout leur germe,
Morte avec chaque loi que chaque règne enferme,
Morte avec tous ses bruits et tous ses mouvements
Avec tous ses instincts et tous ses sentiments,
Morte avec tous ses feux éteints dans ses abîmes,
Morte avec ses vapeurs retombant de ses cimes,
Morte avec tous ses vents ; et son silence seul
L'enveloppait partout comme un morne linceul.

HARMONIES POÉTIQUES

Un soleil sans rayons, de ses reflets funèbres,
Ne pouvait que pâlir ces flottantes ténèbres;
Rien n'y réfléchissait l'aurore ni le soir :
Tel, dans un œil éteint qui ne peut plus la voir,
La clarté d'un flambeau tombe en vain; la paupière,
Comme un miroir terni, change en nuit la lumière.
C'était un point obscur dans le vide de l'air,
Un cadavre flottant sur les flots de l'éther;
Et l'esprit du Seigneur, en traversant l'espace,
Avec crainte et dégoût s'éloignait de sa trace;
Mais, semblable à l'amour qui survit au trépas,
Un seul ange du moins ne l'abandonnait pas.
C'était ce grand esprit, cette âme universelle,
Qui vivait, qui sentait, qui végétait pour elle;
Être presque divin dont elle était le corps,
Qui de sa masse inerte agitait les ressorts,
Dont l'homme avait nié l'intelligence obscure,
Ou que, sans la comprendre, il nommait la Nature.
Quand elle eut accompli ses destins et ses lois,
L'esprit avait repris sa forme d'autrefois.

De céleste et d'humain harmonieux mélange,
C'était un homme avec les ailes d'un archange;
Mais un homme agrandi, sublime, colossal,
De cet être déchu type primordial,
Du Dieu qui le créa première et grande image,
Assis sur un coteau de ce divin rivage
Où jadis Parthénope avait devant ses yeux
Réfléchi dans les mers comme un morceau des cieux;

Lieux chers à ses regards, lieux que sa main féconde
Se plaisait à parer, comme un jardin du monde,
Et de l'ombre des monts, et de l'azur des mers,
Et de l'éclat du ciel, et du parfum des airs ;
Ses pieds pendaient d'en haut sur un immense abîme
Dont l'écume des flots avait rongé la cime ;
Lieux vides maintenant de lumière et de bruit,
D'où ne remontait plus que silence et que nuit.
Son coude s'appuyait sur la crête aplatie
De ce mont qui, jetant la cendre et l'incendie,
Secouait de ses flancs les hameaux ébranlés :
Ses flancs vides rendaient des sons creux et fêlés.

Ses blancs cheveux tombant comme une neige épaisse,
Contemporains du globe, annonçaient sa vieillesse ;
Mais les membres nerveux de cet enfant du ciel
Laissaient dans le vieillard deviner l'immortel.
De ses deux larges mains il couvrait son visage.
Pareilles par leur masse à des gouttes d'orage,
Des larmes, de ses yeux vainement essuyés,
Ruisselaient dans ses doigts et pleuvaient à ses pieds.
Il comprimait en vain cette angoisse divine ;
On entendait de loin gronder dans sa poitrine
Le bruit sourd et plaintif de ses vastes sanglots,
Et des cris étouffés qu'entrecoupaient ces mots :

« Est-ce toi, terre inanimée ?
Est-ce toi que j'ai vue, hélas ! il n'est qu'un jour,
Des doigts de Jéhovah t'élancer enflammée

Comme une étincelle allumée
Au foyer de vie et d'amour?

« Les étoiles tes sœurs pâlirent
De honte et de ravissement;
Tu passas dans le ciel, et les astres jaillirent,
Et les vagues d'azur sous ton poids s'assouplirent
Pour bercer ton globe écumant.

« Sur ton front qui venait d'éclore,
Ta lune et ton soleil combattaient de clarté;
Plus pur que ton midi, plus doux que ton aurore,
Le regard de ton Dieu t'illuminait encore
De vie et d'immortalité.

« Quels destins tu portais! — Étouffés dans leur germe,
Que d'êtres immortels ton sein devait nourrir!
Où sont-ils? Est-il vrai? ce peu de cendre enferme
Ce qui ne dut jamais mourir?
Et d'une étoile, hélas! tu n'es plus que la cendre,
Que le noyau d'un fruit que le ver a rongé,
Qu'un rocher qui va se fendre
Dans le feu qui l'a jugé!

« Ah! pleurez avec moi, planètes ses compagnes,
Étoiles qui semiez ses tentes de mille yeux,
Soleil dont les rayons inondaient ses campagnes,
Nuages qui jetiez l'ombre sur ses montagnes,
Pleurez! la mort est dans les cieux.

« Quand tu flottais comme un navire
Dans l'écume de feu de l'aurore ou du soir ;
Quand tes mers, se gonflant comme un sein qui respire,
Venaient lécher du flot le bord qui les attire,
Et polir sous tes caps leur onduleux miroir,
Miroir où tes tableaux que ridait le zéphire
Brillaient et s'effaçaient comme un léger sourire
Que l'œil voudrait fixer et ne fait qu'entrevoir ;

« Quand tes cimes portaient le palais des nuages,
Et que, fendant soudain leur cintre divisé,
Les rayons, se mêlant aux lueurs des orages,
  Sur les flancs des rochers sauvages
  Ruisselaient de plages en plages,
Comme un éclair perçant sous un dôme brisé ;
Quand ce jour faux et teint d'une couleur qui change,
  Flottant au gré de l'aquilon,
Comme un reflet de feu des ailes d'un archange,
Glissait en colorant ton magique horizon,
Et, frappant tour à tour ta crête ou tes abîmes,
Faisait étinceler tes neiges sur tes cimes,
Tes cascades pleuvant dans leurs gouffres poudreux,
Tes hameaux blanchissant sur un fond ténébreux,
Tes fleuves engouffrés sous leur arche arrondie,
Et tes mers écumant comme un vaste incendie,
Et les toits des cités resplendissant de feux :

« Oh ! qui pouvait te voir sans palpiter d'extase,
Sans tomber à genoux devant ton créateur !

Oh! qui pourrait te voir sans qu'un poids ne l'écrase,
Un poids comme le mien, de honte et de malheur!

« Que d'êtres animait ton âme intarissable,
Depuis l'humble fourmi dans ses cités de sable
Jusqu'à l'aigle du ciel qui dormait sur le vent!
Dans tes jeux infinis que de force et de grâce,
Depuis le cygne blanc qui vogue sur la trace
  Du cygne sur l'onde glissant,
Depuis le doux ramier dont le cou s'entrelace
  Au cou du ramier gémissant,
Depuis le paon superbe où l'aube peint sa roue,
Depuis le lévrier dont les flancs sont la proue,
Depuis le fier coursier au cœur obéissant,
Jusqu'au lourd éléphant, tour vivante et mobile,
Que la voix d'un enfant par l'amour rend docile,
  Jusqu'au lion frémissant
Qui d'un ongle courbé creuse en vain la poussière,
Fait dans ses sourds naseaux rugir l'air menaçant,
Et, de son cou gonflé secouant la crinière,
Renvoie obliquement l'éclair de la lumière,
  Et n'a dans sa paupière
  Que des feux et du sang!

 « Et quelle vaste intelligence
S'élevait par degrés de la terre au Seigneur,
Depuis l'instinct grossier de la brute existence,
Depuis l'aveugle soif du terrestre bonheur,
Jusqu'à l'âme qui loue, et qui prie, et qui pense,
  Jusqu'au soupir d'un cœur

Qu'emporte d'un seul trait l'immortelle espérance
    Au sein de son auteur!

« O race aveugle! ô race à sa perte obstinée!
Hommes qui n'avez rien conquis que le trépas,
    Qu'aviez-vous à faire ici-bas?
Jouir, aimer, bénir, c'était leur destinée;
L'ange enviait leur sort, il ne leur suffit pas!

    « Et le voilà, cet enfant de lumière!
    Et le voilà, cet héritier des cieux!
Pas un souffle, un soupir! muet comme la pierre!
    Et toute cette poussière
    Se crut une fois des dieux! »

Il dit; et, remontant aux voûtes éternelles,
Il secoua de loin la poudre de ses ailes,
Pour la revoir encore une fois s'abaissa;
Puis son ombre divine à jamais s'effaça.

COMMENTAIRE

Ceci est un fragment d'un poème sacré sur les mondes, qui n'a jamais été fini.

XI

LES SAISONS

A M. CABARRUS

Au printemps, les lis des champs filent
Leur tunique aux chastes couleurs ;
Les gouttes que les nuits distillent
Le matin se changent en fleurs.
La terre est un faisceau de tiges
Dont l'odeur donne des vertiges
Qui font délirer tous les sens ;
Les brises folles, les mains pleines,
Portent à Dieu, dans leurs haleines,
Tout ce que ce globe a d'encens.

En été, les feuillages sombres,
Où flottent les chants des oiseaux.
Jettent le voile de leurs ombres
Entre le soleil et les eaux ;
Des sillons les vagues fécondes
Font un océan de leurs ondes,
Où s'entre-choquent les épis ;
Le chaume, en or changeant ses herbes,

Fait un oreiller de ses gerbes
Sous les moissonneurs assoupis.

Ainsi qu'une hôtesse attentive
Après le pain donne le miel,
L'automne à l'homme son convive
Sert tour à tour les fruits du ciel :
Le raisin pend, la figue pleure,
La banane épaissit son beurre,
La cerise luit sous l'émail,
La pêche de duvet se pluche,
Et la grenade, verte ruche,
Ouvre ses rayons de corail.

L'hiver, du lait des neiges neuves
Couvrant les nuageux sommets,
Gonfle ces mamelles des fleuves
D'un suc qui ne tarit jamais.
Le bois mort, ce fruit de décembre,
Tombe du chêne que démembre
La main qui le fit verdoyer,
Et, couvé dans le creux de l'âtre,
Il rallume au souffle du pâtre
Le feu, ce soleil du foyer.

O Providence, ô vaste aumône
Dont tout être est le mendiant !
Vœux et grâce autour de son trône
Montent sans cesse en suppliant.
Quels pleurs ou quels parfums répandre ?...

Hélas! nous n'avons à te rendre
Rien, que les dons que tu nous fais.
Reçois de toute créature
Ce *Te Deum* de la nature,
Ses misères et tes bienfaits!

XII

LE SOLITAIRE

HYMNE

L'aube sur le rocher lance un trait de lumière ;
L'oiseau chante avant moi : « Béni soit le Seigneur ! »
    Ce nom est plus tôt dans mon cœur
    Que le jour n'est dans ma paupière.

Je disais autrefois : « Que ferai-je aujourd'hui ? »
Et la gloire, et l'amour, et mes vaines pensées,
Disputaient au réveil mes heures insensées ;
Mais le cœur me disait : « Tous les jours sont à lui ! »

Tous mes jours maintenant sont à lui dès l'aurore,
    Ils sont à lui jusqu'au sommeil :
Celui dans qui mon cœur se lève à mon réveil,
Mon cœur, en s'endormant, en lui se couche encore.
Je ne me souviens plus quel sens avaient ces mots :
Amour qu'use le temps, gloire qu'un jour efface,
Espoir qui nous trahit, volupté qui nous lasse ;
Ils n'ont pas dans mon âme imprimé plus de trace
    Que le nuage sur les flots.

Ils sont à mon oreille une langue étrangère
Qu'on entend résonner et qu'on ne comprend pas ;
Et j'ai même oublié l'impression légère
Qu'ils faisaient sur mon cœur quand j'étais d'ici-bas.

Ah ! qu'une seule idée à sa source élancée
Fait franchir de distance à l'âme qui la suit !
Qu'un seul rayon d'en haut éclaire de pensée !
Le jour diffère moins des ombres de la nuit,
Et le couchant, Seigneur, est moins loin de l'aurore,
  Que l'âme qui t'adore
  De l'âme qui te fuit.

Depuis que, des mortels abandonnant la scène,
J'ai rejeté le pain dont leurs cœurs sont nourris,
Mes cheveux ont blanchi comme le tronc du chêne,
En rides sur mon front mes jours se sont écrits,
Et les ans, lourds anneaux ajoutés à ma chaîne,
Ont courbé sous leur poids mes membres amaigris.
Mais je n'ai pas compté combien de fois la terre
A respiré d'en haut le souffle du printemps,
  Combien de fois sur mon roc solitaire
L'aigle a changé sa plume et le chêne ses glands.
A mon âme, ô mon Dieu ! de toi seul possédée,
Que sert un temps écrit ? que sert un jour compté ?
Tous les temps n'ont qu'un jour à qui n'a qu'une idée :
Celui qui vit en toi date en éternité !

  Le silence et la solitude
  De leur rouille ont usé mes sens,

Mon oreille des sons a perdu l'habitude,
Ma bouche pour parler cherche en vain des accents ;
 Mon corps courbé par la prière,
Insensible au soleil, aux hivers endurci,
  Est aussi rude que la pierre
  Que mes pieds nus foulent ici.

Mais le sens qui t'adore a grandi dans mon âme,
C'est le seul désormais dont ma vie ait besoin ;
Il voit, il sent, il touche, il entend, il proclame
Les choses de plus haut et son Dieu de plus loin !
Pour s'élever à toi mon aile est plus rapide,
Mon esprit plus muet en toi s'anéantit !
  Ainsi plus le temple est vide,
  Plus l'écho sacré retentit.

XIII

SUR L'IMAGE DU CHRIST

ÉCRASANT LE MAL

Tu l'as mal écrasé, Christ, ce reptile immonde
Que toute vérité trouve sur son chemin !
De ses hideux replis il enlace le monde,
Et son dard profond reste aux flancs du genre humain.

Tu nous avais promis que l'horrible vipère
Ne renouerait jamais ses livides tronçons,
Que l'homme serait fils, que le Dieu serait père,
Et que tu paierais seul les terrestres rançons.

Deux mille ans sont passés, et l'homme attend encore :
Ah ! remonte à ton Père, ange de l'avenir,
Et dis-lui que le soir a remplacé l'aurore,
Et que le don céleste est trop lent à venir.

XIV

LE PREMIER REGRET

ÉLÉGIE

Sur la plage sonore où la mer de Sorrente
Déroule ses flots bleus aux pieds de l'oranger,
Il est près du sentier, sous la haie odorante,
Une pierre petite, étroite, indifférente
    Aux pas distraits de l'étranger.

La giroflée y cache un seul nom sous ses gerbes,
Un nom que nul écho n'a jamais répété.
Quelquefois seulement le passant arrêté,
Lisant l'âge et la date en écartant les herbes,
Et sentant dans ses yeux quelques larmes courir,
Dit : « Elle avait seize ans : c'est bien tôt pour mourir! »

Mais pourquoi m'entraîner vers ces scènes passées?
Laissons le vent gémir et le flot murmurer;
Revenez, revenez, ô mes tristes pensées!
    Je veux rêver et non pleurer.

Dit : « Elle avait seize ans! » Oui, seize ans! et cet âge
N'avait jamais brillé sur un front plus charmant,

Et jamais tout l'éclat de ce brûlant rivage
Ne s'était réfléchi dans un œil plus aimant!
Moi seul je la revois, telle que la pensée
Dans l'âme, où rien ne meurt, vivante l'a laissée,
Vivante comme à l'heure où, les yeux sur les miens,
Prolongeant sur la mer nos premiers entretiens,
Ses cheveux noirs livrés au vent qui les dénoue,
Et l'ombre de la voile errante sur sa joue,
Elle écoutait le chant du nocturne pêcheur,
De la brise embaumée aspirait la fraîcheur,
Me montrait dans le ciel la lune épanouie
Comme une fleur des nuits dont l'aube est réjouie,
Et l'écume argentée, et me disait : « Pourquoi
Tout brille-t-il ainsi dans les airs et dans moi?
Jamais ces champs d'azur semés de tant de flammes,
Jamais ces sables d'or où vont mourir les lames,
Ces monts dont les sommets tremblent au fond des cieux,
Ces golfes couronnés de bois silencieux,
Ces lueurs sur la côte, et ces champs sur les vagues,
N'avaient ému mes sens de voluptés si vagues!
Pourquoi comme ce soir n'ai-je jamais rêvé?
Un astre dans mon cœur s'est-il aussi levé?
Et toi, fils du matin, dis, à ces nuits si belles
Les nuits de ton pays, sans moi, ressemblaient-elles? »
Puis, regardant sa mère assise auprès de nous,
Posait pour s'endormir son front sur ses genoux.

Mais pourquoi m'entraîner vers ces scènes passées?
Laissons le vent gémir et le flot murmurer;

Revenez, revenez, ô mes tristes pensées !
    Je veux rêver et non pleurer.

Que son œil était pur et sa lèvre candide !
Que son ciel inondait son âme de clarté !
Le beau lac de Némi, qu'aucun souffle ne ride,
A moins de transparence et de limpidité.
Dans cette âme, avant elle, on voyait ses pensées ;
Ses paupières, jamais sur ses beaux yeux baissées,
Ne voilaient son regard d'innocence rempli ;
Nul souci sur son front n'avait laissé son pli ;
Tout folâtrait en elle : et ce jeune sourire,
Qui plus tard sur la bouche avec tristesse expire,
Sur sa lèvre entr'ouverte était toujours flottant,
Comme un pur arc-en-ciel sur un jour éclatant.
Nulle ombre ne voilait ce ravissant visage,
Ce rayon n'avait pas traversé de nuage.
Son pas insouciant, indécis, balancé,
Flottait comme un flot libre où le jour est bercé,
Ou courait pour courir ; et sa voix argentine,
Écho limpide et pur de son âme enfantine,
Musique de cette âme où tout semblait chanter,
Égayait jusqu'à l'air qui l'entendait monter.

Mais pourquoi m'entraîner vers ces scènes passées ?
Laissons le vent gémir et le flot murmurer ;
Revenez, revenez, ô mes tristes pensées !
    Je veux rêver et non pleurer.

Mon image en son cœur se grava la première,
Comme dans l'œil qui s'ouvre, au matin, la lumière ;

Elle ne regarda plus rien après ce jour :
De l'heure qu'elle aima, l'univers fut amour!
Elle me confondait avec sa propre vie,
Voyait tout dans mon âme, et je faisais partie
De ce monde enchanté qui flottait sous ses yeux,
Du bonheur de la terre et de l'espoir des cieux.
Elle ne pensait plus au temps, à la distance,
L'heure seule absorbait toute son existence;
Avant moi cette vie était sans souvenir,
Un soir de ces beaux jours était tout l'avenir!
Elle se confiait à la douce nature
Qui souriait sur nous, à la prière pure
Qu'elle allait, le cœur plein de joie, et non de pleurs
A l'autel qu'elle aimait répandre avec ses fleurs;
Et sa main m'entraînait aux marches de son temple,
Et, comme un humble enfant, je suivais son exemple,
Et sa voix me disait tout bas : « Prie avec moi,
Car je ne comprends pas le ciel même sans toi! »

Mais pourquoi m'entraîner vers ces scènes passées?
Laissons le vent gémir et le flot murmurer;
Revenez, revenez, ô mes tristes pensées!
    Je veux rêver et non pleurer.

Voyez, dans son bassin, l'eau d'une source vive
S'arrondir comme un lac sous son étroite rive,
Bleue et claire, à l'abri du vent qui va courir
Et du rayon brûlant qui pourrait la tarir :
Un cygne blanc nageant sur la nappe limpide,
En y plongeant son cou qu'enveloppe la ride,

Orne sans le ternir le liquide miroir,
Et s'y berce au milieu des étoiles du soir;
Mais si, prenant son vol vers des sources nouvelles,
Il bat le flot tremblant de ses humides ailes,
Le ciel s'efface au sein de l'onde qui brunit,
La plume à grands flocons y tombe et la ternit,
Comme si le vautour, ennemi de sa race,
De sa mort sur les flots avait semé la trace;
Et l'azur éclatant de ce lac enchanté
N'est plus qu'une onde obscure où le sable a monté.
Ainsi, quand je partis, tout trembla dans cette âme;
Le rayon s'éteignit, et sa mourante flamme
Remonta dans le ciel pour n'en plus revenir;
Elle n'attendit pas un second avenir,
Elle ne languit pas de doute en espérance,
Et ne disputa pas sa vie à la souffrance;
Elle but d'un seul trait le vase de douleur,
Dans sa première larme elle noya son cœur;
Et, semblable à l'oiseau, moins pur et moins beau qu'elle,
Qui le soir pour dormir met son cou sous son aile,
Elle s'enveloppa d'un muet désespoir,
Et s'endormit aussi; mais, hélas! loin du soir!

Mais pourquoi m'entraîner vers ces scènes passées?
Laissons le vent gémir et le flot murmurer;
Revenez, revenez, ô mes tristes pensées!
    Je veux rêver et non pleurer.

Elle a dormi quinze ans dans sa couche d'argile,
Et rien ne pleure plus sur son dernier asile;

Et le rapide oubli, second linceul des morts,
A couvert le sentier qui menait vers ces bords;
Nul ne visite plus cette pierre effacée,
Nul n'y songe et n'y prie... excepté ma pensée,
Quand, remontant le flot de mes jours révolus,
Je demande à mon cœur tous ceux qui n'y sont plus,
Et que, les yeux flottants sur de chères empreintes,
Je pleure dans mon ciel tant d'étoiles éteintes!
Elle fut la première, et sa douce lueur
D'un jour pieux et tendre éclaire encor mon cœur.

Mais pourquoi m'entraîner vers ces scènes passées?
Laissons le vent gémir et le flot murmurer;
Revenez, revenez, ô mes tristes pensées!
  Je veux rêver et non pleurer.

Un arbuste épineux, à la pâle verdure,
Est le seul monument que lui fit la nature;
Battu des vents de mer, du soleil calciné,
Comme un regret funèbre au cœur enraciné,
Il vit dans le rocher sans lui donner d'ombrage;
La poudre du chemin y blanchit son feuillage;
Il rampe près de terre, où ses rameaux penchés
Par la dent des chevreaux sont toujours retranchés :
Une fleur, au printemps, comme un flocon de neige
Y flotte un jour ou deux; mais le vent qui l'assiège
L'effeuille avant qu'elle ait répandu son odeur,
Comme la vie, avant qu'elle ait charmé le cœur!
Un oiseau de tendresse et de mélancolie
S'y pose pour chanter sur le rameau qui plie!

Oh! dis, fleur que la vie a fait si tôt flétrir,
N'est-il pas une terre où tout doit refleurir?..

Remontez, remontez à ces heures passées!
Vos tristes souvenirs m'aident à soupirer;
Allez où va mon âme, allez, ô mes pensées!
Mon cœur est plein, je veux pleurer.

COMMENTAIRE

C'était la pensée de *Graziella*. On connaît Graziella par les *Confidences*. Je n'ai rien à y ajouter en ce moment. Mais voici comment ces vers coulèrent un soir de mon cœur, longtemps après la mort de Graziella.

C'était en 1830, deux mois avant la révolution de Juillet, au printemps. J'étais en congé à Paris; je demeurais alors dans le bel hôtel du prince de Monaco, rue Saint-Guillaume.

Un jour, ma femme me pria de l'accompagner à vêpres à Saint-Roch. Pendant que les prêtres chantaient les psaumes, je me tenais debout à l'ombre d'un pilier auquel était suspendu un tableau représentant l'exhumation d'une vierge. A la place du cercueil, on trouve des lis.

Ce tableau me rappela Graziella. Je sentis un grand coup au cœur; je n'entendis plus rien, et ces vers roulèrent dans ma pensée, avec quelques larmes dans mes yeux. Je rentrai, et je m'assis pour écrire ces strophes. J'écrivis en rêvant et en pleurant jusqu'à près de six heures.

En ce moment on m'annonça la visite de deux hommes littéraires et politiques éminents, que je voyais quelquefois alors. C'étaient M. Thiers et M. Mignet. Un ami commun nous avait mis en rapport. Ils me demandèrent de quoi j'étais occupé : « D'un triste souvenir », leur dis-je ; et je leur lus quelques-uns de ces vers. Ils en parurent émus. Le lendemain, je les terminai. Depuis, nous nous sommes rencontrés dans les académies, dans les assemblées, à la tribune, dans les révolutions, souvent pour nous combattre, jamais pour nous flétrir. Bien que ces hommes soient du nombre de ceux dont j'ai été le plus séparé par les événements et par les opinions, j'ai toujours conservé de ces relations trop vite rompues une vive réminiscence, et ce goût pour eux qui s'accommode si bien de l'admiration. Cette circonstance n'y est-elle pas pour quelque chose ? Des vers confiés à l'oreille, dans leur première émotion, sont un gage du cœur qu'on ne retire jamais tout entier.

XV

LE GRILLON

MÉLODIE POUR MUSIQUE

Grillon solitaire
Ici comme moi,
Voix qui sors de terre,
Ah ! réveille-toi !
J'attise la flamme,
C'est pour t'égayer ;
Mais il manque une âme,
Une âme au foyer !

Grillon solitaire,
Voix qui sors de terre,
Ah ! réveille-toi
   Pour moi !

Quand j'étais petite
Comme ce berceau,
Et que Marguerite
Filait son fuseau ;
Quand le vent d'automne

Faisait tout gémir,
Ton cri monotone
M'aidait à dormir.

Grillon solitaire,
Voix qui sors de terre,
Ah ! réveille-toi
　　Pour moi !

Seize fois l'année
A compté mes jours ;
Dans la cheminée
Tu niches toujours.
Je t'écoute encore
Aux froides saisons,
Souvenir sonore
Des vieilles maisons !

Grillon solitaire,
Voix qui sors de terre,
Ah ! réveille-toi
　　Pour moi !

Qu'il a moins de charmes
Ton chant qu'autrefois !
As-tu donc nos larmes
Aussi dans ta voix ?
Pleures-tu l'aïeule,
La mère et la sœur ?

Vois, je peuple seule
Ce foyer du cœur!...

Grillon solitaire,
Voix qui sors de terre,
Ah! réveille-toi
  Pour moi!

L'âtre qui pétille,
Le cri renaissant,
Des voix de famille
M'imitent l'accent;
Mon âme s'y plonge,
Je ferme les yeux,
Et j'entends en songe
Mes amis des cieux.

Grillon solitaire,
Voix qui sors de terre,
Ah! réveille-toi
  Pour moi!

Tu me dis des choses,
Des choses au cœur,
Comme en dit aux roses
Leur oiseau rêveur!...
Qu'il chante pour elles
Ses notes au vol!
Voix triste et sans ailes,
Sois mon rossignol!

Grillon solitaire,
Voix qui sors de terre,
Ah! réveille-toi
Pour moi!

Monceau, 29 mai 1845.

XVI

NOVISSIMA VERBA

ou

MON AME EST TRISTE JUSQU'A LA MORT!

La nuit roule en silence, autour de nos demeures,
Sur les vagues du ciel la plus noire des heures;
Nul rayon sur mes yeux ne pleut du firmament,
Et la brise n'a plus même un gémissement,
Une plainte qui dise à mon âme aussi sombre :
« Quelque chose avec toi meurt et se plaint dans l'ombre. »
Je n'entends au dehors que le lugubre bruit
Du balancier qui dit : « Le temps marche et te fuit »;
Au dedans, que le pouls, balancier de la vie,
Dont les coups inégaux dans ma tempe engourdie
M'annoncent sourdement que le doigt de la mort
De la machine humaine a pressé le ressort,
Et que, semblable au char qu'un coursier précipite,
C'est pour mieux se briser qu'il s'élance plus vite.

*

Et c'est donc là le terme! — Ah! s'il faut une fois
Que chaque homme à son tour élève enfin la voix,

C'est alors, c'est avant qu'une terre glacée
Engloutisse avec lui sa dernière pensée ;
C'est à cette heure même où, près de s'exhaler,
Toute âme a son secret qu'elle veut révéler,
Son mot à dire au monde, à la mort, à la vie,
Avant que pour jamais éteinte, évanouie,
Elle n'ait disparu, comme un feu de la nuit
Qui ne laisse après soi ni lumière ni bruit.
Que laissons-nous, ô vie, hélas ! quand tu t'envoles ?
Rien, que ce léger bruit des dernières paroles,
Court écho de nos pas, pareil au bruit plaintif
Que fait en palpitant la voile de l'esquif,
Au murmure d'une eau courante et fugitive
Qui gémit sur sa pente et se plaint à sa rive.
Ah ! donnons-nous du moins ce charme consolant
D'entendre murmurer ce souffle en l'exhalant !
Parlons ! puisqu'un vain son que suit un long silence
Est le seul monument de toute une existence,
La pierre qui constate une vie ici-bas,
Comme ces marbres noirs qu'on élève au trépas
Dans ces champs, du cercueil solitaire domaine,
Qui marquent d'une date une poussière humaine,
Et disent à notre œil, de néant convaincu :
« Un homme a passé là ! cette argile a vécu ! »

*

Paroles, faible écho qui trompez le génie !
Enfantement sans fruit ! douloureuse agonie
De l'âme consumée en efforts impuissants,
Qui veut se reproduire au moins dans ses accents,

Et qui, lorsqu'elle croit contempler son image,
Vous voit évanouir en fumée, en nuage :
Ah ! du moins aujourd'hui servez mieux ma douleur !
Condensez-vous, semblable à l'ardente vapeur
Qui, s'élevant le soir des sommets de la terre,
Se condense en nuée et jaillit en tonnerre !
Comme l'eau des torrents, parole, amasse-toi,
Afin de révéler ce qui s'agite en moi ;
Pour dire à cet abîme appelé vie ou tombe,
A la nuit d'où je sors, à celle où je retombe,
A ce je ne sais quoi qui m'envie un instant ;
Pour lui dire à mon tour, sans savoir s'il m'entend :
« Et moi je passe aussi parmi l'immense foule
D'êtres créés, détruits, qui devant toi s'écoule !
J'ai vu, pensé, senti, souffert ; et je m'en vais,
Ébloui d'un éclair qui s'éteint pour jamais,
Et saluant d'un cri d'horreur ou d'espérance
La rive que je quitte et celle où je m'élance,
Comme un homme jugé, condamné sans retour
A se précipiter du sommet d'une tour,
Au moment formidable où son pied perd la cime,
D'un cri de désespoir remplit du moins l'abîme ! »

✻

J'ai vécu ; c'est-à-dire à moi-même inconnu,
Ma mère en gémissant m'a jeté faible et nu ;
J'ai compté dans le ciel le coucher et l'aurore
D'un astre qui descend pour remonter encore,
Et dont l'homme, qui s'use à les compter en vain,
Attend, toujours trompé, toujours un lendemain.

Mon âme a, quelques jours, animé de sa vie
Un peu de cette fange à ces sillons ravie,
Qui répugnait à vivre et tendait à la mort,
Faisait pour se dissoudre un éternel effort,
Et que par la douleur je retenais à peine :
La douleur ! nœud fatal, mystérieuse chaîne,
Qui dans l'homme étonné réunit pour un jour
Deux natures luttant dans un contraire amour,
Et dont chacune à part serait digne d'envie,
L'une dans son néant et l'autre dans sa vie,
Si la vie et la mort ne sont pas même, hélas !
Deux mots créés par l'homme et que Dieu n'entend pas !
Maintenant, ce lien que chacun d'eux accuse,
Prêt à se rompre enfin sous la douleur qui l'use,
Laisse s'évanouir comme un rêve léger
L'inexplicable tout qui veut se partager.
Je ne tenterai pas d'en renouer la trame,
J'abandonne à leur chance et mes sens et mon âme :
Qu'ils aillent où Dieu sait, chacun de leur côté !
Adieu, monde fuyant ! Nature, humanité,
Vaine forme de l'être, ombre d'un météore,
Nous nous connaissons trop pour nous tromper encore !

Oui, je te connais trop, ô vie ! et j'ai goûté
Tous tes flots d'amertume et de félicité,
Depuis les doux flocons de la brillante écume
Qui nage aux bords dorés de ta coupe qui fume,
Quand l'enfant enivré lui sourit, et croit voir
Une immortalité dans l'aurore et le soir,

Ou que, brisant ses bords contre sa dent avide,
Le jeune homme d'un trait la savoure et la vide,
Jusqu'à la lie épaisse et fade que le temps
Dépose au fond du vase et mêle aux flots restants,
Quand de sa main tremblante un vieillard la soulève,
Et par seule habitude en répugnant l'achève.
Tu n'es qu'un faux sentier qui retourne à la mort,
Un fleuve qui se perd au sable dont il sort,
Une dérision d'un être habile à nuire,
Qui s'amuse sans but à créer pour détruire,
Et qui de nous tromper se fait un divin jeu !
Ou plutôt n'es-tu pas une échelle de feu
Dont l'échelon brûlant s'attache au pied qui monte,
Et qu'il faut cependant que tout mortel affronte ?

✽

Que tu sais bien dorer ton magique lointain !
Qu'il est beau l'horizon de ton riant matin,
Quand le premier amour et la fraîche espérance
Nous entr'ouvrent l'espace où notre âme s'élance,
N'emportant avec soi qu'innocence et beauté,
Et que d'un seul objet notre cœur enchanté
Dit comme Roméo : « Non, ce n'est pas l'aurore ;
Aimons toujours ; l'oiseau ne chante pas encore ! »
Tout le bonheur de l'homme est dans ce seul instant ;
Le sentier de nos jours n'est vert qu'en le montant.
De ce point de la vie où l'on en sent le terme,
On voit s'évanouir tout ce qu'elle renferme :
L'espérance reprend son vol vers l'orient ;
On trouve au fond de tout le vide et le néant ;

Avant d'avoir goûté, l'âme se rassasie ;
Jusque dans cet amour qui peut créer la vie
On entend une voix : « Vous créez pour mourir ! »
Et le baiser de feu sent un frisson courir.
Quand le bonheur n'a plus ni lointain ni mystère,
Quand le nuage d'or laisse à nu cette terre,
Quand la vie une fois a perdu son erreur,
Quand elle ne ment plus, c'en est fait du bonheur.

※

Amour, être de l'être, amour, âme de l'âme,
Nul homme plus que moi ne vécut de ta flamme !
Nul, brûlant de ta soif sans jamais l'épuiser,
N'eût sacrifié plus pour t'immortaliser !
Nul ne désira plus dans l'autre âme qu'il aime
De concentrer sa vie en se perdant soi-même,
Et, dans un monde à part de toi seul habité,
De se faire à lui seul sa propre éternité !
Femmes, anges mortels, création divine,
Seul rayon dont la vie un moment s'illumine,
Je le dis à cette heure, heure de vérité,
Comme je l'aurais dit quand devant la beauté
Mon cœur épanoui, qui se sentait éclore,
Fondait comme une neige aux rayons de l'aurore :
Je ne regrette rien de ce monde que vous !
Ce que la vie humaine a d'amer et de doux,
Ce qui la fait brûler, ce qui trahit en elle
Je ne sais quel parfum de la vie immortelle,
C'est vous seules ! Par vous toute joie est amour.
Ombre des biens parfaits du céleste séjour,

Vous êtes ici-bas la goutte sans mélange
Que Dieu laissa tomber de la coupe de l'ange,
L'étoile qui brillant dans une vaste nuit
Dit seule à nos regards qu'un autre monde luit,
Le seul garant enfin que le bonheur suprême,
Ce bonheur que l'amour puise dans l'amour même,
N'est pas un songe vain créé pour nous tenter,
Qu'il existe, ou plutôt qu'il pourrait exister
Si, brûlant à jamais du feu qui nous dévore,
Vous et l'être adoré dont l'âme vous adore,
L'innocence, l'amour, le désir, la beauté,
Pouvaient ravir aux dieux leur immortalité !

※

Quand vous vous desséchez sur le cœur qui vous aime,
Ou que ce cœur flétri se dessèche lui-même,
Quand le foyer divin qui brûle encore en nous
Ne peut plus rallumer sa flamme éteinte en vous,
Que nul sein ne bat plus quand le nôtre soupire,
Que nul front ne rougit sous notre œil qu'il attire,
Et que la conscience avec un cri d'effroi
Nous dit : « Ce n'est plus toi qu'elles aiment en toi ! »
Alors, comme un esprit exilé de sa sphère
Se résigne en pleurant aux ombres de la terre,
Détachant de vos pas nos yeux voilés de pleurs,
Aux faux biens d'ici-bas nous dévouons nos cœurs :
Les uns, sacrifiant leur vie à leur mémoire,
Adorent un écho qu'ils appellent la gloire ;
Ceux-ci de la faveur assiègent les sentiers,

Et veulent au néant arriver les premiers;
Ceux-là, des voluptés vidant la coupe infâme,
Pour mourir tout vivants assoupissent leur âme;
D'autres, accumulant pour enfouir encor,
Recueillent dans la fange une poussière d'or.
Mais mon œil a percé ces ombres de la vie :
Aucun de ces faux biens que le vulgaire envie,
Gloire, puissance, orgueil, éprouvés tour à tour,
N'ont pesé dans mon cœur un soupir de l'amour,
D'un de ses souvenirs même effacé la trace,
Ni de mon âme une heure agité la surface,
Pas plus que le nuage ou l'ombre des rameaux
Ne ride en s'y peignant la surface des eaux.
Après l'amour éteint si je vécus encore,
C'est pour la vérité, soif aussi qui dévore!

Ombre de nos désirs, trompeuse vérité,
Que de nuits sans sommeil ne m'as-tu pas coûté,
A moi, comme aux esprits fameux de tous les âges
Que l'ignorance humaine, hélas! appela sages,
Tandis qu'au fond du cœur riant de leur vertu,
Ils disaient en mourant : « Science, que sais-tu? »
Ah! si ton pur rayon descendait sur la terre,
Nous tomberions frappés comme par le tonnerre!
Mais ce désir est faux comme tous nos désirs,
C'est un soupir de plus parmi nos vains soupirs.
La tombe est de l'amour le fond lugubre et sombre;
La vérité toujours a nos erreurs pour ombre,

Chaque jour prend pour elle un rêve de l'esprit
Qu'un autre jour salue, adore, et puis maudit.

※

Avez-vous vu, le soir d'un jour mêlé d'orage,
Le soleil qui descend de nuage en nuage,
A mesure qu'il baisse et retire le jour,
De ses reflets de feu les dorer tour à tour ?
L'œil les voit s'enflammer sous son disque qui passe,
Et dans ce voile ardent croit adorer sa trace :
« Le voilà, dites-vous, dans la blanche toison
Que le souffle du soir balance à l'horizon ;
Le voici dans les feux dont cette pourpre éclate ;
Non, non, c'est lui qui teint ces flocons d'écarlate !
Non, c'est lui qui, trahi par ce flux de clarté,
A fendu d'un rayon ce nuage argenté ;
Voile impuissant ! le jour sous l'obstacle étincelle ;
C'est lui ! la nue est pleine et la pourpre en ruisselle ! »
Et, tandis que votre œil à cette ombre attaché
Croit posséder enfin l'astre déjà couché,
La nue à vos regards fond et se décolore ;
Ce n'est qu'une vapeur qui flotte et s'évapore ;
Vous le cherchez plus loin, déjà, déjà trop tard !
Le soleil est toujours au delà du regard ;
Et, le suivant en vain de nuage en nuage,
Non, ce n'est jamais lui, c'est toujours son image !
Voilà la vérité ! Chaque siècle à son tour
Croit soulever son voile et marcher à son jour ;
Mais celle qu'aujourd'hui notre ignorance adore
Demain n'est qu'un nuage, une autre est près d'éclore.

A mesure qu'il marche et la proclame en vain,
La vérité qui fuit trompe l'espoir humain,
Et l'homme qui la voit dans ses reflets sans nombre
En croyant l'embrasser n'embrasse que son ombre.
Mais les siècles déçus, sans jamais se lasser,
Effacent leur chemin pour le recommencer.

※

La vérité complète est le miroir du monde :
Du jour qui sort de lui Dieu le frappe et l'inonde,
Il s'y voit face à face, et seul il peut s'y voir.
Quand l'homme ose toucher à ce divin miroir,
Il se brise en éclats sous la main des plus sages,
Et ses fragments épars sont le jouet des âges.
Chaque siècle, chaque homme, assemblant ses débris,
Dit : « Je réunirai ces lueurs des esprits,
Et, dans un seul foyer concentrant la lumière,
La nature à mes yeux paraîtra tout entière ! »
Il dit, il croit, il tente, il rassemble en tous lieux
Les lumineux fragments d'un tout mystérieux,
D'un espoir sans limite en rêvant il s'embrase,
Des systèmes humains il élargit la base,
Il encadre au hasard, dans cette immensité,
Système, opinion, mensonge, vérité ;
Puis, quand il croit avoir ouvert assez d'espace
Pour que dans son foyer l'infini se retrace,
Il y plonge ébloui ses avides regards :
Un jour foudroyant sort de ces morceaux épars :
Mais son œil, partageant l'illusion commune,
Voit mille vérités où Dieu n'en a mis qu'une.

Ce foyer, où le tout ne peut jamais entrer,
Disperse les lueurs qu'il devait concentrer;
Comme nos vains pensers l'un l'autre se détruisent,
Ses rayons divergents se croisent et se brisent.
L'homme brise à son tour son miroir en éclats,
Et dit en blasphémant : « Vérité, tu n'es pas ! »

Non, tu n'es pas en nous ! tu n'es que dans nos songes,
Le fantôme changeant de nos propres mensonges,
Le reflet fugitif de quelque astre lointain
Que l'homme croit saisir et qui fond sous sa main,
L'écho vide et moqueur des mille voix de l'homme,
Qui nous répond toujours par le mot qu'on te nomme !
Ta poursuite insensée est sa dernière erreur.
Mais ce vain désir même a tari dans mon cœur :
Je ne cherche plus rien à tes clartés funèbres,
Je m'abandonne en paix à ces flots de ténèbres,
Comme le nautonier, quand le pôle est perdu,
Quand sur l'étoile même un voile est étendu,
Laissant flotter la barre au gré des vagues sombres,
Croise les bras et siffle, et se résigne aux ombres,
Sûr de trouver partout la ruine et la mort,
Indifférent au moins par quel vent, sur quel bord.

Ah! si vous paraissiez sans ombre et sans emblème,
Source de la lumière, et toi lumière même,
Ame de l'infini qui resplendit de toi !
Si, frappés seulement d'un rayon de ta foi,

Nous te refléchissions dans notre intelligence,
Comme une mer obscure où nage un disque immense,
Tout s'évanouirait devant ce pur soleil,
Comme l'ombre au matin, comme un songe au réveil ;
Tout s'évaporerait sous le rayon de flamme :
La matière, et l'esprit, et les formes, et l'âme,
Tout serait pour nos yeux, à ta pure clarté,
Ce qu'est la pâle image à la réalité.
La vie, à ton aspect, ne serait plus la vie,
Elle s'élèverait triomphante et ravie,
Ou, si ta volonté comprimait son transport,
Elle ne serait plus qu'une éternelle mort.
Malgré le voile épais qui te cache à ma vue,
Voilà, voilà mon mal ! c'est ta soif qui me tue !
Mon âme n'est vers toi qu'un éternel soupir,
Une veille que rien ne peut plus assoupir ;
Je meurs de ne pouvoir nommer ce que j'adore,
Et si tu m'apparais, tu vois, je meurs encore !

※

Et, de mon impuissance à la fin convaincu,
Me voilà demandant si j'ai jamais vécu,
Touchant au terme obscur de mes courtes années,
Comptant mes pas perdus et mes heures sonnées,
Aussi surpris de vivre, aussi vide, aussi nu,
Que le jour où l'on dit : « Un enfant m'est venu ! »
Prêt à rentrer sous l'herbe, à tarir, à me taire,
Comme le filet d'eau qui, surgi de la terre,
Y rentre de nouveau par la terre englouti,
A quelques pas du sol dont il était sorti.

Seulement, cette eau fuit sans savoir qu'elle coule,
Ce sable ne sait pas où la vague le roule ;
Ils n'ont ni sentiment, ni murmure, ni pleurs,
Et moi, je vis assez pour sentir que je meurs !
Mourir ! ah ! ce seul mot fait horreur de la vie !
L'éternité vaut-elle une heure d'agonie ?
La douleur nous précède et nous enfante au jour,
La douleur à la mort nous enfante à son tour !
Je ne mesure plus le temps qu'elle me laisse,
Comme je mesurais, dans ma verte jeunesse,
En ajoutant aux jours de longs jours à venir ;
Mais, en les retranchant de mon court avenir,
Je dis : « Un jour de plus, un jour de moins, l'aurore
Me retranche un de ceux qui me restaient encore ;
Je ne les attends plus, comme dans mon matin,
Pleins, brillants, et dorés des rayons du lointain,
Mais ternes, mais pâlis, décolorés et vides,
Comme une urne fêlée et dont les flancs arides
Laissent fuir l'eau du ciel que l'homme y cherche en vain,
Passé sans souvenir, présent sans lendemain ;
Et je sais que le jour est semblable à la veille,
Et le matin n'a plus de voix qui me réveille,
Et j'envie au tombeau le long sommeil qu'il dort,
Et mon âme est déjà triste comme la mort ! »

✽

Triste comme la mort ? Et la mort souffre-t-elle ?
Le néant se plaint-il à la nuit éternelle ?
Ah ! plus triste cent fois que cet heureux néant
Qui n'a point à mourir et ne meurt pas vivant,

Mon âme est une mort qui se sent et se souffre ;
Immortelle agonie, abîme, immense gouffre,
Où la pensée, en vain cherchant à s'engloutir,
En se précipitant ne peut s'anéantir !
Un songe sans réveil, une nuit sans aurore,
Un feu sans aliment qui brûle et se dévore ;
Une cendre brûlante où rien n'est allumé,
Mais où tout ce qu'on jette est soudain consumé !
Un délire sans terme, une angoisse éternelle !
Mon âme avec effroi regarde derrière elle,
Et voit son peu de jours passés, et déjà froids
Comme la feuille sèche autour du tronc des bois ;
Je regarde en avant, et je ne vois que doute
Et ténèbres couvrant le terme de la route !
Mon être à chaque souffle exhale un peu de soi :
C'était moi qui souffrais, ce n'est déjà plus moi !
Chaque parole emporte un lambeau de ma vie ;
L'homme ainsi s'évapore et passe. Et quand j'appuie
Sur l'instabilité de cet être fuyant,
A ses tortures près tout semblable au néant,
Sur ce moi fugitif, insoluble problème
Qui ne se connaît pas et doute de soi-même,
Insecte d'un soleil, par un rayon produit,
Qui regarde une aurore et rentre dans sa nuit,
Et que, sentant en moi la stérile puissance
D'embrasser l'infini dans mon intelligence,
J'ouvre un regard de dieu sur la nature et moi,
Que je demande à tout : Pourquoi ? pourquoi ? pourquoi ?
Et que, pour seul éclair et pour seule réponse,
Dans mon second néant je sens que je m'enfonce,

Que je m'évanouis en regrets superflus,
Qu'encore une demande et je ne serai plus....
Alors je suis tenté de prendre l'existence
Pour un sarcasme amer d'une aveugle puissance,
De lui parler sa langue, et, semblable au mourant
Qui trompe l'agonie et rit en expirant,
D'abîmer ma raison dans un dernier délire,
Et de finir aussi par un éclat de rire !

Ou de dire : « Vivons, et dans la volupté
Noyons ce peu d'instants au néant disputé !
Le soir vient : dérobons quelques heures encore
Au temps qui nous les jette et qui nous les dévore ;
Enivrons-nous du moins de ce poison humain
Que la mort nous présente en nous cachant sa main !
Jusqu'aux bords de la tombe il croît encor des roses,
De naissantes beautés pour le désir écloses,
Dont le cœur feint l'amour, dont l'œil sait l'imiter,
Et que l'orgueil ou l'or font encor palpiter :
Plongeons-nous tout entiers dans ces mers de délic
Puis, au premier dégoût trouvé dans ces calices,
Avant l'heure où les sens, de l'ivresse lassés,
Font monter l'amertume et disent : C'est assez !
Voilà la coupe pleine où de son ambroisie
Sous les traits du sommeil la mort éteint la vie ;
Buvons ; voilà le flot qui ne fera qu'un pli
Et nous recouvrira d'un éternel oubli,
Glissons-y ; dérobons sa proie à l'existence,
A la mort sa douleur, au destin sa vengeance,

Ces langueurs que la vie au fond laisse croupir,
Et jusqu'au sentiment de son dernier soupir ;
Et, fût-il un réveil même à ce dernier somme,
Défions le destin de faire pis qu'un homme ! »

*

Mais cette lâche idée, où je m'appuie en vain,
N'est qu'un roseau pliant qui fléchit sous ma main :
Elle éclaire un moment le fond du précipice,
Mais comme l'incendie éclaire l'édifice,
Comme le feu du ciel dans le nuage errant
Éclaire l'horizon, mais en le déchirant ;
Ou comme la lueur lugubre et solitaire
De la lampe des morts qui veille sous la terre,
Éclaire le cadavre aride et desséché
Et le ver du sépulcre à sa proie attaché.

Non ! dans ce noir chaos, dans ce vide sans terme,
Mon âme sent en elle un point d'appui plus ferme,
La conscience ! instinct d'une autre vérité,
Qui guide par sa force et non par sa clarté,
Comme on guide l'aveugle en sa sombre carrière,
Par la voix, par la main, et non par la lumière.
Noble instinct, conscience, ô vérité du cœur !
D'un astre encor voilé prophétique chaleur,
Tu m'annonces toi seule, en tes mille langages,
Quelque chose qui luit derrière ces nuages.
Dans quelque obscurité que tu plonges mes pas,
Même au fond de ma nuit tu ne t'égares pas !

Quand ma raison s'éteint ton flambeau luit encore :
Tu dis ce qu'elle tait, tu sais ce qu'elle ignore ;
Quand je n'espère plus, l'espérance est ta voix ;
Quand je ne crois plus rien, tu parles, et je crois !

✻

Et ma main hardiment brise et jette loin d'elle
La coupe des plaisirs et la coupe mortelle ;
Et mon âme, qui veut vivre et souffrir encor
Reprend vers la lumière un généreux essor,
Et se fait, dans l'abîme où la douleur la noie,
De l'excès de sa peine une secrète joie ;
Comme le voyageur parti dès le matin,
Qui ne voit pas encor le terme du chemin,
Trouve le ciel brûlant, le jour long, le sol rude,
Mais, fier de ses sueurs et de sa lassitude,
Dit en voyant grandir les ombres des cyprès :
« J'ai marché si longtemps que je dois être près ! »
A ce risque fatal, je vis, je me confie ;
Et dût ce noble instinct, sublime duperie,
Sacrifier en vain l'existence à la mort,
J'aime à jouer ainsi mon âme avec le sort,
A dire, en répandant au seuil d'un autre monde
Mon cœur comme un parfum et mes jours comme une onde
« Voyons si la vertu n'est qu'une sainte erreur,
L'espérance un dé faux qui trompe la douleur,
Et si, dans cette lutte où son regard m'anime,
Le Dieu serait ingrat quand l'homme est magnanime ! »

✻

Alors, semblable à l'ange envoyé du Très-Haut,
Qui vint sur son fumier prendre Job en défaut,
Et qui, trouvant son cœur plus fort que ses murmures,
Versa l'huile du ciel sur ses mille blessures,
Le souvenir de Dieu descend et vient à moi,
Murmure à mon oreille, et me dit : « Lève-toi ! »
Et, ravissant mon âme à son lit de souffrance,
Sous les regards de Dieu l'emporte et la balance ;
Et je vois l'infini poindre et se réfléchir
Jusqu'aux mers de soleils que la nuit fait blanchir.
Il répand ses rayons, et voilà la nature ;
Les concentre, et c'est Dieu ! lui seul est sa mesure ;
Il puise sans compter les êtres et les jours
Dans un être et des temps qui débordent toujours,
Puis les rappelle à soi comme une mer immense
Qui retire sa vague et de nouveau la lance ;
Et la vie et la mort sont sans cesse et sans fin
Ce flux et ce reflux de l'océan divin :
Leur grandeur est égale et n'est pas mesurée,
Par leur vile matière ou leur courte durée ;
Un monde est un atome à son immensité,
Un moment est un siècle à son éternité,
Et je suis, moi, poussière à ses pieds dispersée,
Autant que les soleils, car je suis sa pensée !
Et chacun d'eux reçoit la loi qu'il lui prescrit,
La matière en matière et l'esprit en esprit !
Graviter est la loi de ces globes de flamme ;
Souffrir pour expier est le destin de l'âme ;
Et je combats en vain l'arrêt mystérieux,
Et la vie et la mort, tout l'annonce à mes yeux.

L'une et l'autre ne sont qu'un divin sacrifice ;
Le monde a pour salut l'instrument d'un supplice
Sur ce rocher sanglant où l'arbre en fut planté
Les temps ont vu mûrir le fruit de vérité ;
Et quand l'homme modèle et le Dieu du mystère,
Après avoir parlé, voulut quitter la terre,
Il ne couronna pas son front pâle et souffrant
Des roses que Platon respirait en mourant ;
Il ne fit point descendre une échelle de flamme
Pour monter triomphant par les degrés de l'âme :
Son échelle céleste, à lui, fut une croix,
Et son dernier soupir, et sa dernière voix
Une plainte à son Père, un pourquoi sans réponse,
Tout semblable à celui que ma bouche prononce !...
Car il ne lui restait que le doute à souffrir,
Cette mort de l'esprit qui doit aussi mourir !...

Ou bien, de ces hauteurs rappelant ma pensée,
Ma mémoire ranime une trace effacée,
Et, de mon cœur trompé rapprochant le lointain,
A mes soirs pâlissants rend l'éclat du matin,
Et de ceux que j'aimais l'image évanouie
Se lève dans mon âme, et je revis ma vie !
. . . .

※

Un jour, c'était aux bords où les mers du Midi
Arrosent l'aloès de leur flot attiédi,
Au pied du mont brûlant dont la cendre féconde

Des doux vallons d'Enna fait le jardin du monde;
C'était aux premiers jours de mon précoce été,
Quand le cœur porte en soi son immortalité,
Quand nulle feuille encor par l'orage jaunie
N'a tombé sous nos pas de l'arbre de la vie,
Quand chaque battement qui soulève le cœur
Est un immense élan vers un vague bonheur,
Que l'air dans notre sein n'a pas assez de place,
Le jour assez de feux, le ciel assez d'espace,
Et que le cœur, plus fort que ses émotions,
Respire hardiment le vent des passions,
Comme au réveil des flots la voile du navire
Appelle l'ouragan, palpite, et le respire;
Et je ne connaissais de ce monde enchanté
Que le cœur d'une mère et l'œil d'une beauté,
Et j'aimais; et l'amour, sans consumer mon âme,
Dans une âme de feu réfléchissait sa flamme,
Comme ce mont brûlant que nous voyions fumer
Embrasait cette mer, mais sans la consumer;
Et notre amour était beau comme l'espérance,
Long comme l'avenir, pur comme l'innocence.

Et son nom? — Eh! qu'importe un nom! Elle n'est plus
Qu'un souvenir planant dans un lointain confus,
Dans les plis de mon cœur une image cachée,
Ou dans mon œil aride une larme séchée!

Et nous étions assis à l'heure du réveil,
Elle et moi, seuls, devant la mer et le soleil,

Sur les pieds tortueux des châtaigniers sauvages
Qui couronnent l'Etna de leurs derniers feuillages ;
Et le jour se levait aussi dans notre cœur,
Long, serein, rayonnant, tout lumière et chaleur ;
Les brises qui du pin touchaient les larges faîtes
Y prenaient une voix et chantaient sur nos têtes ;
Par l'aurore attiédis, les purs souffles des airs
En vagues de parfum montaient du lit des mers,
Et jusqu'à ces hauteurs apportaient par bouffées
Des flots sur les rochers les clameurs étouffées,
Des chants confus d'oiseaux et des roucoulements,
Des cliquetis d'insecte ou des bourdonnements,
Mille bruits dont partout la solitude est pleine,
Que l'oreille retrouve et perd à chaque haleine,
Témoignages de vie et de félicité,
Qui disaient : « Tout est vie, amour et volupté ! »
Et je n'entendais rien que ma voix et la sienne,
La sienne, écho vivant qui renvoyait la mienne ;
Et ces deux voix d'accord, vibrant à l'unisson,
Se confondaient en une et ne formaient qu'un son !

※

Et nos yeux descendaient d'étages en étages,
Des rochers aux forêts, des forêts aux rivages,
Du rivage à la mer, dont l'écume d'abord
D'une frange ondoyante y dessinait le bord ;
Puis, étendant sans fin son bleu semé de voiles,
Semblait un second ciel tout blanchissant d'étoiles ;
Et les vaisseaux allaient et venaient sur les eaux,
Rasant le flot de l'aile ainsi que des oiseaux,

Et quelques-uns, glissant le long des hautes plages,
Mêlaient leurs mâts tremblants aux arbres des rivages,
Et jusqu'à ces sommets on entendait monter
Les voix des matelots que le flot fait chanter.
Et l'horizon noyé dans des vapeurs vermeilles
S'y perdait; et mes yeux plongés dans ces merveilles,
S'égarant jusqu'aux bords de ce miroir si pur,
Remontaient dans le ciel de l'azur à l'azur,
Puis venaient, éblouis, se reposer encore
Dans un regard plus doux que la mer et l'aurore,
Dans les yeux enivrés d'un être ombre du mien,
Où mon délire encor se redoublait du sien!
Et nous étions en paix avec cette nature,
Et nous aimions ces prés, ce ciel, ce doux murmure,
Ces arbres, ces rochers, ces astres, cette mer;
Et toute notre vie était un seul aimer!
Et notre âme, limpide et calme comme l'onde,
Dans la joie et la paix réfléchissait le monde;
Et les traits concentrés dans ce brillant milieu
Y formaient une image, et l'image était... Dieu!
Et cette idée, ainsi dans nos cœurs imprimée,
N'en jaillissait point tiède, inerte, inanimée,
Comme l'orbe éclatant du céleste soleil,
Qui flotte terne et froid dans l'océan vermeil,
Mais vivante et brûlante, et consumant notre âme,
Comme sort du bûcher une odorante flamme!
Et nos cœurs embrasés en soupirs s'exhalaient,
Et nous voulions lui dire... et nos cœurs seuls parlaient.
Et qui m'eût dit alors qu'un jour la grande image
De ce Dieu pâlirait sous l'ombre du nuage,

Qu'il faudrait le chercher en moi, comme aujourd'hui,
Et que le désespoir pouvait douter de lui :
J'aurais ri dans mon cœur de ma crainte insensée,
Ou j'aurais eu pitié de ma propre pensée !
Et les jours ont passé courts comme le bonheur,
Et les ans ont brisé l'image dans mon cœur,
Tout s'est évanoui !... Mais le souvenir reste
De l'apparition matinale et céleste ;
Et, comme ces mortels des temps mystérieux,
Que visitaient jadis des envoyés des cieux,
Quand leurs yeux avaient vu la divine lumière,
S'attendaient à la mort et fermaient leur paupière,
Au rayon pâlissant de mon soir obscurci,
Je dis : « J'ai vu mon Dieu, je puis mourir aussi ! »
Mais Celui dont la vie et l'amour sont l'ouvrage
N'a pas fait le miroir pour y briser l'image !

※

Et, sûr de l'avenir, je remonte au passé.
Quel est, sur ce coteau du matin caressé,
Aux bords de ces flots bleus qu'un jour du matin dore,
Ce toit champêtre et seul d'où rejaillit l'aurore ?
La fleur du citronnier l'embaume, et le cyprès
L'enveloppe au couchant d'un rempart sombre et frais,
Et la vigne, y couvrant de blanches colonnades,
Court en festons joyeux d'arcades en arcades ;
La colombe au col noir roucoule sur les toits,
Et sur les flots dormants se répand une voix,
Une voix qui cadence une langue divine,
Et d'un accent si doux que l'amour s'y devine.

Le portique au soleil est ouvert : une enfant
Au front pur, aux yeux bleus, y guide en triomphant
Un lévrier folâtre aussi blanc que la neige,
Dont le regard aimant la flatte et la protège ;
De la plage voisine ils prennent le sentier
Qui serpente à travers le myrte et l'églantier ;
Une barque non loin, vide et légère encore,
Ouvre déjà sa voile aux brises de l'aurore,
Et, berçant sur leurs bancs les oisifs matelots,
Semble attendre son maître, et bondit sur les flots.

. . . .
. . . .

COMMENTAIRE

J'ai écrit cette longue harmonie en seize heures, le 3 novembre 1829, à Monculot. J'étais souffrant, j'avais passé une nuit d'insomnie. Je me levai avec le jour. Mon cœur criait comme celui de Job. Je pris le crayon ; je voulus, une fois dans ma vie, avoir dit mon dernier mot à la création.

Les heures et les heures passèrent sur le cadran sans pouvoir m'arracher à mes pensées. Il pleuvait, un grand feu brûlait dans l'âtre ; je ne pouvais sortir. Un vieil ami, M. de Capmas, chasseur et poète, qui était mon seul compagnon dans ce vaste château, montait de temps en temps dans ma chambre, et emportait les pages écrites pour les copier plus lisiblement. J'avais une sourde fièvre : je ne mangeai rien de la journée. A minuit, je m'arrêtai sans avoir conclu, comme la vie s'arrête. Je n'ai plus voulu achever ces vers depuis.

Selon moi, ce sont là les vibrations les plus larges et les plus palpitantes de ma fibre de poète et d'homme.

Si l'on n'écoute que ses sens, le dernier mot de la sensibilité humaine est *Malédiction*; si l'on écoute sa raison, le dernier mot de la vertu humaine est *Résignation*. Je n'étais pas assez pervers pour dire le premier; je n'étais pas assez vertueux pour dire le dernier. Je ne dis rien alors. Et maintenant je dis avec la nature entière : *Hosannah!*

XVII

A L'ESPRIT-SAINT

CANTIQUE

  Tu ne dors pas, souffle de vie,
  Puisque l'univers vit toujours !
  Ta sainte haleine vivifie
  Les premiers et les derniers jours.
C'est toi qui répondis au Verbe qui te nomme,
Quand le chaos muet tressaillit comme un homme
Que d'une voix puissante on éveille en sursaut ;
C'est toi qui t'agitas dans l'inerte matière,
Répétas dans les cieux la parole première,
Et comme un bleu tapis déroulas la lumière
    Sous les pas du Très-Haut !

  Tu fis aimer, tu fis comprendre
  Ce que la parole avait dit ;
  Tu fis monter, tu fis descendre
  Le Verbe qui se répandit ;
Tu condensas les airs, tu balanças les nues,
Tu sondas des soleils les routes inconnues,
Tu fis tourner le ciel sur l'immortel essieu ;

Tel qu un guide avancé dans une voie obscure,
Tu donnas forme et vie à toute créature,
Et, pour tracer sa route à l'aveugle nature,
  Tu marchas devant Dieu.

  Mais tu ne gardas pas sans cesse
  Les mêmes formes à ses yeux :
  Tu les pris toutes, ô Sagesse,
  Afin de glorifier mieux.
Tantôt brise et rayons, tantôt foudre et tempêtes,
Son terrible ou plaintif des harpes des prophètes,
Colonne qu'Israël voit marcher devant soi,
Parabole touchante ou sanglant sacrifice,
Sueur des Oliviers la veille du supplice,
Grâce et vertu coulant de ce divin calice,
  C'est toi, c'est toujours toi !

  Le genre humain n'est qu'un seul être
  Formé de générations,
  Comme un seul homme on le voit naître,
  Ton souffle est dans ses passions.
Jeune, son âme immense, orageuse et profonde,
Déborde à flots d'écume et ravage le monde ;
Tu sèmes ses flocons de climats en climats ;
Ton accent belliqueux a l'éclat du tonnerre,
Ton pas retentissant secoue au loin la terre,
Et le dieu qui te lance est le dieu de la guerre
  Servi par le trépas.

  Tu revêts la forme sanglante
  D'un héros, d'un peuple, d'un roi ;

Tu foules la terre tremblante
Qui passe et se tait devant toi.
Mais quand le sang glacé dans ses veines s'arrête,
Le genre humain, qui sent que son heure s'apprête,
S'élève de la vie à l'immortalité :
Tu marches devant lui sous l'ombre d'une idée ;
D'un immense désir la terre est possédée,
Et dans les flots d'erreurs dont elle est inondée
  Cherche une vérité.

  Alors tu descends, tu respires
  Dans ces sages, flambeaux mortels,
  Dans ces mélodieuses lyres
  Qui soupirent près des autels.
La pensée est ton feu, la parole est ton glaive ;
L'esprit humain flottant s'abaisse et se relève,
Comme au roulis des mers le mât des matelots.
Mais tu choisis surtout les bardes dans la foule :
Dans leurs chants immortels l'inspiration coule ;
Cette onde harmonieuse est le fleuve qui roule
  Le plus d'or dans ses flots.

  Où sont-ils, âme surhumaine,
  Ces instruments de tes desseins?
  Où sont-ils, dès que ton haleine
  A cessé d'embraser leurs seins?
Ils meurent les premiers.... Foyer qui se consume,
Flots qui rongent la rive et fondent en écume,
Arbres brisés du vent sous qui l'herbe a ployé !
En néant avant nous ils viennent se résoudre ;

Tu jettes leur orgueil et leur nom dans la poudre,
Et ton doigt les éteint, comme il éteint la foudre
      Quand elle a foudroyé.

   Il se fait un vaste silence :
   L'esprit dans ces ombres se perd,
   Le doute étouffe l'espérance
   Et croit que le ciel est désert !
Puis tel qu'un chêne obscur, longtemps avant l'orage
Dont frémit tout à coup l'immobile feuillage
Et dont l'oiseau s'enfuit sans entendre aucun son,
Le monde, où nul éclair ne te précède encore,
D'un inquiet ennui se trouble et se dévore,
Et, comme à son insu, de l'esprit qu'il ignore
      Sent le divin frisson !

   Et le ciel se couvre, et la terre
   Croit qu'un astre s'est approché ;
   Et nul ne comprend ce mystère,
   Car ton maître est un Dieu caché.
Mais moi je te comprends, car je baisse la tête ;
J'entends venir de loin la céleste tempête,
Et, d'un effroi stupide impassible témoin,
Quand de l'antique jour les clartés s'affaiblissent,
Que des lois et des mœurs les colonnes fléchissent,
Que la terre se trouble et que les cieux pâlissent,
      Je dis : « Il n'est pas loin ! »

   Les voilà, ces heures divines !
   Les voilà ! mes yeux, ouvrez-vous !

La poussière de nos ruines
S'élève entre le jour et nous.
De quel vent soufflera l'esprit que l'homme appelle ?
L'âme avec plus de soif jamais l'attendit-elle ?
Jamais passé sur nous croula-t-il plus entier ?
Jamais l'homme vit-il, à l'horizon des âges,
Gronder sur l'avenir de plus sombres orages,
Et te prépara-t-il entre plus de nuages
    Un plus divin sentier ?

    Fends la nue, et suscite un homme,
    Un homme palpitant de toi !
    Que son front rayonnant le nomme
    Aux regards qui cherchent ta foi !
D'un autre Sinaï fais flamboyer la cime,
Retrempe aux feux du ciel la parole sublime,
Ce glaive de l'esprit émoussé par le temps !
De ce glaive vivant arme une main mortelle,
Parais, descends, travaille, agite et renouvelle,
Et ranime de l'œil et du vent de ton aile
    Tes derniers combattants !

    Que la mer des erreurs s'amasse ;
    Qu'elle soulève son limon,
    Pour engloutir l'heureuse race
    De ceux qui marchent en ton nom !
Sur la mer en courroux que ta droite s'étende !
Que ton souffle nous creuse une route et suspende
Ces flots qui sous nos pas s'ouvrent comme un tombeau !
Que le gouffre trompé sur lui-même s'écroule !

Que l'écume des temps dans ses abîmes roule,
Et que le genre humain la traverse, et s'écoule
      Vers un désert nouveau !

    Je le vois : mon regard devance
    Le pas des siècles plus heureux !
    La colonne de l'espérance
    Marche et m'éclaire de ses feux !
Tu souffleras plus pur sur des plages nouvelles ;
Ton aigle pour toujours n'a pas plié ses ailes ;
La nature à son Dieu garde encor de l'encens ;
Il est encor des pleurs sous de saintes paupières,
Du ciel dans les soupirs, dans les cœurs des prières,
Et, sur ces harpes d'or qui chantent les dernières,
      Quelques divins accents !

    Oh ! puissé-je, souffle suprême,
    Instrument de promission,
    Sous ton ombre frémir moi-même,
    Comme une harpe de Sion !
Puissé-je, écho mourant des paroles de vie,
De l'hymne universel être une voix choisie,
Et, quand j'aurai chanté mon cantique au Seigneur,
Plein de l'esprit divin qui fait aimer et croire,
Ne laisser ici-bas pour trace et pour mémoire
Qu'une voix dans le temple, un son qui dise : « Gloire
      Au souffle créateur ! »

XVIII

LA HARPE DES CANTIQUES

Seconde voix du cœur qui pleure,
Larme sonore du saint lieu,
Poésie, harpe intérieure,
Seule langue qui parle à Dieu !

Ce roi de la lyre divine,
A qui le Seigneur en fit don,
Te pressait contre sa poitrine
Pour lui dire : « Grâce », ou : « Pardon ! »

Ah ! sur tes cordes attendries
Toute âme humaine a son accent.
La terre fume quand tu pries ;
Quand tu chantes, le ciel descend !

XIX

LES RÉVOLUTIONS

I

Quand l'Arabe altéré, dont le puits n'a plus d'onde,
A plié le matin sa tente vagabonde
Et suspendu la source aux flancs de ses chameaux,
Il salue en partant la citerne tarie,
Et, sans se retourner, va chercher la patrie
      Où le désert cache ses eaux.

Que lui fait qu'au couchant le vent de feu se lève
Et, comme un océan qui laboure la grève,
Comble derrière lui l'ornière de ses pas,
Suspende la montagne où courait la vallée,
Ou sème en flots durcis la dune amoncelée?
      Il marche, et ne repasse pas.

Mais vous, peuples assis de l'Occident stupide,
Hommes pétrifiés dans votre orgueil timide,
Partout où le hasard sème vos tourbillons
Vous germez comme un gland sur vos sombres collines,

Vous poussez dans le roc vos stériles racines,
　　Vous végétez sur vos sillons !

Vous taillez le granit, vous entassez les briques,
Vous fondez tours, cités, trônes ou républiques :
Vous appelez le temps, qui ne répond qu'à Dieu ;
Et, comme si des jours ce Dieu vous eût fait maître,
Vous dites à la race humaine encore à naître :
　　« Vis, meurs, immuable en ce lieu !

« Recrépis le vieux mur écroulé sur ta race,
Garde que de tes pieds l'empreinte ne s'efface,
Passe à d'autres le joug que d'autres t'ont jeté
Sitôt qu'un passé mort te retire son ombre,
Dis que le doigt de Dieu se sèche, et que le nombre
　　Des jours, des soleils est compté ! »

En vain la mort vous suit et décime sa proie,
En vain le Temps, qui rit de vos Babels, les broie
Sous son pas éternel, insectes endormis ;
En vain ce laboureur irrité les renverse,
Ou, secouant le pied, les sème et les disperse
　　Comme des palais de fourmis ;

Vous les rebâtissez toujours, toujours de même !
Toujours dans votre esprit vous lancez anathèmes
A qui les touchera dans la postérité ;
Et toujours en traçant ces précaires demeures,
Hommes aux mains de neige et qui fondez aux heures,
　　Vous parlez d'immortalité !

Et qu'un siècle chancelle ou qu'une pierre tombe,
Que Socrate vous jette un secret de sa tombe,
Que le Christ lègue au monde un ciel dans son adieu :
Vous vengez par le fer le mensonge qui règne,
Et chaque vérité nouvelle ici-bas saigne
    Du sang d'un prophète ou d'un Dieu !

De vos yeux assoupis vous aimez les écailles :
Semblables au guerrier armé pour les batailles,
Mais qui dort enivré de ses songes épais,
Si quelque voix soudaine éclate à votre oreille,
Vous frappez, vous tuez celui qui vous réveille,
    Car vous voulez dormir en paix !

Mais ce n'est pas ainsi que le Dieu qui vous somme
Entend la destinée et les phases de l'homme ;
Ce n'est pas le chemin que son doigt vous écrit !
En vain le cœur vous manque et votre pied se lasse :
Dans l'œuvre du Très-Haut le repos n'a pas place ;
    Son esprit n'est pas votre esprit !

« Marche ! » sa voix le dit à la nature entière.
Ce n'est pas pour croupir sur ces champs de lumière
Que le soleil s'allume et s'éteint dans ses mains !
Dans cette œuvre de vie où son âme palpite,
Tout respire, tout croît, tout grandit, tout gravite :
    Les cieux, les astres, les humains !

L'œuvre toujours finie et toujours commencée
Manifeste à jamais l'éternelle pensée :

Chaque halte pour Dieu n'est qu'un point de départ.
Gravissant l'infini qui toujours le domine,
Plus il s'élève, et plus la volonté divine
    S'élargit avec son regard !

Il ne s'arrête pas pour mesurer l'espace,
Son pied ne revient pas sur sa brûlante trace,
Il ne revoit jamais ce qu'il vit en créant ;
Semblable au faible enfant qui lit et balbutie,
Il ne dit pas deux fois la parole de vie :
    Son Verbe court sur le néant !

Il court, et la nature à ce Verbe qui vole
Le suit en chancelant de parole en parole :
Jamais, jamais demain ce qu'elle est aujourd'hui !
Et la création, toujours, toujours nouvelle,
Monte éternellement la symbolique échelle
    Que Jacob rêva devant lui !

Et rien ne redescend à sa forme première :
Ce qui fut glace et nuit devient flamme et lumière ;
Dans les flancs du rocher le métal devient or ;
En perle au fond des mers le lit des flots se change ;
L'éther en s'allumant devient astre, et la fange
    Devient homme, et fermente encor !

Puis un souffle d'en haut se lève ; et toute chose
Change, tombe, périt, fuit, meurt, se décompose,
Comme au coup de sifflet des décorations ;
Jéhovah d'un regard lève et brise sa tente,

Et les camps des soleils suspendent dans l'attente
    Leurs saintes évolutions.

Les globes calcinés volent en étincelles,
Les étoiles des nuits éteignent leurs prunelles,
La comète s'échappe et brise ses essieux ;
Elle lance en éclats la machine céleste,
Et de mille univers, en un souffle, il ne reste
    Qu'un charbon fumant dans les cieux !

Et vous, qui ne pouvez défendre un pied de grève,
Dérober une feuille au souffle qui l'enlève,
Prolonger d'un rayon ces orbes éclatants,
Ni dans son sablier, qui coule intarissable,
Ralentir d'un moment, d'un jour, d'un grain de sable,
    La chute éternelle du temps ;

Sous vos pieds chancelants si quelque caillou roule,
Si quelque peuple meurt, si quelque trône croule,
Si l'aile d'un vieux siècle emporte ses débris,
Si de votre alphabet quelque lettre s'efface,
Si d'un insecte à l'autre un brin de paille passe,
    Le ciel s'ébranle de vos cris !

II

    Regardez donc, race insensée,
    Les pas des générations !
    Toute la route n'est tracée
    Que des débris des nations .
    Trônes, autels, temples, portiques,

Peuples, royaumes, républiques,
Sont la poussière du chemin ;
Et l'histoire, écho de la tombe,
N'est que le bruit de ce qui tombe
Sur la route du genre humain.

Plus vous descendez dans les âges,
Plus ce bruit s'élève en croissant,
Comme en approchant des rivages
Que bat le flot retentissant.
Voyez passer l'esprit de l'homme,
De Thèbe et de Memphis à Rome,
Voyageur terrible en tout lieu,
Partout brisant ce qu'il élève,
Partout, de la torche ou du glaive,
Faisant place à l'esprit de Dieu !

Il passe au milieu des tempêtes
Par les foudres du Sinaï,
Par les verges de ses prophètes,
Par les temples d'Adonaï !
Foulant ses jougs, brisant ses maîtres,
Il change ses rois pour ses prêtres,
Change ses prêtres pour des rois ;
Puis, broyant palais, tabernacles,
Il sème ces débris d'oracles
Avec les débris de ses lois !

Déployant ses ailes rapides,
Il plonge au désert de Memnon ;
Le voilà sous les Pyramides,

Le voici sur le Parthénon :
Là, cachant aux regards de l'homme
Les fondements du pouvoir, comme
Ceux d'un temple mystérieux ;
Là, jetant au vent populaire,
Comme le grain criblé sur l'aire,
Les lois, les dogmes et les dieux !

Las de cet assaut de parole,
Il guide Alexandre au combat ;
L'aigle sanglant du Capitole
Sur le monde à son doigt s'abat :
L'univers n'est plus qu'un empire.
Mais déjà l'esprit se retire ;
Et les peuples, poussant un cri,
Comme un avide essaim d'esclaves
Dont on a brisé les entraves,
Se sauvent avec un débri.

Levez-vous, Gaule et Germanie,
L'heure de la vengeance est là !
Des ruines, c'est le génie
Qui prend les rênes d'Attila !
Lois, forum, dieux, faisceaux, tout croule
Dans l'ornière de sang tout roule,
Tout s'éteint, tout fume. Il fait nuit,
Il fait nuit, pour que l'ombre encore
Fasse mieux éclater l'aurore
Du jour[1] où son doigt vous conduit !

1. Le christianisme.

L'homme se tourne à cette flamme,
Et revit en la regardant :
Charlemagne en fait la grande âme
Dont il anime l'Occident.
Il meurt : son colosse d'empire
En lambeaux vivants se déchire,
Comme un vaste et pesant manteau
Fait pour les robustes épaules
Qui portaient le Rhin et les Gaules ;
Et l'esprit reprend son marteau !

De ces nations mutilées
Cent peuples naissent sous ses pas,
Races barbares et mêlées
Que leur mère ne connaît pas ;
Les uns indomptés et farouches,
Les autres rongeant dans leurs bouches
Les mors des tyrans ou des dieux :
Mais l'esprit, par diverses routes,
A son tour leur assigne à toutes
Un rendez-vous mystérieux.

Pour les pousser où Dieu les mène,
L'esprit humain prend cent détours,
Et revêt chaque forme humaine
Selon les hommes et les jours.
Ici, conquérant, il balaie
Les vieux peuples comme l'ivraie ;
Là, sublime navigateur,
L'instinct d'une immense conquête

Lui fait chercher dans la tempête
Un monde à travers l'équateur.

Tantôt il coule la pensée
En bronze palpable et vivant,
Et la parole retracée
Court et brise comme le vent ;
Tantôt, pour mettre un siècle en poudre,
Il éclate comme la foudre
Dans un mot de feu : Liberté !
Puis, dégoûté de son ouvrage,
D'un mot qui tonne davantage
Il réveille l'humanité !

Et tout se fond, croule ou chancelle ;
Et, comme un flot du flot chassé,
Le temps sur le temps s'amoncelle,
Et le présent sur le passé !
Et sur ce sable où tout s'enfonce,
Quoi donc, ô mortels, vous annonce
L'immuable que vous cherchez ?
Je ne vois que poussière et lutte,
Je n'entends que l'immense chute
Du temps qui tombe et dit : « Marchez ! »

III

Marchez ! l'humanité ne vit pas d'une idée !
Elle éteint chaque soir celle qui l'a guidée,
Elle en allume une autre à l'immortel flambeau :

Comme ces morts vêtus de leur parure immonde,
Les générations emportent de ce monde
    Leurs vêtements dans le tombeau.

Là c'est leurs dieux ; ici les mœurs de leurs ancêtres,
Le glaive des tyrans, l'amulette des prêtres,
Vieux lambeaux, vils haillons de cultes ou de lois :
Et quand après mille ans dans leurs caveaux on fouille,
On est surpris de voir la risible dépouille
    De ce qui fut l'homme autrefois.

Robes, toges, turbans, tunique, pourpre, bure,
Sceptres, glaives, faisceaux, haches, houlette, armure,
Symboles vermoulus fondent sous votre main,
Tour à tour au plus fort, au plus fourbe, au plus digne,
Et vous vous demandez vainement sous quel signe
    Monte ou baisse le genre humain.

Sous le vôtre, ô chrétiens ! L'homme en qui Dieu travaille
Change éternellement de formes et de taille :
Géant de l'avenir, à grandir destiné,
Il use en vieillissant ses vieux vêtements, comme
Des membres élargis font éclater sur l'homme
    Les langes où l'enfant est né.

L'humanité n'est pas le bœuf à courte haleine
Qui creuse à pas égaux son sillon dans la plaine,
Et revient ruminer sur un sillon pareil :
C'est l'aigle rajeuni qui change son plumage,

Et qui monte affronter, de nuage en nuage,
    De plus hauts rayons du soleil.

Enfants de six mille ans qu'un peu de bruit étonne,
Ne vous troublez donc pas d'un mot nouveau qui tonne,
D'un empire éboulé, d'un siècle qui s'en va !
Que vous font les débris qui jonchent la carrière ?
Regardez en avant, et non pas en arrière :
    Le courant roule à Jéhovah !

Que dans vos cœurs étroits vos espérances vagues
Ne croulent pas sans cesse avec toutes les vagues :
Ces flots vous porteront, hommes de peu de foi !
Qu'importent bruit et vent, poussière et décadence,
Pourvu qu'au-dessus d'eux la haute Providence
    Déroule l'éternelle loi !

Vos siècles page à page épellent l'Évangile :
Vous n'y lisiez qu'un mot, et vous en lirez mille ;
Vos enfants plus hardis y liront plus avant !
Ce livre est comme ceux des sibylles antiques,
Dont l'augure trouvait les feuillets prophétiques
    Siècle à siècle arrachés au vent.

Dans la foudre et l'éclair votre Verbe aussi vole :
Montez à sa lueur, courez à sa parole,
Attendez sans effroi l'heure lente à venir,
Vous, enfants de celui qui, l'annonçant d'avance,
Du sommet d'une croix vit briller l'espérance
    Sur l'horizon de l'avenir !

Cet oracle sanglant chaque jour se révèle ;
L'esprit, en renversant, élève et renouvelle.
Passagers ballottés dans vos siècles flottants,
Vous croyez reculer sur l'Océan des âges,
Et vous vous remontrez, après mille naufrages,
    Plus loin sur la route des temps !

Ainsi quand le vaisseau qui vogue entre deux mondes
A perdu tout rivage, et ne voit que les ondes
S'élever et crouler comme deux sombres murs ;
Quand le maître a brouillé les nœuds nombreux qu'il file,
Sur la plaine sans borne il se croit immobile
    Entre deux abîmes obscurs.

« C'est toujours, se dit-il dans son cœur plein de doute,
Même onde que je vois, même bruit que j'écoute ;
Le flot que j'ai franchi revient pour me bercer ;
A les compter en vain mon esprit se consume,
C'est toujours de la vague, et toujours de l'écume :
    Les jours flottent sans avancer ! »

Et les jours et les flots semblent ainsi renaître,
Trop pareils pour que l'œil puisse les reconnaître,
Et le regard trompé s'use en les regardant ;
Et l'homme, que toujours leur ressemblance abuse,
Les brouille, les confond, les gourmande et t'accuse,
    Seigneur !... Ils marchent cependant !

Et quand sur cette mer, las de chercher sa route,
Du firmament splendide il explore la voûte,

Des astres inconnus s'y lèvent à ses yeux ;
Et, moins triste, aux parfums qui soufflent des rivages,
Au jour tiède et doré qui glisse des cordages,
    Il sent qu'il a changé de cieux.

Nous donc, si le sol tremble au vieux toit de nos pères,
Ensevelissons-nous sous des cendres si chères,
Tombons enveloppés de ces sacrés linceuls !
Mais ne ressemblons pas à ces rois d'Assyrie
Qui traînaient au tombeau femmes, enfants, patrie,
    Et ne savaient pas mourir seuls ;

Qui jetaient au bûcher, avant que d'y descendre,
Famille, amis, coursiers, trésors réduits en cendres,
Espoir ou souvenirs de leurs jours plus heureux,
Et, livrant leur empire et leurs dieux à la flamme,
Auraient voulu qu'aussi l'univers n'eût qu'une âme,
    Pour que tout mourût avec eux !

FIN DES HARMONIES

LA MORT DE JONATHAS

FRAGMENT D'UNE TRAGÉDIE BIBLIQUE

La scène représente un champ de bataille jonché de morts
Il est nuit.

SCÈNE IV

Jonathas blessé, soutenu par un vieillard, son écuyer,
entre par un des côtés de la scène.

JONATHAS, ESDRAS, ÉCUYER DE JONATHAS.

JONATHAS, avançant avec peine.

Où sommes-nous, Esdras ? où conduis-tu mes pas ?
Laisse-moi ! — Tous tes soins ne me sauveront pas :
Mon sang coule à longs flots ; — mes yeux s'appesantissent,
Et mes genoux sans force à chaque pas fléchissent.

ESDRAS, s'efforçant de le conduire plus loin.

Rappelez, ô mon fils, un reste de chaleur

Ne tombez pas vivant dans les mains du vainqueur !
Encore quelques pas !

    JONATHAS, essayant en vain de marcher.

      Ma force m'abandonne ;
Sous la main du trépas mon cœur serré frissonne :
C'en est fait ! je succombe !
    Il se laisse tomber au pied d'un sycomore.

    ESDRAS, désespéré.

        O mortelle douleur !
Il tombe ! et je n'ai pu prévenir son malheur,
A mon maître expirant donner des soins utiles,
Ni d'un fardeau si cher charger mes bras débiles !
Ah ! malheureux vieillard ! loin de le secourir,
Hélas ! à ses côtés tu ne peux que mourir.

    JONATHAS, avec effort.

Ecoute, cher Esdras, ma dernière prière :
Si cette nuit fatale... épargne au moins mon père,
Raconte-lui ma mort ; dis-lui que Jonathas
N'est pas tombé sans gloire en ses premiers combats.
Dis-lui que pour David j'implore sa clémence,
Que le Seigneur sur moi venge son innocence,
Que je meurs sans me plaindre, et qu'en le bénissant,
Pour son peuple et pour lui j'ai versé tout mon sang !

    ESDRAS, baigné de larmes.

Quoi ! je verrais mourir celui que j'ai vu naître !
Ai-je donc tant vécu pour survivre à mon maître ?

O douleur! — Mais le ciel peut prolonger vos jours.
Si l'aurore vers nous ramenait du secours?
Si quelque fugitif, aidant mon bras débile,
Vous portait avec moi vers un plus sûr asile?
J'écoute. — Mais partout un silence de mort!...

JONATHAS.

Va! je n'attends plus rien des hommes ni du sort :
Si seulement, ah Dieu! si je pouvais encore
Étancher d'un peu d'eau la soif qui me dévore!

ESDRAS, parcourant la scène.

Hélas! j'en cherche en vain. Dans ces arides lieux,
Nulle fontaine, ô ciel! ne réjouit mes yeux;
D'aucune source au loin je n'entends le murmure;
Pas une goutte d'eau sur la pâle verdure!

JONATHAS.

Eh bien! tiens, prends mon casque, et là, dans le vallon,
Descends, et remplis-le des ondes du Cédron.

ESDRAS, prenant le casque et s'éloignant.

Faut-il le laisser seul! O tardive vieillesse!
O Dieu! rends à mes pas la force et la vitesse!

SCÈNE V

JONATHAS, seul.

Dérobez-moi, Seigneur, aux yeux des Philistins!
Ne laissez pas tomber mes restes dans leurs mains;

Ne livrez pas mes os à la terre étrangère ;
Laissez au moins ma cendre à mon malheureux père !
Mon père ! Ah ! qu'ai-je dit ? Dans ce moment, hélas !
Il tombe, il meurt peut-être en nommant Jonathas !
Où donc était David ?... Michol, sœur adorée,
Combien tu pleureras ma mort prématurée !...
Le Seigneur l'a voulu ! béni soit le Seigneur !
Esdras !... Il ne vient pas,... une molle langueur
Efface par degrés ma mémoire et mes peines ;
Un calme inattendu se répand dans mes veines ;
Mes yeux appesantis succombent au sommeil.
Esdras viendra trop tard.... Seigneur !... sois mon réveil !
(Il s'endort étendu au pied de l'arbre.)

SCÈNE VI

JONATHAS, endormi ; **SAÜL**, fugitif, arrivant lentement sur la scène sans voir son fils.

SAÜL.

Où fuir ?... où retrouver dans ces ombres funestes
De mes guerriers détruits les déplorables restes ?
Sous le fer ennemi sont-ils donc tombés tous ?
Et moi qui les bravais, seul j'échappe à leurs coups !
(Il cherche à reconnaître le lieu où il se trouve.)
Où suis-je ?... C'est le camp ! voici ces mêmes tentes,
Muettes maintenant, naguère si bruyantes !...

Peuple qu'entre mes mains le ciel avait remis,
C'est donc là ce retour que je t'avais promis?
Qu'un moment a changé ton héros et ton maître!
D'une heure à l'autre, ô ciel! qui peut le reconnaître?
Où sont tous tes enfants, dont les cris belliqueux
Réjouissaient mon camp? — Je te reviens sans eux!
Seul je vis! — et le ciel, constant à me poursuivre,
M'arrache le triomphe et me condamne à vivre!
Et je vivrais! — O honte! — et je viendrais m'offrir
A la pitié d'un peuple ardent à m'avilir?
A l'orgueilleux dédain des fils du sanctuaire?
Lâches, qu'enhardirait l'excès de ma misère,
Et qui, sur mes malheurs mesurant leur affront,
D'un reste de bandeau dépouilleraient mon front!
Non, non; plutôt cent fois de ma main forcenée,
Moi-même, en roi du moins, faire ma destinée,
Et, puisque Dieu l'emporte et qu'il est le plus fort,
Chercher contre sa haine un abri dans la mort!

(Il tire son épée.)

Frappons! — Mais Jonathas peut-être vit encore?
Faut-il l'abandonner au rival qui l'abhorre?
Comment ce faible enfant, de traîtres entouré,
Sortirait-il du piège à ses pas préparé?
Que recueillera-t-il de mon triste héritage?
Un trône s'écroulant, la honte et l'esclavage!
Non, non; bravons pour lui les derniers coups du sort!
Vivons, puisqu'il le faut pour prévenir sa mort!
Malgré le ciel, encor conservons l'espérance!
Aux destins, jusqu'au bout, opposons ma constance;
Et, s'il me faut tomber, eh bien! tombant en roi,

Que toute ma maison s'engloutisse avec moi !
(Saül cherche une issue et s'approche du sycomore au pied duquel son fils est étendu et endormi.)
— Mais où porter mes pas ? — où le chercher ? — L'aurore
Sur ces sommets sanglants ne brille point encore :
Qui sait si ses rayons ne me montreront pas
Parmi des morts.... Grand Dieu ! sauve au moins Jonathas !

JONATHAS, à ce mot se réveillant, à demi-voix.

Où suis-je ? — Quelle voix m'a nommé ?

SAÜL, étonné.

Qui soupire ?

Parle ! qui que tu sois, que fais-tu là ?
(Il s'approche précipitamment de l'arbre.)

JONATHAS.

J'expire !

SAÜL.

Quels accents !...

JONATHAS.

C'est Saül !...

SAÜL, éperdu.

Est-il vrai ? Jonathas !

JONATHAS.

C'est moi !

SAÜL, se précipitant sur son fils.

Je te retrouve !

JONATHAS.

　　　　　　　Et je meurs dans vos bras!
Mais, avant de fermer mes yeux à la lumière,
Que le ciel soit loué! j'ai pu bénir mon père.

SAÜL.

Que vois-je! O malheureux, il nage dans son sang!
C'est donc ainsi, grand Dieu, que ta main me le rend!
Quel monstre l'a frappé? N'est-il plus d'espérance?
Faut-il mourir aussi?

JONATHAS.

　　　　　　　Vivez pour ma vengeance!
Vivez; n'espérez pas de conserver mes jours :
L'instant où je vous parle en achève le cours.
Accordez-moi du moins une dernière grâce;
Que d'un fils expirant David prenne la place!
Dieu le chérit, et Dieu rejette votre fils :
Respectons ses décrets! Je meurs et les bénis!

SAÜL.

Quoi! ce nom détesté dans ta bouche est encore?
Dieu le chérit!... Eh bien! c'est pourquoi je l'abhorre!
C'est pour lui que de Dieu les décrets inhumains
Ont brisé cette nuit mon sceptre dans mes mains;
C'est pour lui que tu meurs, c'est pour lui que je tombe;
C'est lui qui doit fonder son trône sur ta tombe!
Et tu veux.... Ah! plutôt dans son sein abhorré
Que ne puis-je plonger ce fer désespéré,

L'en retirer fumant pour l'y plonger encore,
Voir couler dans le tien tout ce sang que j'abhorre,
Et, lorsque sous mes coups son sang aura coulé,
Me frapper à mon tour, et mourir consolé !
   (Un moment de silence.)
— Mais je ne verrai pas son supplice ! — Le lâche
Laisse tout faire au ciel ; il triomphe et se cache !
Il craint ce bras débile : il attend pour venir
Qu'un traître de ma perte aille le prévenir !
Qu'il vienne, il en est temps, saisir cette couronne
Qui tombe de mon front et que son Dieu lui donne !
Qu'il vienne rechercher parmi ces flots de sang
Ce sceptre abandonné, ce trône qui l'attend !
Le voici ! — Viens régner sur ces champs de carnage ;
Viens recueillir de moi cet horrible héritage ;
Prends ma place, perfide ! et sur ces tristes bords
Règne sur des déserts, des débris et des morts !

    JONATHAS.

Malheureux père, au nom de mon heure suprême,
Épargnez-moi ! — Vivez et rentrez en vous-même ;
N'irritez pas un Dieu si sévère pour nous,
Et par le repentir désarmez son courroux !

    SAÜL.

Et que me peut ton Dieu ? que me fait sa colère ?
À son courroux enfin que reste-t-il à faire ?
Près du corps déchiré de mon fils expirant
Il m'entraîne, il me voit ; il doit être content !
— Va ! tant que j'espérai de conserver ta vie,

J'ai craint ce Dieu, mon fils ; tu meurs, je le défie !
Sa cruauté ne peut accroître mon tourment.
Je tombe sous ses coups, mais en le blasphémant !

JONATHAS.

O ciel ! à nos malheurs n'ajoutez pas ce crime !
— Contentez-vous, ô Dieu ! d'une seule victime ;
Que mon sang vous apaise, et que mon père...

SAÜL, furieux.

Non !
Non ! je ne veux de toi ni bienfait ni pardon !
Dieu cruel, Dieu de sang, je te brave et t'outrage !
Tout ton pouvoir ne peut avilir mon courage !
Tu l'emporte, il est vrai ; mais lorsque tu m'abats,
Je me relève encor pour insulter ton bras !
Je ne me repens pas des crimes de ma vie :
C'est toi qui les commis et qui les justifie ;
C'est toi qui, de mes jours constant persécuteur,
As semé sous mes pas les pièges du malheur ;
Et si l'excès des maux a produit l'injustice,
Tu fus de mes forfaits la cause et le complice !
— Tu les punis pourtant ! — Tu les punis en moi ;
Mais je les vois ailleurs récompensés par toi !
Ce qui fut crime en l'un chez un autre est justice :
La vertu n'est qu'un nom, ta loi n'est qu'un caprice ;
Et ton pouvoir cruel n'a formé les humains
Que pour persécuter l'ouvrage de tes mains !
Eh bien ! par mon supplice exerce ta puissance ;
Assouvis tes regards, jouis de ma souffrance ;

Jouis! mais hâte-toi de l'épuiser sur moi :
Le néant où je cours va m'arracher à toi!

JONATHAS, d'une voix éteinte.

O blasphème! — Épargnez, Dieu clément!... O mon père!
Que cet égarement rend ma mort plus amère!
— Ne vous souvenez pas, Seigneur, de ces discours!
Seigneur, votre justice a compté tous nos jours;
Nos destins sont écrits dans vos lois éternelles,
Nos mérites pesés dans vos mains immortelles :
L'homme, œuvre de ces mains, pourra-t-il murmurer?
Osera-t-il juger ce qu'il doit adorer?
Ah! si la nuit des sens ici nous presse encore,
La mort ouvre nos yeux à l'éternelle aurore :
Je la sens! O Saül! quelle immense clarté!
Mon père! jour divin, céleste vérité!
Que ces rayons sacrés consolent ma paupière!...
Que le Seigneur m'est doux à mon heure dernière!
Mon âme dans son sein s'exhale sans effort!
Mon père... adieu.... Seigneur, recevez....

(Il meurt.)

SAÜL, contemplant le corps de son fils.

Il est mort!...

Il est mort.... La voilà, cette longue espérance,
Ces destins éternels promis à ma puissance!...
Oracles imposteurs! à mon peuple, à mon fils,
A toute ma grandeur, malheureux, je survis!
Comme un astre tombant qui brille et qui s'efface,
J'ai vu briller et fuir tout l'espoir de ma race :
Et moi... vieilli, défait, et pleurant sur des morts,

Vaincu, je reste seul!... seul avec mes remords.
Mourons donc! Venez tous jouir de mon supplice!
Vous, ombres qu'immola ma sanglante injustice,
Dans le sang de mon fils voyez couler mon sang!
Mais je ne vous vois pas à ce dernier instant,
Mânes persécuteurs, auteurs de ma misère!
Quoi! vous m'abandonnez à mon heure dernière?
Quoi! vous ne venez pas vous disputer mon corps?
Quoi donc! connaîtrait-on la pitié chez les morts?
Eh bien! ma propre main vous apaise et vous venge!
Recevez tout mon sang, enivrez-vous....

(Il entend les pas des guerriers, les cris des vainqueurs.)

          Qu'entends-je
Mon nom!... Vous me cherchez, barbares ennemis?
Vous me trouverez là, sur le corps de mon fils!
Qui n'est tombé que mort n'est pas tombé sans gloire!
Les voici; hâtons-nous, frappons, mourons!

(Il se perce de son épée sur le corps de Jonathas.)

SCÈNE VII

DAVID, arrivant; des guerriers poussent un cri en se précipitant sur la scène.

          Victoire!

FIN

TABLE

Avertissement	. . . .	i
Lettre a M. d'Esgrigny	. . . .	v

LIVRE PREMIER

I.	—	Invocation	1
II.	—	L'Hymne de la Nuit	9
III.	—	Hymne du Matin	15
IV.	—	La Lampe du temple ou l'Ame présente à Dieu . .	25
V.	—	Bénédiction de Dieu dans la solitude	30
VI.	—	Aux Chrétiens dans les temps d'épreuve	39
VII.	—	Hymne de l'enfant à son réveil	44
VIII.	—	Hymne du soir dans les temples	48
IX.	—	Une Larme ou Consolation	57
X.	—	Poésie ou Paysage dans le golfe de Gênes	60
XI.	—	Le Moulin de Milly	74
XII.	—	L'Abbaye de Vallombreuse, dans les Apennins . .	78

LIVRE DEUXIÈME

I.	—	Pensée des Morts	85
II.	—	L'Occident	93
III.	—	La Perte de l'Anio	100
IV.	—	L'Infini dans les cieux	107
V.	—	La Prière de femme	116
VI.	—	La Source dans les bois D***	118
VII.	—	Impressions du matin et du soir	123
VIII.	—	Hymne à la Douleur	128

TABLE

IX.	— Jéhovah ou l'Idée de Dieu	136
X.	— Le Chêne, suite de Jéhovah	144
XI.	— L'Humanité, suite de Jéhovah	151
XII.	— L'Idée de Dieu, suite de Jéhovah	159
XIII.	— Sur des Roses sous la neige	162
XIV.	— Souvenir d'enfance ou la Vie cachée	163
XV.	— Le Mont Blanc, sur un paysage de M. Calame .	177
XVI.	— Désir	179
XVII.	— Le Retour	184
XVIII.	— L'Insecte ailé	192
XIX.	— Pour le Premier Jour de l'année	193
XX.	— Éternité de la Nature, brièveté de l'Homme . . .	199

LIVRE TROISIÈME

I.	— Encore un Hymne	205
II.	— Milly ou la Terre natale	212
III.	— Invocation	225
IV.	— Le Cri de l'âme	227
V.	— Hymne au Christ	229
VI.	— Le Trophée d'armes orientales	245
VII.	— Épître à M. Sainte-Beuve ou Conversation . . .	246
VIII.	— A une Fiancée de quinze ans	255
IX.	— Le Tombeau d'une mère	258
X.	— Le Cadre	264
XI.	— Le Génie dans l'obscurité	265
XII.	— Pourquoi mon âme est-elle triste ?	269
XIII.	— La Retraite	279
XIV.	— Cantate pour les enfants d'une maison de charité .	285

LIVRE QUATRIÈME

I.	— Hymne de la Mort	293
II.	— La Fleur des eaux	301
III.	— Invocation pour les Grecs	305
IV.	— La Voix humaine	308
V.	— Pour une quête	313
VI.	— La Tristesse	314
VII.	— Souvenir	316

TABLE

VIII.	— Au Rossignol	318
IX.	— Une Fleur	322
X.	— Hymne de l'Ange de la Terre après la destruction du Globe	324
XI.	— Les Saisons	331
XII.	— Le Solitaire	334
XIII.	— Sur l'Image du Christ écrasant le mal	337
XIV.	— Le Premier Regret	338
XV.	— Le Grillon	346
XVI.	— *Novissima Verba*, ou Mon âme est triste jusqu'à la mort!.	350
XVII.	— A l'Esprit-Saint	375
XVIII.	— La Harpe des Cantiques	381
XIX.	— Les Révolutions	382
LA MORT DE JONATHAS.	— Fragment d'une tragédie biblique.	395

27246. — Imp. gén. A. Labure, rue de Fleurus, 9, à Paris.

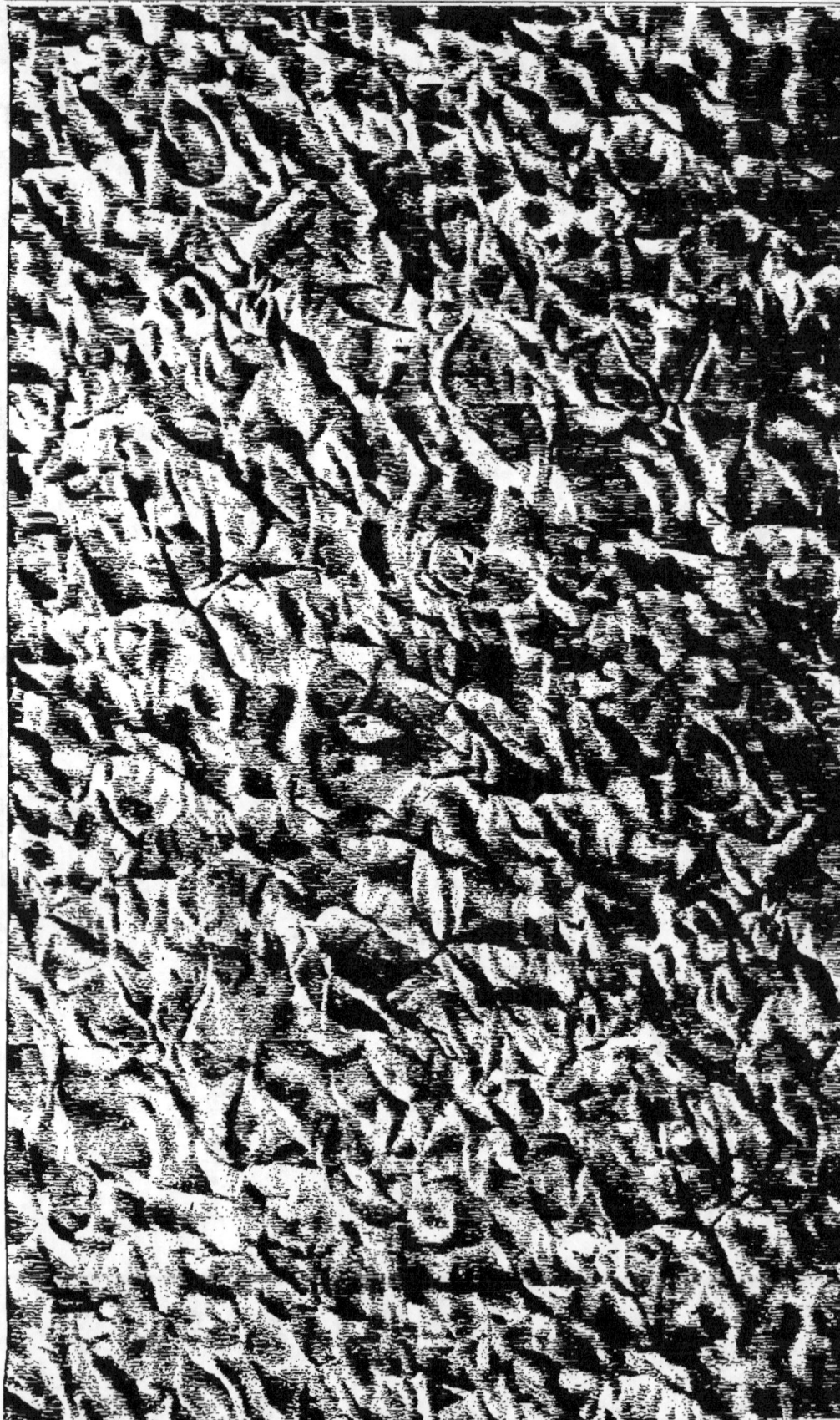

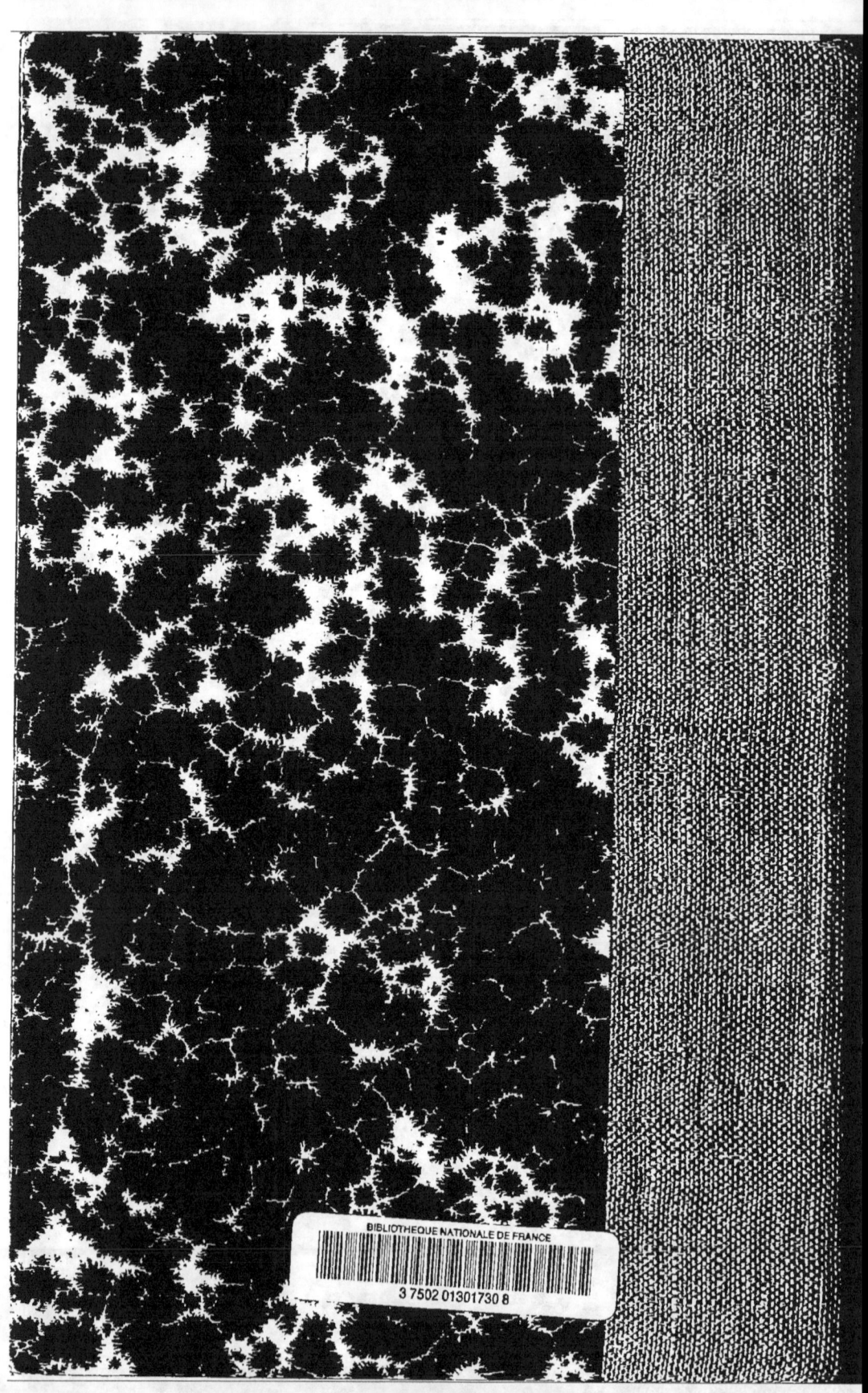

www.ingramcontent.com/pod-product-compliance
Lightning Source LLC
Chambersburg PA
CBHW060518230426
43665CB00013B/1569